十位国学大师说

梁启超 章太炎 鲁迅 胡适 等著

刘文荣 选注

传统文化

文汇出版社

前言

世界各民族都有传统文化。所谓"传统的",就是自古沿用而来的。但众所周知,文化是要变的,因而所谓"传统文化",是指文化在过去的变化过程,而不是指某些固定不变的东西。

既然文化是要变的,那么变到今天,就成了现代文化。"现代文化"的概念,就如"现在"的概念一样,是随时间而推移的——就如现在会变成过去,将来会变成现在,现代文化会变成传统文化,将来的文化会变成现代文化。

在文化从"过去"变为"现在"、从"传统"变为"现代"的过程中,往往会受到外来文化的影响。对于这种影响,往往争议最大。因为外来文化往往是和本地文化相冲突的(如果不冲突,那就是同样的,也就不必"外来"了),所以,对外来文化,有人会欢迎,有人会抵制,而谁会欢迎,谁会抵制,则要看他们对本地文化的态度而定。一般说来,不满于本地文化的,会欢迎外来文化;满足于本地文化的,会抵制外来文化。

以上所说，均适用于中国文化。中国文化延续至今，已有五千年历史，其"传统"可谓久远。在这五千年间，中国传统文化一直是在变的——至于说变得慢，甚至说基本没变，那是比较出来的。相比较西方文化自16世纪"文艺复兴"以来的急速变化，中国传统文化的变化确实很慢，许多方面甚至可以说基本没变；但不管怎么说，它肯定不是一成不变的。从先秦到两汉，从魏晋到唐宋，再到明清，只要你仔细看看，其中还是有不少差异的。

然而，问题不在于中国传统文化的变化如何，而在于到了19世纪末、20世纪初，中国传统文化出现了危机。这一危机不是出自中国传统文化自身，而是来自外来西方文化的冲击。有五千年历史的中国传统文化，在与西方文化几经较量（这种较量甚至直接表现为军事冲突）后，最终失败了。不管你承认不承认，不管你感受如何，反正事实就是如此！面对这一事实，中国文化不得不迅速现代化，以适应世界——或者，毋宁说，适应强势的西方文化。

在此情形下，争议出现了。尤其是在学界，人们纷纷反思，我们何以会在文化竞争中失败？有人认为，我们的传统文化本身就有问题，应该彻底改变；有人则认为，文化并无优劣之分，眼下的情形只是西方国家的一时逞能，或者说，是我们的官员太腐败无能了；还有人甚至认为，西方人并无文化可言，他们应该接受中国传统文化的熏陶……等等——总之，众说纷纭。然而焦点都对准一个问题，那就是：我们应该怎样看待我们的传统文化？

对于这个问题，最有发言权的当属深知传统文化的国学大师，而许多国学大师也确实发表了许多意见（他们的意见并不统一，但都有代表性）。本书所选，就是近现代十位国学大师对传统文化的评述（多为总体评述，或中西文化比较研究，如梁启超的《中国积弱溯源论》、章太炎的《读史与文化复兴之关系》、胡适的《东西文化之比较》、梁漱溟的《中国文化的特征在哪里》等）。由于选文均出自大师之手，且有十位之多，因而大体能代表近现代中国学界对本国传统文化的认知与反思，可供读者了解和研讨。

刘文荣
2018 年 1 月于上海

目录

前言 1

梁启超
中国积弱溯源论 2
中国道德之大原 60

章太炎
读史与文化复兴之关系 76
中国文化的根源和近代学问的发达 83

鲁　迅
随感录（三十五至三十八） 95
灯下漫笔 104
老调子已经唱完 114

胡　适
东西文化之比较 123
试评所谓"中国本位的文化建设" 140
中国文化里的自由传统 147

傅斯年
中国学术思想界之基本误谬 153
所谓"国医" 167

再论所谓"国医" 172

林语堂
中国文化之精神 191
中国传统社会与政治 205

梁漱溟
中国文化的特征在哪里？ 252
中国文化五大病象 269

熊十力
中国哲学之特色 275
略谈中西文化 283

冯友兰
论"比较中西" 291
中西文化之争与古今文化之异 298
中西文化之分与城乡文化之别 304

钱 穆
中国传统文化与宗教信仰 314
中国传统文化中之道德修养 318
中国文化与传统政治思想 325

梁启超简介

梁启超（1873—1929），字卓如，一字任甫，号任公、饮冰子，别署饮冰室主人，广东新会人，近代政治家、国学大师。幼年时从师学习，十七岁中举，后师从康有为。戊戌变法前，与康有为一起联合各省举人发起"公车上书"运动。戊戌变法（1898年）失败后，与康有为一起流亡日本。1912年（已成立民国），返回北京，在民国政府中任职。后辞去职务，自建党派和团体继续从事政治活动，至五十六岁时突然罹病去世。其学术研究和著述大多与其政治活动相关，即致力于"新政"与"新学"（即现代新政治与新文化）之建立，因而堪称"新文化运动"先驱。基于其有如此宏愿，其研究范围亦极广，古今中外，哲学、文学、史学、经学、法学、伦理学、宗教学，无不关注，且均有建树；尤其于国学方面，堪称"新国学"开创者。其著述之丰，也属罕见，在其二十岁后的三十六年生涯中，平均每年有近四十万字著述，总字数达一千四百多万之多。其文集《饮冰室合集》在其生前就陆续出版，直至其去世后的1936年，共出版一百四十册。1999年，北京出版社出版《梁启超全集》二十一卷。

中国积弱溯源论①

梁启超

呜呼！中国之弱，至今日而极矣。居今日而懵然不知中国之弱者，可谓无脑筋之人也。居今日而忽然不思救中国之弱者，可谓无血性之人也。乃或虽略知之而不察其所以致弱之源，则亦虽欲救之而不得所以为救之道。譬有患痛病者，其脏腑之损失，其精血之竭蹶，已非一日，昧者不察，谓为无病，一旦受风寒暑湿之侵暴，或饮食消养之失宜，于是病象始大显焉。庸医处此，谓其感冒也，而投辛散之剂②以表之；谓其滞食也，而投峻削之剂③以攻之，不知伏于新病之前者，有旧病焉。为外病之导线者，有内病焉。治其新而遗其旧，务其外而忽其内，虽欲治之，乌从而治之。其稍进者，见其羸尪瘠瘵④之亟当培养⑤也，而又习闻夫⑥

---

① 本文选自《饮冰室合集》第一册，约写于1900至1901年。文中所言中国积弱之源，即作者认为是传统文化中坏的一面。
② 辛散之剂：发汗药。
③ 峻削之剂：消食药。
④ 羸[léi]尪[wāng]瘠瘵[zhài]：因患病而瘦弱。
⑤ 培养：调理休养。
⑥ 夫：这、那。

参苓术桂①之可以引年②也，于是旁采旧方，进以补剂，然而积痼③未除，遽④投斯品，不惟不能收驱病之效，且恐反为增病之媒，虽欲治之，又乌从而治之。是故善医者，必先审病源，其病愈久，则其病源愈深而远，其病愈重，则其病源愈多而繁。浅而近者易见，探而远者难明，简而单者，虽庸医亦能抉其藩⑤；多而繁者，虽国手抑或眯于目⑥，夫是以医者如牛毛，而良者如麟角也。医一身且然，而况医一国者乎。

嗟乎！吾中国今日之病，愿犹未久耶；吾中国今日之病，愿犹未重耶。

昔扁鹊过齐⑦，齐桓侯客之，入朝，见曰："君有疾，在腠理⑧，不治将深。"桓侯曰："寡人无疾。"后五日，扁鹊复见，曰："君有疾，在血脉，不治将深。"桓侯曰："寡人无疾。"后五日复见，曰："君有疾，在肠胃间，不治将深。"桓侯不应。扁鹊出，桓侯不悦。后五日，扁鹊复见，望见桓侯而退走。桓侯使人问其故，鹊曰："疾之在腠理也，汤熨之所及也。在血脉，针石之所及也，其在肠胃，酒醪之所及也，其在骨髓，虽司命无奈之何。今在骨髓，臣是以无请也。"后

---

① 参苓术桂：人参、茯苓、白术、肉桂，均为中药。
② 引年：益寿。
③ 积痼［kē］：旧疾。
④ 遽：急。
⑤ 抉其藩：原意为扒开篱笆，引申为找到门路。
⑥ 眯于目：眯起眼睛，喻看不清。
⑦ 过齐：经过齐国。
⑧ 腠理：皮肉。

五日，桓侯体病，使人召扁鹊。鹊已逃去，桓侯遂死。①

嗟乎！吾中国今日之受病，有以异于此乎？夫病犹可也，病而不自知其病，不可为也。不自知其病，犹可为也，有告以病者，且疑而恶之，不可为也。呜呼！吾国之受病，盖政府与人民，各皆有罪焉。其驯致②之也，非一时；其酿成之也，非一人；其败坏之也，非一事。《易》曰："履霜坚冰至，所由来者渐矣。"浅识者流，徒见夫江河日下之势，极于今时，因以为中国之弱，直此数年间事耳。不知其积弱之源，远者在数千百年以前，近者亦在数十年之内，积之而愈深，引之而愈长，夫使早三十年而治之，则一汤熨③之劳耳。使早十年而治之，亦一针石④之力耳。而乃蹉跎蹉跎，极于今日，夫岂无一二先觉，怀抱方术，大声疾呼，思欲先时而拯之者，其奈举世梦梦，昊天悠悠，非特⑤不采其术，不听其言，直将窘之逐之，戮之绝之，使举国之人，无不讳疾忌医以图苟全。至于今日，殆⑥扁鹊望而退走之时矣。虽然⑦，孟子不云乎"七年之病，求三年之艾，苟为不蓄，终身不得"⑧？今日始知为病而始谋医之，虽曰迟乎，然使

---

① 引自《史记·扁鹊仓公列传》。
② 驯致：导致。
③ 汤熨：热敷，局部治疗。
④ 针石：针灸。
⑤ 非特：非但。
⑥ 殆：（副词）将，将是。
⑦ 虽然："虽此，然而"的简略，表转折，与现代汉语"但是""可是"意同。
⑧ 引自《孟子·离娄篇》，意为"七年之病，要用三年的艾草来治，如果不积存（艾草），那一辈子也不会有"。

失今不为，更阅数年，必有欲求如今日而不可复得者，我同胞国民，夫岂无怵惕恻隐①于其心者乎？抑②吾尤惧夫所称国手③者，不审夫所以致弱之原因，不得其所以救之之道，处今日危急存亡、间不容发之顷④，而犹出庸医之伎俩，撷拾目前一二小节，弥缝补苴，药不对症，一误再误，而终断送我国于印度、埃及、土耳其⑤之乡也。故于叙述近事之前，先造此论，取中国病源之繁难而深远者一一论列之，疏通之，证明之。我同胞有爱国者乎，按脉论而投良药焉。今虽瞑眩⑥，后必有瘳⑦，其慎勿学齐桓侯之至死不悟也。

第一节　积弱之源于理想者

国家之强弱，一视其国民之志趣品格以为差⑧，而志趣品格，有所从出者，一物⑨焉，则理想是已。理想者，何物也？人人胸中所想象，而认为通常至当之理者也。凡无论何族之民，心有其社会数千年遗传之习惯，与其先哲名人之所垂训所传述，渐渍⑩深入于人人之脑中。涤之不去，磨之不磷⑪，是之谓理想。

---

① 怵惕：担心。恻隐：哀怜。
② 抑：（副词）表示推测，可译为"或许""也许"。
③ 国手：国之良医。
④ 之顷：之际。
⑤ 印度、埃及、土耳其：当时不是英国殖民地，就是弱国。
⑥ 瞑眩：愤闷。
⑦ 瘳[chōu]：病愈。
⑧ 差：（名词）差别。
⑨ 一物：同一物。
⑩ 渐渍：渗透。
⑪ 磷：光洁。

理想者，天下之最大力量者也。其力能生出种种风俗，种种事业，凡有一旧理想久行于世界者，而忽焉欲以一反比例之新理想夺而易之，非有雷霆万钧之力不能。中国人脑中之理想，其善而可宝者固不少，其误而当改者亦颇多。欧西、日本有恒言曰：中国人无爱国心。斯①言也，吾固不任受焉，而要之吾国民爱国之心，比诸欧西②、日本殊觉薄弱焉，此实不能为讳者也。而爱国之心薄弱，实为积弱之最大根源。吾尝穷思极想，推究其所以薄弱之由，而知其发源于理想之误者，有三事焉。

一曰，不知国家与天下之差别也。中国人向来不自知其国之为国也。我国自古一统，环列皆小蛮夷，无有文物③，无有政体，不成其为国，吾民亦不以平等之国视之，故吾中国数千年来，常处于独立之势，吾民之称禹域也，谓之为天下，而不谓之为国。既无国矣，何爱之可云？夫国也者，以平等而成，爱也者，以对峙而起。《诗》曰："兄弟阋于墙，外御其侮。"④ 苟⑤无外侮，则虽兄弟之爱，亦几几忘之矣。故对于他家，然后知爱吾家；对于他族，然后知爱吾族。游于他省者，遇其同省之人，乡谊殷殷，油然相爱之心生焉。若在本省，则举目皆同乡，漠然视为众路人矣。惟国亦然，必对于他国，然后知爱吾国。欧人爱国之心所以独盛者，彼其自希腊以来，即已诸国并立，此后虽有变迁，而其为列国也，依然互比较而不肯相下，互争竞而各求自

---

① 斯：此。
② 欧西：欧美。
③ 文物：文化之物。
④ 意为："兄弟们虽然在家里争吵，但能一致抵御外人的欺侮。"
⑤ 苟：若。

存。故人人脑中之理想,常有一国字浮于其间,其爱国也,不教而自能,不约而自同。我中国则不然,四万万同胞,自数千年来,同处于一小天下之中,视吾国之外,无他国焉,缘此理想,遂生二蔽:一则骄傲而不愿与他国交通,二则怯懦而不欲与他国争竞,以此而处于今日交通自由、竞争最烈之世界,安往而不窒碍耶?故此为中国受病之第一根源。虽然,近年以来,此理想有迫之使不得不变更、消灭者矣。

二曰,不知国家与朝廷之界限也。吾中国有最可怪者一事,则以数百兆①人立国于世界者数千年,而至今无一国名②也。夫曰"支那"也,曰"震旦"也,曰"钗拿"也,是他族之人所以称我者,而非吾国民自命之名也。曰唐、虞、夏、商、周也,曰秦、汉、魏、晋也,曰宋、齐、梁、陈、隋、唐也,曰宋、元、明、清也,皆朝名也,而非国名也。盖数千年来,不闻有国家,但闻有朝廷,每一朝之废兴,而一国之称号即与之为存亡,岂不大可骇而大可悲耶?是故吾国民之大患,在于不知国家为何物。因以国家与朝廷混为一谈,寖假③而以国家为朝廷之所有物焉,此实文明国民之脑中所梦想不到者也。今夫国家者,全国人之公产也;朝廷者,一姓之私业也。国家之运祚④甚长,而一姓之兴替甚短;国家之面积其大,而一姓之位置甚微。朝廷云者,不过偶然一时为国民中巨擘之巨室云尔,有民而后有君,天为民

---

① 百兆:古时兆意为百万,百百万,即亿。
② 当时尚无"中国"之名而称为"清"或"大清",而后者为朝代名,非国名。
③ 寖[jìn]假:逐渐。
④ 运祚[zuò]:历史。

而立君，非为君而生民。有国家而后有朝廷；国家能变置朝廷，朝廷不能吐纳国家。其理本甚易明，而我国民数千年醉迷于误解之中，无一人能自拔焉，真可奇也。试观二十四史所载，名臣名将，功业懿录、声名彪炳者，舍翊助①朝廷一姓之外，有所事事乎？其曾为我国民增一分之利益、完一分之义务乎？而全国人顾②啧啧焉，称之曰：此我国之英雄也。夫以一姓之家奴走狗，而冒一国英雄之名，国家之辱，莫此甚也。乃至舍家奴走狗之外，而数千年几无可称道之人，国民之耻，更何如也。而我四万万同胞，顾未尝以为辱焉，以为耻焉，则以误认朝廷为国家之理想，深入膏肓而不自知也。夫使认朝廷为国家，而于国家之成立无所损，吾亦何必龂龂③焉。无如④国家之思想不存，即独立之志气全萎，但使⑤有一姓能箝制我而鞭箠我者，我即从而崇拜之拥护之，驯至⑥异种他族，践吾土而食吾毛，亦瞯然⑦奉之为朝廷，且侈然⑧视之为国家。若是者，盖千余年于兹矣。推此理想也，则今日之印度，岂尝⑨无朝廷哉？我国民其亦将师印度而恬不为怪也。中国所以永远沉埋之根源，皆在于此。此理想不变，而欲能立国于天地之间，其道无由⑩。

---

① 翊［yì］助：辅佐。
② 顾：（副词）却。
③ 龂［yín］龂：多嘴多舌。
④ 无如：无奈。
⑤ 但使：只要。
⑥ 驯至：渐而至于。
⑦ 瞯［jiàn］然：竟然。
⑧ 侈然：公然。
⑨ 岂尝：何曾。
⑩ 其道无由：原意为找不到路，引申为办不到。

三曰，不知国家与国民之关系也。 国也者，积民而成，国家之主人为谁，即一国之民是也。故西国①恒言，谓君也，官也，国民之公奴仆也。凡官吏以公事致书于国民，其简末②自署，必曰：汝之仆某某。盖职分所当然也，非其民之妄自尊大也。所以尊重国民之全体而不敢亵③，即所以巩护国家之基础而勿使坏也。乃吾中国人之理想，有大异于是者。唐韩愈之言曰："君者，出令者也。臣者，行君之令而致诸民者也。民者，出粟米麻丝、作器皿、通货财以事其上者也。君不出令，则失其所以为君。臣不行君令，则失其所以为臣。民不出粟米麻丝、作器皿、通货财以事其上，则诛。"④ 嗟乎！愈之斯言也，举国所传诵，而深入于人人之脑中者也。嗟乎！如愈之言，吾一不解夫斯民之在斯世，竟如是其赘旒⑤而无谓也。吾一不解夫自主独立之国民，为今世文明之国所最尊重者，竟当尽诛而靡有孑遗⑥也。今使⑦有豪奴于此，夺其主人之财产为己有，而曰主人供亿⑧若稍不周，行将鞭挞而屠戮之，虽五尺童子，未有不指为大逆不道者。今愈之言，何以异是乎？而我国民守之为金科玉律，曾不敢稍生疑议

---

① 西国：西方国家。
② 简末：书信末端。
③ 亵：轻视。
④ 引自韩愈《原道》，大意是："君王，是发布命令的；臣子，是执行君王的命令并且实施到百姓身上的；百姓，是生产粮食、丝麻、制作器物，交流商品，来供奉在上统治的人的。君王不发布命令，就丧失了作为君王的权力；臣子不执行君王的命令并且实施到百姓身上，就失去了作为臣子的职责；百姓不生产粮食、丝麻、制作器物、交流商品来供应在上统治的人，就应该受到惩罚。"
⑤ 赘［zhuì］旒［liú］：原意为多余的飘带，引申为低贱。
⑥ 靡有孑［jié］遗：典出《诗·大雅·云汉》："周余黎民，靡有孑遗。"意为一个都没留（全死了）。
⑦ 今使：假如。
⑧ 供亿：供给。

焉,更无论驳词也,是真不可解者也。孟子曰:"生于其心,害于其政,发于其政,害于其事。"① 盖我国民所以沉埋于十八层地狱,而至今不获一见天日者,皆由此等邪说成为义理,而播毒种于人心也。数千年之民贼,既攘国家为己之产业,挚②国民为己之奴隶,曾无所于作,反得援大义以文饰之,以助其凶焰,遂使一国之民,不得不转而自居于奴隶,性奴隶之性,行奴隶之行,虽欲爱国而有所不敢、有所不能焉。何也?奴隶而干预家事,未有不获戾③者也。既不敢爱不能爱,则惟有漠然视之,袖手而观之。家之昌也,则欢娱焉、醉饱焉;家之败也,则褰裳④以去,别投新主而已。此奴隶之恒情也。故夫西人以国为君与民所共有之国,如父兄子弟,通力合作以治家事,有一民即有一爱国之人焉。中国不然,有国者仅一家之人,其余则皆奴隶也。是故国中虽有四万万人,而实不过此数人也。夫以数人之国,与亿万人之国相遇,安所往而不败也。

以上三者,实为中国弊端之端,病源之源,所有千疮百孔、万秽亿腥,皆其子孙也。今而不欲救中国则已耳,苟欲救之,非从此处拔其本、塞其源,变数千年之学说,改四百兆之脑质,虽有善者,无能为功。乃我同胞之中,知此义者即已如凤毛麟角矣,或知之而不敢言,或言之而行不远,此所以流失败坏极于今

---

① 引自《孟子·公孙丑章句上》,大意是:"从心里产生,必然会对政治造成危害,用于政治,必然会对国家大事造成危害。"
② 挚:抓住。
③ 获戾:受处罚。
④ 褰[qiān]裳:撩起衣服。

时。而后顾茫茫，未知税驾①于何日者也。

第二节 积弱之源于风俗者

今之论国事者，每一启齿，未有不太息痛恨，唾骂官吏之无状矣。夫吾于官吏，则岂有恕辞②焉？吾之著此书，即将当局者十年来殃民误国之罪一一指陈之而不为讳者也。虽然，吾以为官吏之可责者固甚深，而我国民之可责者亦复不浅。何也？彼官吏者，亦不过自民间来，而非别有一种族，与我国民渺不相属③者也。故官吏由民间而生，犹果实从根干而出。树之甘者，其果恒甘，树之苦者，其果恒苦。使④我国民而为良国民也，则任于其中签掣一人为官吏，其数必赢于良；我国民而为劣国民也，则任于其中慎择一人为官吏，其数必倚于劣。此事有必至，理有固然者也，久矣夫。聚群盲不能成一离娄⑤，聚群聋不能成一师旷⑥，聚群怯不能成一乌获⑦。以今日中国如此之人心风俗，即使日日购船炮，日日筑铁路，日日开矿务，日日习洋操，亦不过披绮绣于粪墙，镂⑧龙虫于朽木，非直⑨无成，丑又甚焉。故今推

---

① 税驾：原意为停车（税通"挩"），引申为结束。
② 恕辞：开脱或原谅的言辞。
③ 渺不相属：遥不相及。
④ 使：假使。
⑤ 离娄：古代传说中的千里眼。
⑥ 师旷：古代传说中的顺风耳。
⑦ 乌获：古代传说中的大力士。
⑧ 镂：雕。
⑨ 非直：非但。

本穷源，述国民所以腐败之由，条列而偻论①之，非敢以玩世嫉俗之言，骂尽天下也；或者吾国民一读而猛省焉，庶几改之，予日望之。今将风俗之为积弱根源者，举其荦荦大端如下：

一曰奴性。数千年民贼②之以奴隶视吾民，夫既言之矣；虽然，彼之以奴隶视吾民，犹可言也，吾民之以奴隶自居，不可言③也。孟子曰："人必自侮，然后人侮之。"④ 故使我诚不甘为奴隶，则必无能⑤奴隶我者。嗟乎！吾不解吾国民之秉奴隶性者何其多也！其拥高官、籍厚禄、盘踞要津⑥者，皆察⑦奴性独优之人也。苟不有此性，则不能一日立于名场利薮⑧间也。一国中最有权势者，既在于此辈，故举国之人，他⑨无所学，而惟以学为奴隶为事。驱所谓聪明俊秀第一等之人，相率而入于奴隶学校，不以为耻，反以为荣，天下可骇可痛之事，孰有过此者！此非吾过激之言也。诸君未尝游京师⑩，未尝入宦场⑪，虽闻吾言，或不信焉；苟躬历其境，见其昏暮乞怜之态，与其越趄嗫嚅⑫之

---

① 偻论：简论。
② 民贼：欺压民众的官吏。
③ 不可言：说不过去。
④ 引自《孟子·离娄上》，大意是："一个人必然是自己轻视自己，然后才有他人来轻视他。"
⑤ 无能：不能。
⑥ 盘踞要津：占据要地。
⑦ 察：深知。
⑧ 名场利薮［sǒu］：争名夺利之地。薮：湖泽。
⑨ 他：其他。
⑩ 京师：京城。
⑪ 宦场：官场。
⑫ 越［zī］趄［jū］：战战兢兢。嗫嚅：唯唯诺诺。

形,恐非徒怵惕而有不慊①于心,更必且赧作②而不忍挂诸齿。孟子曰:"人之所以求富贵者,其妻妾见之而不相泣者,几希矣。"③诚至言哉!诚至言哉!夫居上流之人既如此矣,寻常百姓,又更甚焉。乡曲小民,视官吏如天帝,望衙署④如宫阙,奉搢绅⑤如神明。昔西报⑥尝有戏言,谓在德国为俾士麦⑦,不如在中国做一知县;在英国为格兰斯顿⑧,不如在中国做一县丞⑨,非过言也。然则官吏之所以骄横暴戾、日甚一日者,未始不由民间骄纵之而养成之也。且天下惟能谄人⑩者,为能骄人⑪;亦惟能骄人者,为能谄人。州县⑫之视百姓,则奴隶矣;及其对道府⑬以上,则自居于奴隶也。监司⑭、道府之视州县,则奴隶矣;及其对督抚⑮,则自居于奴隶也。督抚视司道以下,皆奴隶矣;及其对君后⑯,则自居于奴隶也。其甚者乃至对枢垣⑰、阁臣⑱,

---

① 慊:怨恨。
② 赧[nǎn]作[zuò]:羞愧。
③ 引自《孟子·离娄下》,大意是:"人们用来求取富贵腾达的手段,能使他们的妻妾不感到羞耻、不相对哭泣的,是很少的。"
④ 衙署:官府。
⑤ 搢绅:读书人。
⑥ 西报:西方报纸。
⑦ 俾士麦,19世纪德国首相,有"铁血宰相"之称。
⑧ 格兰斯顿,英国首相。
⑨ 县丞:县官。
⑩ 谄人:谄媚于人。
⑪ 骄人:骄横于人。
⑫ 州县:清代最低一级地方官员。
⑬ 道府:州县之上一级地方官员。
⑭ 监司:道府之上一级地方官员。
⑮ 督抚:监司之上一级地方官员。
⑯ 君后:皇帝和皇后。
⑰ 枢[shū]垣[yuán]:中央政府部门(如军机处)官员。
⑱ 阁臣:内阁大臣。

或对至秽至贱宦侍①、宫妾②，而亦往往自居奴隶也。若是乎，举国之大，竟无一人不被人视为奴隶者，亦无一人不自居奴隶者，而奴隶视人之人，亦即为自居奴隶之人，岂不异哉！岂不痛哉！盖其自居奴隶时所受之耻辱苦孽，还以取偿于彼所奴隶视之人，故虽日日为奴，而不觉其苦，反觉其乐，不觉其辱，反觉其荣焉。不见夫土豪乎，皂役③乎，彼入而见长官也，局踏瑟缩④无所容，吮痈舐痔⑤无不至，及出而武断乡曲⑥，则如虎傅翼，择肉而食；而小民之畏彼、媚彼，奔走而奉养彼者，固自不乏人矣。若是乎，彼之所得者足以偿所失而有余也；若是乎，奴隶不可为而果可为也。是以一国之人转相仿效，如蚁附膻⑦，如蝇逐臭，如疫症之播染，如肺病之传种。昔有某画报，绘中国人之状态者，图为一梯，梯有级，级有人，级千百焉，人无量数焉，每级之人，各皆向其上级者稽首顶礼，各皆以足蹴踏其下级者。人人皆顶礼人焉，人人皆蹴踏人焉。虽曰虐谑，亦实情也。故西国之民，无一人能凌人者，亦无一人被凌于人者。中国则不然，非凌人之人，即被凌于人之人，而被凌于人之人，旋即可以为凌人之人。咄咄怪事！咄咄妖孽！吾无以名之，名之曰奴性而已。故西国之民，有被压制于政府者，必群集抗论之抵拒之，务底于平

---

① 宦侍：太监。
② 宫妾：妃子。
③ 皂役：官衙中的差役。
④ 局踏［jí］瑟缩：诚恐诚惶。
⑤ 吮痈舐痔：拍马奉承。
⑥ 武断乡曲：横行于民间。
⑦ 膻［shān］：肉的气味。

而后已。政府之压制且然，外族之压制更无论矣。若中国则何有焉，忍气吞声，视为固然，曰惟奴性之故。嗟乎！奴隶云者，既无自治之力，亦无独立之心。举凡饮食男女、衣服起居，无不待命于主人，而天赋之人权、应享之幸福，亦遂无不奉之主人之手。衣主人之衣，食主人之食，言主人之言，事主人之事，倚赖之外无思想，服从之外无性质，谄媚之外无笑语，奔走之外无事业，伺候之外无精神。呼之不敢不来，麾之不敢不去，命之生不敢不生，命之死亦不敢不死。得主人之一盼，博主人之一笑，则如获异宝，如膺九锡①，如登天堂，嚣然夸耀侪辈②以为荣宠；及撄③主人之怒，则俯首属膝，气下股栗，虽极其凌躐践踏，不敢有分毫抵忤④之色，不敢生分毫愤奋之心。他人视为大耻奇辱，不能一刻忍受，而彼怡然安为本分。是即所谓奴性者也。今试还视我国人，彼蚁民之事⑤官吏，下僚之事长官，有一不出于此途者乎？不宁惟是⑥而已，凡民之受压制于官吏而能安之者，必其受压制于异族而亦能安之者也。法儒孟德斯鸠⑦之言曰："民之有奴性者，其与国家交涉，止有服役、纳税二事。"二者固奴隶之业，自余⑧则靡⑨得与闻也。故虽国事危急之际，彼蚩

---

① 如膺九锡：如获重赏（锡：同"赐"）。
② 夸耀侪辈：炫耀于同辈中间。
③ 撄：触动。
④ 抵忤：不满。
⑤ 事：对待。
⑥ 不宁惟是：不仅如此。
⑦ 孟德斯鸠，18世纪法国哲学家、政治学家，著有《法的精神》《波斯人信札》等。
⑧ 自余：其余。
⑨ 靡：无。

蚩①者狃②于历朝亡国之习惯，以为吾知纳税与服役，尽吾奴隶之责任耳；脱有③他变，则吾亦纳税与服役，尽吾奴隶之责任耳。失一家更得一家，去一主更易一主，天下至大，主人至众，安所往而不得奴隶？譬犹犬也，豢而饲我，则为之守夜而吠人；苟易他主，仍复豢而饲我，则吾亦为之守夜而吠人。其身既与国家无丝毫之关系，则直④不知国家为何物，亦不必问主⑤国家者为何人。别辟一浑噩之天地，别构一醉梦之日月，以成为刀刺不伤、火燎不痛之世界。呜呼！有如此性，有如此民，积之千岁，毒遍亿身，生如无生，人而非人，欲毋⑥堕落，恃奚以存⑦？匪⑧敌亡我，系我自沦；斯害不去，国其灰尘。此吾不能不痛心疾首，而大棒大喝于我国民者也。

二曰愚昧。凡人之所以为人者，不徒眼耳鼻舌手足、脏腑血脉而已，而尤必有司觉识⑨之脑筋焉。使四肢五官具备，而无脑筋，犹不得谓之人也。惟国亦然。既有国形，复有国脑；脑之不具，形为虚存。国脑者何？则国民之智慧是已。有智慧则能长其志气，有智慧则能增其胆识，有智慧则能生其实力，有智慧则能广其谋生之途，有智慧则能美其合群之治。集全国民之良脑而成

---

① 蚩［chī］蚩：惑乱状。
② 狃［niǔ］：因袭，拘泥。
③ 脱有：若有。
④ 直：当然。
⑤ 主：主宰。
⑥ 毋：不。
⑦ 恃奚以存：靠什么而生（恃：依靠。奚：何）。
⑧ 匪：同"非"。
⑨ 觉识：感觉、意识。

一国脑,则国于以富,于以强;反是,则日以贫,日以弱。国脑之不能离民智而独成,犹①国体之不能离民体而独立也。信如斯也,则我中国积弱之源,从②可知也。四万万人中,其能识字者,殆③不满五千万人也。此五千万人中,其能通文意、阅书报者,殆不满二千万人也。此二千万人中,其能解文法执笔成文者,殆不满五百万人也。此五百万人中,其能读经史、略知中国古今之事故者,殆不满十万人也。此十万人中,其能略通外国语言文字、知有地球五大洲之事故者,殆不满五千人也。此五千人中,其能知政学之本源、考人群之条理而求所以富强吾国、进化吾种之道者,殆不满百数十人也。以堂堂中国,而民智之程度乃仅如此,此有心人所以睊睊④而长悲也。而吾所最悲者,不悲夫少特达智慧之人,而悲夫少通常智慧之人。盖特达智慧者,人类发之⑤至难得者也,非惟中国不多有之,即西国亦不多有之。若夫通常智慧,则异是矣。西国之民,自六七岁时,无论男女,皆须入学校,至十四五岁,然后始出校。其校中所读之书籍,皆有定本,经通儒硕学之手编成,凡所以美⑥人性质、长人志趣、浚人识见、导人材艺者,无不备焉。即使至贫之家、至钝之童,皆须在校数年,即能卒业数卷⑦,而其通常之智慧,则固既有之矣。故无论何人,皆能自治其身,自谋其生。一寻常之信,人人

---

① 犹:如。
② 从:由此。
③ 殆:大概。
④ 睊睊:侧目相视。
⑤ 发之:本来。
⑥ 美:(动词)使美好。
⑦ 卒业数卷:读完几本书。

皆能写；一浅近之报，人人皆能读。但如是，而其国脑之强，已不可思议；其国基之固，已不可动摇矣。且天下未有通常智慧之人多而不能出一特达智慧之人者，亦未有通常智慧之人少而能出特达智慧之人者。以天赋聪明而论，中国人岂必让于西人哉？然以我国第一等智慧之人，与西国第一等智慧之人比较，而常觉其相去霄壤①者，则以乏通常智慧故也。今之所谓搢绅先生者，咿哑占毕②，欺骄乡愚③，曾不知亚细、欧罗④是何处地方，汉祖、唐宗系那朝皇帝。然而秀才、举人出于斯焉，进士、翰林出于斯焉，寖假而州县、监司出于斯焉，军机、督抚出于斯焉，我二十余省之山河，四百兆人之性命，一举而付于其手矣。若以此为不足语耶，舍而求之于市廛⑤之商旅⑥，乡井之农氓⑦，更每下愈况矣。何也？我国固无通常智慧之人也。以此而处于今日脑与脑竞之世界，所谓"盲人骑瞎马，夜半临深池"，天下之险象，孰有过是者也！虽然，明知其险而无以易⑧之，此所以日弱一日而至于今也。夫今日拳匪⑨之祸，论者皆知为一群愚昧之人召之也。然试问全国之民庶，其不与拳匪一般见识者，几何人？全国之官吏，其不与通拳诸臣⑩一般见识者，几何人？国脑不具，则今日

---

① 相去霄壤：天地之差。
② 占毕：诵读。
③ 欺骄乡愚：看不起乡民。
④ 亚细：亚细亚（亚洲）。欧罗：欧罗巴（欧洲）。
⑤ 市廛 [chán]：集市。
⑥ 商旅：商人。
⑦ 农氓：农民。
⑧ 易：改变。
⑨ 拳匪：即义和团，也称义和拳（以打拳结为团体）。
⑩ 通拳诸臣：和义和团私下有关系的大臣。

一拳匪去，明日一拳匪来耳，而我二十余省之山河，四百兆人之性命，遂将从此而长已也。是①不可不深长思者也。

三曰为我。天下人亦孰不爱己乎？孰不思利己乎？爱己利己者，非圣人之所禁也。虽然，人也者，非能一人独立于世界者也，于是乎有群；又非能以一群占有全世界者也，于是乎有此群与彼群。一人与一人交涉，则内吾身而外他人②，是之谓一身③之我；此群与彼群交涉，则内吾群而外他群，是之谓一群之我。同是我也，而有大我、小我之别焉。当此群与彼群之角立而竞争也，其胜败于何判乎？则其群之结合力大而强者必赢，其群之结合力薄而弱者必绌④。此千古得失之林矣。结合力何以能大？何以能强？必其一群之人常肯绌身⑤而就群，捐小我而卫大我，于是乎爱他、利他之义最重焉。圣人之不言为我也，恶其为群之贼⑥也。人人知有身，不知有群，则其群忽⑦涣落摧坏，而终被灭于他群，理势之所必至也。中国人不知群之物为何物、群之义为何义也，故人人心目中，但有一身之我，不有一群之我。昔日本将构衅⑧于中国，或有以日本之小、中国之大，疑势力之不敌者。日相⑨伊藤博文曰："中国名为一国，实则十八国也。其为一国，则诚十余倍于日本；其为十八国，则无一能及日本之大

---

① 是：此。
② 内：（动词）视……为内。外：（动词）视……为外。
③ 一身：一人。
④ 绌：同"黜"，罢免，除去。
⑤ 绌身：舍己。
⑥ 群之贼：群体的祸害。
⑦ 忽：很快。
⑧ 构衅：寻衅。
⑨ 日相：日本首相。

者。吾何畏焉!"乃果也,战端既起,而始终以直隶^①一省敌日本全国,以取大败。非伊藤之侥幸而言中也,中国群力之薄弱,固早已暴著于天下矣。又岂惟分为十八国而已,彼各省督抚者,初非能结合其所治之省而为一群也,不过侥幸战祸不及于己辖,免失城革职之处分,借设防之名,以观成败而已,其命意为一己,而非为一省也;彼各省之民,亦非能联合其同省者以为一群也,幸锋镝^②未临于眉睫,而官吏亦不强我,使急公家之急,因^③饱食以嬉焉,袖手而观焉,其命意亦为一己也。昔吾闻明思宗^④煤山殉国之日,而吾广东省城,日夜演戏。初吾不甚信之,及今岁到上海,正值联军^⑤入北京之日,而上海笙歌箫鼓,熙熙焉,融融焉,无以少异于平时,乃始椎胸顿足,痛恨于我国民之心既已死尽也。此无他,为我而已矣。谚有之曰:"各人自扫门前雪,不管他人瓦上霜。"吾国民人人脑中,皆横亘此二语,奉为名论,视为秘传,于是四万万人,遂成为四万万国焉。亡此国而无损于我也,则束手以任其亡,无所芥蒂^⑥焉;甚且亡此国而有益于我也,则出力以助其亡,无所惭怍^⑦焉。此诚为我者魑魅魍魉^⑧之情状也。以此而立于人群角逐之世界,欲以自存,能乎不能?

---

① 直隶:即河北省(京城所在之省)。
② 锋镝:箭头。
③ 因:因而。
④ 明思宗,即崇祯,明朝末代皇帝。
⑤ 联军:指八国联军。
⑥ 芥蒂:不爽。
⑦ 惭怍[zuò]:惭愧。
⑧ 魑[chī]魅[mèi]魍[wǎng]魉[liǎng]:妖魔鬼怪。

四曰好伪。好伪之极，至于如今日之中国人，真天下所希闻，古今所未有也。君之使其君，臣之事其君；长之率其属，属之奉其长；官之治其民，民之待其官；士之结其耦①，友之交其朋，无论何人，无论何事，无论何地，无论何时，而皆以伪之一字行之。奏章之所报者，无一非伪事；条告②之所颁者，无一非伪文；应对之所接者，无一非伪语。举国官缺③，大半无事可办，有职如无职，谓之伪职；一部律例，十有九不遵行，有律如无律，谓之伪律。文之伪也，而以八股墨卷，谓为圣贤之微言；武之伪也，而以弓刀箭石，谓为干城④之良选。以故⑤统兵者扣额克饷，而视为本分之例规；购械者以一报十，则视为应得之利益。阉侍⑥名分至贱，而可以握一国之实权；胥隶⑦执业至丑，而可以掌全署⑧之威福。凡兹百端，皆生于伪。然伪犹可疗也；伪而好之，不可瘳⑨也。世有号称清流名士者流，其面常有忧国之容，其口不少哀时之语，读其文，则字字皆贾生⑩之痛哭涕零；诵其诗，则篇篇皆少陵⑪之孤忠义愤，而考其行，则醇酒妇人⑫

---

① 耦：同辈。
② 条告：布告。
③ 官缺：官职。
④ 干城：原指盾牌和城墙，引申为守卫。
⑤ 以故：以至于。
⑥ 阉侍：太监。
⑦ 胥隶：小吏和差役。
⑧ 全署：整个官署。
⑨ 瘳［chōu］：病愈。
⑩ 贾生，贾谊，西汉政论家，曾任梁怀王太傅，因忧国而常常痛哭。
⑪ 少陵，杜甫自称，其诗大多心系苍生，胸怀国事。
⑫ 醇酒妇人：酒色。

也;察其心,则且食蛤蜊①也。夫既无心爱国,无心忧国,则亦已矣,而为此无病之呻吟何为焉?虽然,彼固不自觉其为伪也,因好之深而习惯之,以为固然也。尤有咄咄怪事者,如前者日本之役②,今兹团匪之难③,竟有通都大邑④之报馆,摭拾⑤《残唐》《水浒》之谰语⑥,以构为⑦刘永福⑧空城之计、李秉衡⑨黄河之阵者,而举国之人,靡然⑩而信之。夫靡然而信之,则是为作伪者所欺也,犹可言也;及其事过境迁,作伪情状,既已败露,而前此之信之者,尚津津然乐道之。叩⑪其说,则曰过屠门而大嚼,虽不得肉,且快意焉。是则所谓好伪也,不可言也。呜呼!中国人好伪之凭据,万绪千条,若尽说者,更仆⑫难尽。孔子曰:"民无信不立。"至举国之人,而持一伪字以相往来,则亦成一虚伪泡幻之国而已。本则先拨⑬,虽无外侮之来,亦岂能立于天地间耶!

五曰怯懦。中国民俗,有与欧西、日本相反者一事,即欧、

---

① 且食蛤蜊:字面意"暂且吃蛤蜊吧",典出《南史》卷二十一《王弘列传·(曾孙)王融》:王融在王僧佑家遇到沈昭略,沈不认识王,问主人这少年是谁,王融心中不满,自称是太阳,光耀天下,谁人不知。沈听后说:"没听说过这些事,还是吃蛤蜊吧。"后遂用"且食蛤蜊"指姑置不问。
② 日本之役:指甲午战争。
③ 团匪之难:义和团骚乱。
④ 通都大邑:大城市。
⑤ 摭[zhí]拾:捡取。
⑥ 谰语:妄言。
⑦ 构为:虚构。
⑧ 刘永福,清廷将领,甲午战争时奉命赴台湾抗日,终失败。
⑨ 李秉衡,清廷将领,甲午战争时奉命镇守山东,终失败。
⑩ 靡然:昏昏然。
⑪ 叩:问。
⑫ 更仆:无数。
⑬ 本则:原则。先拨:先动摇。

曰尚武，中国右①文是也。此其根源，殆有由理想而生者。《中庸》曰："宽柔以教，不报无道，南方之强也。"②《孝经》曰："身体发肤，受之父母，不敢毁伤。"孟子曰："好勇斗狠，以危父母，不孝也。"凡此诸论，在先圣昔贤，盖有为而言，所谓"言非一端，各有所当"者也。降及末流，误用斯言，浸成痼疾，以冒险为大戒，以柔弱为善人，至有"好铁不打钉，好仔不当兵"之谚。抑岂不闻孔子又有言曰："能执干戈以卫社稷，可无殇③也。"吾尝观欧西、日本之诗，无不言从军乐者，又尝观中国之诗，无不言从军苦者。甲午乙未间④，日本报章所载赠友人从军诗，以千亿计，皆祝其勿生还者也。兵之初入营者，戚党⑤赠之以标⑥，曰祈战死。以视杜甫《兵车行》，所谓"车辚辚，马萧萧，行人弓箭各在腰。爷娘妻子走相送，尘埃不见咸阳桥。牵衣顿足拦道哭，哭声直上干云霄"，其一勇一怯，相去何太远耶？何怪乎中日之役，旗、绿、湘、淮军数十万，皆鼓声甫作已弃甲曳兵而走也。夫兵者不祥、圣贤之无义战⑦，宁非至道欤⑧？虽然，为君相者不可以好兵，而为国民者不可以无勇。处

---

① 右：偏重。
② 子路问强：子曰："南方之强欤？北方之强欤？抑而强欤？宽柔以教，不报无道，南方之强也，君子居之。衽金革，死而不厌，北方之强也，而强者居之。……"
③ 无殇：不用悲伤。
④ 甲午乙未间，1894 至 1895 年间。
⑤ 戚党：亲族。
⑥ 标：旗。
⑦ 圣贤之无义战：圣贤（孟子）说的"春秋无义战"。
⑧ 宁非至道欤：难道不是至善之道吗？

今日生存竞争最剧最烈、百虎耽视、万鬼环瞰之世界，而叵然①偷息，酣然偃卧，高语仁义，宁非羞耶？《诗》曰："天之方㥁②，无为夸毗③。"④《传》曰："夸毗，谓柔脆无骨之人也。"夫人而柔脆无骨，谓之非人焉可也。合四万万柔脆无骨之人而成一国民，吾不知其如何而可也。中国世俗，有传为佳话者一二语，曰百忍成金，曰唾面自干，此误尽天下之言也。夫人而至于唾面自干，天下之顽钝无耻，孰过是焉！天生人而畀⑤之以权利，且畀之以自保权利之力量，随即畀之以自保权之责任者也。故人而不思保护其权利者，即我对于我而有未尽之责任也。故西儒之言曰：侵人自由权者为第一大罪，放弃己之自由权者，罪亦如之。放弃何以有罪？谓其长恶人之气焰，损人类之资格也。犯而不校，在盛德君子偶一行之，虽有足令人起敬者；然欲使尽天下而皆出于此途，是率天下人而为无骨无血无气之怪物，而弱肉强食之祸，将不知所终极也。中国数千年来，误此见解，习非成是，并为一谈，使勇者日即于销磨，而怯者反有所借口。遇势力之强于己者，始而让之，继而畏之，终而媚之，弱者愈弱，强者愈强。奴隶之性，日深一日，民权由兹而失，国权由兹而亡。彼当局之人，日日割地而不以为是者，岂非所谓能让者耶？岂非所谓唾而自干者耶？无勇之害，一至于此。彼西方之教，曷尝⑥不

---

① 叵［pǒ］然：姑且。
② 㥁［qí］：愤怒。
③ 夸毗：卑躬屈膝。
④ 引自《诗经·大雅·板》，大意是："上无发怒，不用畏惧。"
⑤ 畀［bì］：给予。
⑥ 曷［hé］尝：何曾。

曰爱敌如友、降己下人乎？然其人民遇有压力之来，未有不出全力以抗拒之者。为国流血，为民流血，为道流血，数千年西史，不绝书焉。先圣昔贤之单语片言，固非顽钝无耻者所可借以藏身也。吾闻日本人有所谓日本魂者，谓尚武之精神是也。呜呼！吾国民果何时始有此精神乎？吾中国魂果安在乎？吾欲请帝遣巫阳①而招之。

六曰无动。老子有言曰：无动为大②。此实千古之罪言也。夫日非动不能发光热，地非动不能育万类，人身之血轮，片刻不动，则全身冻且僵矣。故动者万有之根原也。《易》曰："天行健，君子以自强不息。"《论语》曰："逝者如斯夫，不舍昼夜。"动之谓也。乃今世之持论者则有异焉，曰安静也，曰持重也，曰老成也，皆誉人之词也；曰喜事③也，曰轻进④也，曰纷更⑤也，皆贬人之词也。有其举之⑥，莫敢废；有其废之⑦，莫敢举。一则曰依成法，再则曰查旧例。务使全国之人如木偶，如枯骨，入于隤然⑧不动之域然后已。吾闻官场有六字之秘诀，曰"多叩头，少讲话"。由今观之，又不惟官场而已，举国之人皆从此六字陶熔出来者也。是故污吏压制之也而不动，虐政残害之也而不动，外人侵慢之也而不动；万国富强之成效、灿然陈于目前⑨也而不动；列强

---

① 巫阳：传说中的女巫，会招魂。
② 无动为大：即无为，顺其自然。
③ 喜事：好事、多事。
④ 轻进：莽撞。
⑤ 纷更：添乱。
⑥ 有其举之：在实行的。
⑦ 有其废之：被废止的。
⑧ 隤［tuí］然：顺从。
⑨ 目前：眼前。

瓜分之奇辱、咄然迫于眉睫也而不动。谭浏阳①先生《仁学》云：

<blockquote>

自李耳②出，遂使数千年来成乎似忠信、似廉洁一无刺无非之乡愿天下③。言学术则曰宁静，言治术则曰安静。处事不计是非，而首禁更张④，躁妄喜事之名立，百端则是废弛矣；用人不问贤不肖⑤，而多方遏抑，少年意气⑥之论起，柄权则颓暮矣。陈言者⑦则命之曰希望恩泽，程功者⑧则命之曰露才扬己。既为⑨糊名以取之，而复隘其途⑩；既为年资⑪以用之，而复严其等⑫。财则惮辟利源，兵则不贵朝气。统政府六部、九卿、督抚、司道之所朝夕孜孜⑬不已者，不过力制⑭四万万人之动，絷⑮其手足，涂塞其耳目，尽驱以入乎一定不移⑯之乡愿格式⑰。夫群⑱四万万乡愿以为国，

</blockquote>

---

① 谭浏阳，即谭嗣同，字复生，号壮飞，湖南浏阳人，与梁启超、康有为等同为维新派重要人物。
② 李耳，老子。
③ 乡愿天下：愚钝世界。
④ 更张：改变。
⑤ 贤不肖：贤或不肖，有能或无能。
⑥ 少年意气：年轻人一时冲动。
⑦ 陈言者：发言者。
⑧ 程功者：立功者。
⑨ 既为：已经因为是。
⑩ 复隘其途：还要广开其仕途。
⑪ 年资：年纪与资历。
⑫ 复严其等：还要加固其等级。
⑬ 朝夕孜孜：日夜操心。
⑭ 力制：尽力压制。
⑮ 絷：束。
⑯ 定不移：固定不变。
⑰ 乡愿格式：愚钝状态。
⑱ 群：（动词）集。

教①安得不亡，种类②安得而可保也？

呜呼！吾每读此言，未尝不废书③而叹也。抑吾又闻之，重学④之公例，谓凡物之有永静性者，必加之以外力而始能动也。故吾向者犹有所冀⑤焉，冀外力之庶几⑥助我乎。顾近年以来，中国受外力之加者，亦既屡见不一见矣，而其不动也，依然。岂⑦重学之例，犹有未足据者耶？抑⑧其外力所加者尚微弱，而与本性中所含之静力，尚未足成比例耶？虽然，外力而加强焉，加重焉，窃恐⑨有不能受者矣。若是乎，此无动为大之中国，竟长此而终古也。是则可忧也。

以上六者，仅举大端，自余恶风，更仆难尽。递相⑩为因，递相为果，其深根固蒂也，经历夫数千余年，年年之渐渍⑪，莫或使然⑫，若或使然⑬；其传染蔓延也，盘踞夫四百兆人，人人之脑筋，甲也如是，乙也如是。万方⑭一概，杜少陵所以悲吟；

---

① 教：正统文化。
② 种类：种族。
③ 废书：放下书。
④ 重学：力学（即物理学）。
⑤ 冀：希望。
⑥ 庶几：或许。
⑦ 岂：难道。
⑧ 抑：抑或。
⑨ 窃恐：我担心。
⑩ 递相：互相。
⑪ 渐渍：慢慢渗透。
⑫ 莫或使然：不想这样。
⑬ 若或使然：也会这样。
⑭ 万方：到处。

长此安穷，贾长沙能无流涕？呜呼！我同胞苟①深思焉，猛省焉，必当憬然②于前此致弱之故，有③不能专科罪④于当局诸人、有怵然⑤于此后救弱之法、有不能专责望⑥于当局诸人者。吾请⑦更⑧质言⑨其例。今日全国人所最集矢⑩者，在枢臣⑪之中，岂非载漪乎？刚毅乎？赵舒翘乎？在疆臣⑫之中，岂非⑬裕禄乎？毓贤乎？李秉衡乎？夫漪、刚、赵、裕、毓、李之误国殃民，万死不足蔽罪⑭，无待言矣。今以漪、刚、赵为不可用，摒而去之，而代之以他之亲王、大学士、尚书、侍郎，其有以愈于⑮漪、刚、赵乎？吾未见其能也。以亲王、大学士、尚书、侍郎为皆不可用，而代以九卿、学士，其有以愈于尚、侍以上乎？似九卿、学士为皆不可用，而代以科、道、编、检部员，其有以愈于九卿、学士乎？吾未见其能也。今以裕、毓、李为不可用，摒而去之，而代以他之将军、督抚，其有以愈于裕、毓、李乎？吾未见其能也。以将军、督抚为皆不可用，而代以藩、臬、道、府，其

---

① 苟：若。
② 憬然：醒悟。
③ 有：有的。
④ 科罪：问罪。
⑤ 怵然：害怕。
⑥ 责望：期待。
⑦ 吾请：那就让我来。
⑧ 更：再。
⑨ 质言：直言。
⑩ 集矢：集中攻击。
⑪ 枢臣：宫廷大臣。
⑫ 疆臣：地方大臣。
⑬ 岂非：不就是。
⑭ 蔽罪：谢罪。
⑮ 愈于：胜过。

有以愈于将军、督抚乎？以藩、臬、道、府为皆不可用，而代以同、通、州、县，其有愈于藩、臬、道、府乎？吾未见其能也。充其类而极之①，乃至以现时京外大小臣工②为皆不可用，摒而去之，而代之以未注朝籍之士民，其有以远愈于现时大小臣工乎？吾未见其能也。何也？吾见夫举国之官吏士民，其见识与漪、刚、赵、裕、毓、李相伯仲③也，其意气相伯仲也，其性质相伯仲也，其才能相伯仲也。盖④先有无量数漪、刚、赵、裕、毓、李之同类，而漪、刚、赵、裕、毓、李，乃乘时而出焉。之⑤数人者，不过偶然为其同类之代表而已。一漪、刚、赵、裕、毓、李去，而百千万亿之漪、刚、赵、裕、毓、李，方且⑥比肩而立，接踵而来，李僵而桃代，狼却⑦而虎前，有以愈乎？无以愈乎？⑧吾请更以一言正告我国民：国之亡也，非当局诸人遂⑨能亡之也，国民亡之而已；国之兴也，非当局诸人遂能兴之也，国民兴之而已。政府之良否，恒与国民良否为比例，如寒暑针之与空气然，分秒无所差忒⑩焉，丝毫不能假借⑪焉。若我国民徒责人而不知自责，徒望人而不知自勉，则吾恐中国之弱，正未有艾⑫也。

① 充其类而极之：充其量而做到底。
② 臣工：官员。
③ 相伯仲：伯仲之间，差不多。
④ 盖：因为。
⑤ 之：至于。
⑥ 方且：尚且。
⑦ 却：退。
⑧ 有以愈乎？无以愈乎？——意即：都一样，有什么好坏吗？
⑨ 遂：就。
⑩ 差忒：差错。
⑪ 假借：推托。
⑫ 艾：尽。

第三节　积弱之源于政术者

然则当局者遂无罪乎？曰：恶①，是何言欤②！是何言欤！纵成③今日之官吏者，则今日之国民是也；造成今日之国民者，则昔日之政术④是也。数千年民贼⑤既以国家为彼一姓之私产，于是凡百⑥经营，凡百措置，皆为保护己之私产而设，此实中国数千年来政术之总根源也！保护私产之术将奈何？彼私产者，固⑦由紾⑧国民之臂，而夺得其公产以为己物者也。故其所最患⑨者，在原主人一旦起而复还⑩之。原主人者谁？即国民是也！国民如何然后能⑪复还其公产？必有气⑫焉而后可，必有智⑬焉而后可，必有力⑭焉而后可，必有群⑮焉而后可，必有动⑯焉而后可。但使⑰能挫其气，窒其智，消其力，散其群，制其动，则原主人

---

① 恶：（感叹词）同"哦"。
② 是何言欤：这怎么讲呢。
③ 纵成：放纵而成。
④ 政术：政治权术。
⑤ 民贼：窃国者（指历代帝王）。
⑥ 凡百：百般。
⑦ 固：本来。
⑧ 由紾 [zhěn]：从属。紾：扭。
⑨ 患：担心。
⑩ 复还：恢复。
⑪ 如何然后能：怎样才能。
⑫ 气：勇气。
⑬ 智：智慧。
⑭ 力：力量。
⑮ 群：群体。
⑯ 动：行动。
⑰ 但使：如果。

永远不能复起，而私产乃如磐石、苞桑①而无所患。彼民贼其知之矣，故其所施政术，无一不以此五者为鹄②，千条万绪而不紊其领③，百变亿化而不离其宗。多历一年，则其网愈密，多更④一事，则其术愈工⑤。故夫今日之政术，不知经几百千万枭雄险鸷⑥、敏练桀黠⑦之民贼，所运算布画⑧，斟酌损益，而今乃集其大成者也。吾尝遍读二十四朝之政史，遍历现今之政界，于参伍错综⑨之中，而考得其要领之所在。盖⑩其治理之成绩有三：曰愚⑪其民、柔⑫其民、涣⑬其民是也。而所以能收此成绩者，其持术有四：曰驯⑭之之术，曰餂⑮之之术，曰役⑯之之术，曰监⑰之之术是也。

所谓驯之之术者，何也？天生人而使之有求智之性也，有独立之性也，有合群之性也，是民贼所最不利者也，故必先使

---

① 苞桑：桑树之本。《易经·否》："其亡其亡，系于苞桑。"孔颖达疏："苞，本也。凡物系于桑之苞本，则牢固也。"
② 鹄［gǔ］：原意为靶心，引申为目标。
③ 领：要领。
④ 更：经过。
⑤ 工：（形容词）精致。
⑥ 枭雄险鸷：凶狠毒辣。
⑦ 敏练桀黠：阴险狡诈。
⑧ 布画：谋划。
⑨ 参伍错综：交互错杂。
⑩ 盖：同"概"。
⑪ 愚：（动词）使愚昧。
⑫ 柔：（动词）使柔弱。
⑬ 涣：（动词）使涣散。
⑭ 驯：驯化。
⑮ 餂［tiǎn］：利诱。
⑯ 役：驾驭。
⑰ 监：监视。

人失其本性，而后能就我范围①。不见夫花匠乎？以松柏之健劲，而能蟠屈缭纠②之，使如盘、如梯、如牖、如立人、如卧兽、如蟠蛇者，何也？自其勾萌茎达③之时而戕贼④之也。不见夫戏兽者⑤乎？以马之骏，以猴之黠，以狮之戾，以象之钝，而能使趋跄率舞⑥于一庭，应弦合节⑦、戢戢如法⑧者，何也？自乳哺幼稚之日而驯伏之也。历代政治家所以驯其民者，有类⑨于是矣。法国大儒孟德斯鸠曰："凡半开⑩专制君主之国，其教育之目的，惟在使人服从而已。"日本大儒福泽谕吉曰："支那旧教，莫重于礼乐。礼也者，使人柔顺屈从者也；乐也者，所以调和民间勃郁不平之气，使之恭顺于民贼之下者也。"夫以此科罪于礼乐，吾虽不敢谓然⑪，而要之中国数千年来，所以教民者，其宗旨不外乎此，则断断然矣。秦皇之焚书坑儒，以愚黔首⑫也。秦皇之拙计⑬也，以焚坑为焚坑，何如以不焚坑为焚坑？宋艺祖⑭开馆辑书⑮，而曰："天下英雄，在吾彀⑯中。"

---

① 就我范围：就范。
② 蟠屈缭纠：弯弯曲曲。
③ 勾萌茎达：萌芽长茎。
④ 戕［qiāng］贼：残害。
⑤ 戏兽者：驯兽人。
⑥ 趋跄率舞：翩翩起舞。
⑦ 应弦合节：听音乐合节拍。
⑧ 戢［jí］戢如法：有板有眼。
⑨ 有类：相似。
⑩ 凡半开：大约有一半。
⑪ 谓然：说"是"。
⑫ 黔首：秦时百姓以黑布裹头，故称黔首。
⑬ 拙计：拙劣之计。
⑭ 宋艺祖，即赵匡胤，宋朝开国皇帝。
⑮ 开馆辑书：开设书馆把书集聚起来。
⑯ 彀［gòu］：牢笼。

明太祖①定制艺②取士，而曰："天下莫予毒③。"本朝④雍正间，有上谕禁满人学八股，而曰："此等学问，不过笼制⑤汉人。"其手段方法，皆远出于秦皇之上，盖术之既久而日精也。试观今日所以为教育之道者何如？非舍八股之外无他物乎！八股犹以为未足，而又设割裂戳搭⑥、连上犯下⑦之禁，使人入于其中，销磨数十年之精神，犹未能尽其伎俩⑧而遑及⑨他事。犹以为未足，禁其用后世事、后世语⑩，务驱此数百万侁侁⑪衿缨之士⑫，使束书不观，胸无一字，并⑬中国往事且不识，更奚⑭论外国？并日用应酬且不解，更奚论经世？犹以为未足，更助之以试帖⑮，使之习为歌匠⑯；重之以楷法⑰，使之学为钞胥⑱。犹以为未足，恐夫聪明俊伟之士，仅以八股、试帖、楷法不足尽其脑筋之用而横溢于他途也，于是提倡所谓考据、辞章、金石、校勘之学者，以

---

① 明太祖，即朱元璋，明朝开国皇帝。
② 制艺：八股文。
③ 莫予毒：没人怨恨我了。
④ 本朝：即清朝。
⑤ 笼制：控制。
⑥ 割裂戳搭：时有时无。
⑦ 连上犯下：顾此失彼。
⑧ 尽其伎俩：弄清其中伎俩。
⑨ 遑［huáng］及：顾及。
⑩ 后世事、后世语：指经书以外的史书和子书等。
⑪ 侁［shēn］侁：跃跃欲试状。
⑫ 衿缨之士：读书人（衿缨：衣冠楚楚）。
⑬ 并：连。
⑭ 奚：何。
⑮ 试帖：即试帖诗，一种按规定格式写的五言或七言诗，常用于科举考试。
⑯ 歌匠：诗歌匠。
⑰ 楷法：规则。
⑱ 钞胥：抄书匠。

涵盖笼罩之，使上下四方，皆入吾网。犹以为未足，有伪托道学者出，缘饰①经传中一二语，曰"惟辟②作福，惟辟作威"，曰"天下有道，则庶人不议"，曰"位卑而言高，罪也"，曰"生斯世也，为斯世也，善斯可矣"，曰"既明且哲，以保其身"。盖圣经贤传中有千言万语，可以开民智、长民气、厚民力者，彼一概抹煞而不征引，惟摭拾一二语足以便已之私图者，从而推波助澜，变本加厉，谬种流传，成为义理。故愤时忧国者，则斥为多事，合群讲学者，则目为朋党，以一物不知者为谨愨③，以全无心肝者为善良。此等见地，深入人心，遂使举国皆盲瞽④之态，尽人皆妾妇之容。夫奴性也、愚昧也、为我也、好伪也、怯懦也、无动也，皆天下最可耻之事也。今不惟不耻之而已，遇有一不具奴性、不甘愚昧、不专为我、不甚好伪、不安怯懦、不乐无动者，则举国之人视之为怪物，视之为大逆不道。是非易位，憎尚⑤反常，人之失其本性，乃至若是⑥。吾观于此，而叹彼数千年民贼之所以驯伏⑦吾民者，其用心至苦，其方法至密，其手段至辣也。如妇女之缠足⑧者然，自幼而缠之，历数十年，及其长也，虽释放之，而亦不能良于行⑨矣，盖足之本性已失也。曾国

---

① 缘饰：用……做装饰。
② 辟：君主。
③ 谨愨 [què]：谨慎。
④ 盲瞽 [gǔ]：失明，喻无知、不明事理。
⑤ 憎尚：憎恶与崇尚。
⑥ 乃至若是：才会这样。
⑦ 驯伏：同"驯服"。
⑧ 缠足：俗称"裹小脚"，幼女时就将其双脚裹住，成年后脚特别小，称为"小脚"，艳称"三寸金莲"。
⑨ 良于行：适合于行走。

藩曰:"今日之中国,遂成一不痛不痒之世界。"嗟乎,谁为为之①?而今我国民一至于此极也!

所谓餂之之术者,何也? 孟德斯鸠曰:"专制政体之国,其所以持之经久而不坏裂者,有一术焉。盖有一种矫伪之气习,深入于臣僚之心,即以爵赏自荣②之念是也。彼专制之国,其臣僚皆怀此一念,于是各竞于其职,孜孜莫敢怠,以官阶之高下、禄俸之多寡,互相夸耀,往往望贵人③之一颦一笑,如天帝、如鬼神然。"此语也,盖道尽中国数千年所以餂民之具④矣。彼其所以驯吾民者,既已能使之如妾妇、如禽兽矣,夫待妾妇、禽兽之术,则何难之有?今夫畜犬见其主人,摇头摆尾,前趋后蹑者,为求食也;今夫游妓⑤遇其所欢⑥,涂脂抹粉,目挑心招者,为缠头⑦也。故苟⑧持一脔之肉⑨以餂畜犬,则任使之如何跳掷,如何回旋,无不如意也;缠千金于腰以餂游妓,则任使之如何献媚,如何送情,无不如意也。民贼之餂吾民,亦若是已耳。齐桓公好紫,一国服紫⑩;汉高祖恶儒,诸臣无敢儒冠⑪。曹操号令于国中曰:"有从我游者,吾能富而贵之。"盖彼踞要津、握重

---

① 谁为为之:为谁而为之。
② 爵赏自荣:以得到官位和赏赐为荣。
③ 贵人:高等级的人。
④ 餂民之具:利诱民众的方法。
⑤ 游妓:在街上拉客的妓女,俗称野鸡。
⑥ 所欢:喜欢的客人。
⑦ 缠头:原意为女人缠在头上的装饰物,转意为嫖资。
⑧ 苟:姑且。
⑨ 一脔[luán]之肉:一大块肉。
⑩ 服紫:穿紫服。
⑪ 儒冠:戴儒帽。

权之人，出其小小手段，已足令全国之人载颠载倒，如狂如醉，争先恐后，奔走而趋就之矣。而其趋之最巧、得之最捷者，必一国中聪明最高、才力最强之人也。既已钴得此最有聪明才力者，皆入于其彀中，则下此之猥猥碌碌①者，更何有焉②？直③鞭箠④之、圈笠⑤之而已。彼蚁之在于垤⑥也，自吾人视之，觉其至⑦微贱、至么么⑧而可怜也；而其中有大者王焉，有小者侯焉，群蚁营营逐逐以企仰此无量之光荣，莫肯让也，莫或怠也。彼越南之沦于法⑨也，一切政权、土地权、财权，皆握于他人之手，本国人无一得与闻，自吾人视之，觉其跼天蹐地⑩，无生人之趣也；而不知越南固仍有其所谓官职焉，仍有其所谓科第焉，每三年开科取士，其状元之荣耀，无以异于昔时，越人之企望而争趋之者，至今犹若鹜焉。当顺治、康熙间，天下思明⑪，反侧不安，圣祖仁皇帝⑫，一开博学鸿词科，再设明史馆，搜罗遗佚⑬，征辟⑭入都，位之以⑮一清秩⑯、一空名，而天下帖帖然、

---

① 猥猥碌碌：庸庸碌碌。
② 更何有焉：还能得到什么。
③ 直：径直。
④ 鞭箠：鞭和箠，均用于抽打。
⑤ 圈笠：圈和笠，均用于套牢。
⑥ 垤[dié]：蚁穴。
⑦ 至：极。
⑧ 么么：区区。
⑨ 法：法国。
⑩ 跼[jú]天蹐[jí]地：喻非常受拘束。跼：弯腰；蹐：前脚抵着后脚。
⑪ 思明：思念明朝。
⑫ 圣祖仁皇帝，即康熙。
⑬ 遗佚：散失的书籍。
⑭ 征辟：征收。
⑮ 位之以：安置于。
⑯ 清秩：清闲的官职。

戢戢然①矣。盖所以饴民者得其道也。此术也,前此地球各专制之国莫不用之,而其最娴熟精巧而著有成效者,则中国为最矣!

所谓役之之术者,何也? 彼民贼既攘②国家为己一家之私产矣,然国家之大,非一家子弟数人,可以督治而钤辖③之也,不得不求助我者④,于是官吏立⑤焉。文明国之设官吏,所以为国民理其公产也,故官吏皆受职于民;专制国之设官吏,所以为一姓保其私产也,故官吏皆受职于君。此源头一殊⑥,而末流千差万别皆从此生焉。故专制国之职官,不必问其贤否、才不才,而惟以安静、谨慎、愿朴⑦,能遵守旧规、服从命令者为贵。中国之任官也,首狭⑧其登进之途,使贤才者无自表见⑨;又高悬一至荣耀、至清贵之格⑩,以奖励夫至无用之学问,使举国无贤无愚,皆不得不俯首以就此途,以消磨其聪明才力。消磨略尽,然后用之,用之又非器⑪其才也。限之以年⑫,绳之以格。资格既老,虽盲暗亦能跻⑬极品⑭;年俸未足⑮,虽隽才亦必屈下僚⑯。

---

① 帖帖然、戢[jí]戢然:服服帖帖。
② 攘:窃取。
③ 钤[qián]辖:控制。
④ 助我者:帮手。
⑤ 立:设立。
⑥ 殊:不同。
⑦ 愿朴:愚钝。
⑧ 狭:(动词)使变狭窄。
⑨ 无自表见:无从表现。
⑩ 格:规格。
⑪ 器:器重。
⑫ 年:年龄。
⑬ 跻[jī]:跻身。
⑭ 极品:最高品位的官职,即一品。
⑮ 年俸未足:俸禄未到位(意即官职不够大)。
⑯ 屈下僚:屈居下属。

何也？非经数十年之磨礲①陶冶，恐其英气未尽去，而服从之性质未尽坚也；恐一英才得志，而无数英才慕而学之；英才多出，而旧法将不能束缚之也。故昔者明之太祖、本朝之高宗②，其操纵群臣之法，有奇妙不可思议者，直如玩婴儿于股掌，戏猴犬于剧场，使立其朝者③，不复知廉耻为何物，道义为何物，权利为何物，责任为何物，而惟屏息跽伏于一王之下。夫既无国事民事之可办，则任豪杰以为官吏与任木偶为官吏等④耳；而驾驭豪杰，总不如驾驭木偶之易易⑤。彼历代民贼筹之熟⑥矣，故中国之用官吏，一如西人之用机器，有呆板⑦之位置，有一定之行动⑧，满盘机器，其事件⑨不下千百万，以一人转捩⑩之而绰绰然矣。全国官吏，其人数不下千百万，以一人驾驭之，而戢戢然矣。而其所以能如此者，则由役之得其术也。夫机器者，无脑、无骨、无血、无气之死物也，今举国之官吏，皆变成无脑、无骨、无血、无气之死物，所以为驾驭计者⑪则得⑫矣，顾⑬何以能立于今日文明竞进之世界乎？

---

① 磨礲［long］：磨炼。
② 本朝之高宗，清高宗，即乾隆。
③ 立其朝者：站在其朝廷上的大臣。
④ 等：同等、一样。
⑤ 易易：（前易意）容易（后易意）对付。
⑥ 筹之熟：筹划之熟练。
⑦ 呆板：刻板。
⑧ 行动：运行动作。
⑨ 事件：部件。
⑩ 转捩［liè］：操纵。
⑪ 为驾驭计者：就驾驭来说。
⑫ 得：有利。
⑬ 顾：那么。

所谓监之之术者，何也？ 夫既得驯之、恬之、役之之术，则举国臣民入其彀者，十而八九矣。虽然，一国之大，安保①无一二非常豪杰，不甘为奴隶、为妾妇、为机器者？又安保无一二不逞之徒②，蹈其瑕隙③，而学陈涉④之辍耕陇畔⑤，效石勒⑥之倚啸东门⑦者？是⑧不可以不监。是故有官焉，有兵焉，有法律焉，皆监民之具也；取于民之租税，所以充监民之经费也；设科第，开仕途，则于民中选出若干人而使之自监其侪⑨也。故他国之兵所以敌外侮，而中国之兵所以敌其民。昔有某西人⑩语某亲王曰："贵国之兵太劣，不足与列强驰骋于疆场，盍⑪整顿之？"某亲王曰："吾国之兵，用以防家贼而已。"呜呼！此三字者，盖将数千年民贼之肺肝和盘托出者也！夫既以国民为家贼，则防之之道，固不得不密。伪尊六艺⑫、摒黜百家，所以监民之心思，使不敢研究公理也；厉禁立会⑬、相戒⑭讲学，所以监民之结集，使不得联通声气也；仇视报馆、兴文字狱，所以监民之耳目，使

---

① 安保：安能保证。
② 不逞之徒：不满之人。
③ 蹈其瑕隙：钻得空子。
④ 陈涉，即陈胜，秦末民反领袖。
⑤ 辍耕陇畔：停止在田间耕种（意即造反）。
⑥ 石勒，十六国时后赵王朝建立者，原是小贩，聚群造反后而成大业。
⑦ 倚啸东门：石勒十四岁时靠洛阳城东门仰天长啸，宰相王衍得知后说："这个小孩子一定有奇志，恐怕将来会扰乱天下。"于是派人去抓他，但石勒已经走了。
⑧ 是：此。
⑨ 侪：同伴。
⑩ 西人：西方人。
⑪ 盍［hé］：何不。
⑫ 六艺：亦称六经，即《易》《书》《诗》《礼》《乐》《春秋》。
⑬ 立会：建立学会。
⑭ 相戒：相互不敢。

不得闻见异物①也；罪人则孥②、邻保连坐③，所以监民之举动，使不得独立无惧也。故今日文明诸国所最尊最重者，如思想之自由、信教之自由、集会之自由、言论之自由、著述之自由、行动之自由，皆一一严监而紧缚之。监之缚之之既久，贤智④无所容其发愤⑤，桀黠⑥无所容其跳梁⑦，则惟有灰心短气、随波逐流，仍入于奴隶、妾妇、机器之队中，或且⑧捷足争利、摇尾乞怜，以苟取富贵、雄长侪辈⑨而已。故夫⑩国民非生而具此恶质⑪也，亦非人人皆顽钝无耻也。其有⑫不能驯者，则从而恬之；其有不受役者，则从而监之；举国之人，安有能免也？今日中国国民腐败至于斯⑬极，皆此之由⑭。

观于此，而中国积弱之大源，从可知矣。其成就之者在国民，而孕育之者仍在政府。彼民贼之呕尽心血，遍布罗网，岂不以为算无遗策，天下人莫余毒乎？顾吾又尝闻孟德斯鸠之言矣：

---

① 异物：不同情况。
② 罪人则孥：被判罪之人连带妻子儿女一起处罚（孥：妻子儿女）。
③ 邻保连坐：邻居相互监督（邻保），一旦有人出事，邻居全部受处罚（连坐）。
④ 贤智：有才有德之人。
⑤ 发愤：同"发奋"。
⑥ 桀黠：邪恶狡黠之人。
⑦ 跳梁：同"跳踉"，乱蹦乱跳，喻作恶。
⑧ 或且：或者。
⑨ 雄长侪辈：炫耀于同辈人中间。
⑩ 故夫：其实。
⑪ 恶质：恶劣品质。
⑫ 其有：其中有。
⑬ 斯：此。
⑭ 皆此之由：都是这个缘由。

专制政体，以使民畏惧为宗旨。虽美其名曰辑和①万民，实则斫丧②元气，必至举③其所以立国之大本而尽失之。昔有路衣沙奴④之野蛮⑤，见果实累累缀⑥树上，攀折不获，则以斧斫⑦树而捋取⑧之。专制政治，殆⑨类是也。然民受治于专制之下者，动辄曰，但使⑩国祚⑪尚有三数十年⑫，则吾犹可以偷生度日，及吾已死，则大乱虽作，吾又何患焉？然则专制国民之苟且偷靡⑬，不虑其后，亦与彼野蛮之斫树无异矣。故专制之国所谓辑和者，其中常隐然含有扰乱之种子焉。

呜呼！孟氏此言，不啻⑭专为我中国而发也。夫历代民贼之用此术以驯民、恬民、役民、监民，数千年以迄今矣！其术之精巧完备如此，宜其永保私产、子孙、帝王万世之业。顾⑮何以刘兴项仆⑯、甲攘乙夺，数千年来，莽然⑰而不一姓也？孟子曰：

---

① 辑和：（动词）使和谐。
② 斫［zhuó］丧：伤害。
③ 举：抬高、架空。
④ 路衣沙奴：西亚一原始部落。
⑤ 野蛮：荒野蛮族。
⑥ 缀：连接。
⑦ 斫：砍。
⑧ 捋［luō］：用手勒。
⑨ 殆［dài］：几乎。
⑩ 但使：只要。
⑪ 国祚［zuò］：王朝延续时间。
⑫ 三数十年：三十年。
⑬ 偷靡：偷食靡衣，喻得过且过。
⑭ 不啻［chì］：不仅仅。
⑮ 顾：看。
⑯ 刘兴项仆：刘邦胜，项羽败。
⑰ 莽然：众多貌。

"天下之生久矣，一治一乱。"以吾观之，则数千年之所谓治者，岂真治哉？特偶①乘人心厌乱之既极，又加以杀人过半，户口顿减，谋食较易，相与帖然②苟安而已！实则其中所含扰乱之种子，正多且剧也。夫国也者，积民而成，夫有以民为奴隶、为妾妇、为机器、为盗贼而可以成国者。中国积弱之故，盖导源于数千年以前，日积月累，愈久愈深，而至今承其极敝而已。顾其极敝之象，所以至今日而始大显者，何也？昔者为一统独治之国，内患虽多，外忧非剧，故扰乱之种子，常得而弥缝之，纵有一姓之兴亡，无关全种之荣瘁③。今也不然，全地球人种之竞争，愈转愈剧。万马之足，万锋之刃，相率而向我支那，虽合无量数聪明才智之士以应对之，犹恐不得当，乃群无脑、无骨、无血、无气之俦，偃然高坐，酣然长睡于此世界之中，其将如何而可也？彼昔时之民贼，初不料其有今日之时局也，故务以驯民、愗民、役民、监民为独一无二之秘传，譬犹居家设廛④者，虑其子弟伙伴之盗其物也，于是一一梏桎⑤之，拘挛⑥之，或闭⑦之于暗室焉。夫如是，则吾固信其无能为盗者矣，其如家务廛务之废弛何⑧？废弛犹可救也。一旦有外盗焉，哄然坏其

---

① 特偶：只是偶然。
② 相与帖然：相互服气。
③ 荣瘁［cuì］：盛衰。
④ 居家设廛：在家里开店（廛：集市）。
⑤ 梏［gù］桎［zhì］：（动词）戴上枷锁。
⑥ 拘挛：（动词）使行动不便。
⑦ 闭：关。
⑧ 其如……何：同"其……如何"。废弛，荒废。

门，入其堂，括①其货物，迁②其重器，彼时为子弟伙伴者，虽欲救之，其奈③桎梏拘挛而不能行，暗室仍闭而莫为启，则惟有瞠目结舌，听④外盗之入此室处，或划然⑤长啸以去而已。今日我中国之情形，有类于是。彼有司牧⑥国民之责者，其知之否耶？抑我国民其知之否耶？

第四节　积弱之源于近事者

以上三节所言，皆总因也，远因也。虽然，尚有分因焉，近因焉。总因、远因者，譬之刑法，则犹公罪也。分因、近因者，譬之刑法，则犹私罪也。总因、远因之种根虽深，然使早得人而治之，未尝不可以奏效。即不治之而听其自生自灭，不有以⑦增其种焉，培其根焉，则其害犹不至如今日之甚。所最可痛者，旧病未去新病复来，日积月深，纳污藏垢，驯至⑧良医束手，岌岌待亡。吾尝纵览本朝入主中夏以来二百余年之往事，若者⑨为失机，若者为养痈，若者为种祸，若者为激变，每一循省⑩，未尝不椎心顿足，仰天而长恸也，略而论之，有四时代焉。

---

① 括：搜括。
② 迁：搬走。
③ 奈：通"耐"，忍受。
④ 听：听凭。
⑤ 划然：慨然。
⑥ 司牧：管理。
⑦ 有以：这样。
⑧ 驯至：渐致。
⑨ 若者：或者。
⑩ 循省：回顾。

其一，为顺治、康熙时代。 满洲之崛起而奄有①华夏也，其时天潢之英②、从龙之彦③，彬彬济济，颇不乏才，以方新之气，用天府之国，实千载一时之机也。然当发端伊始，有聚六州之铁④铸成大错者一事，则严满汉之界⑤是也。摄政睿亲王⑥，旷代之英才也，入关甫⑦一月，即下教⑧国中，使满汉互通婚姻。此实长治久安之计也，使⑨当时诸臣，其识皆如睿王，行其意、遵其法，以迄今日，虽子孙亿万年可也。乃⑩便佞⑪无耻如洪承畴，骄怒昏暴如鳌拜之流，渐握大权。睿王一薨⑫，收孥削爵⑬，尽反其所为，以快⑭其忮嫉⑮之私⑯。基础败坏，实起于是，揆⑰当时之情形，岂不⑱以满洲仅数十万人而驭⑲汉人数万万人，惧力薄而不能压服之也，乃⑳禁满人不得为士、不得为农、不得为

---

① 奄有：全部占有。
② 天潢之英：天赐英才（天潢：星宿）。
③ 从龙之彦：有志贤士（彦：有才有德之人）。
④ 聚六州之铁：形容大。
⑤ 严满汉之界：明确划定满人和汉人的界限。
⑥ 摄政睿亲王：即多尔衮，努尔哈赤第十四子。
⑦ 甫：刚。
⑧ 下教：下达指示。
⑨ 使：假使。
⑩ 乃：然而。
⑪ 便佞：花言巧语。
⑫ 薨［hōng］：（诸侯、大臣）死。
⑬ 收孥削爵：监禁其儿女（孥），剥夺（削）其爵位。
⑭ 快：发泄。
⑮ 忮［zhì］嫉：妒忌。
⑯ 私：私欲。
⑰ 揆［kuí］：揣度。
⑱ 岂不：无非。
⑲ 驭：统制。
⑳ 乃：于是。

工、不得为商，而一驱之以入兵籍。既有猜忌于汉种①，自不得不殊而别之，殆亦有万无得已者存耶②。不知汉人沐栉③而耕之，满人安坐而食之，其中固久含有抑郁不平、殆④哉岌岌之象，而满人资生⑤日绌，智慧不开，亦安睹⑥所谓利者⑦耶。故中叶以后，而八旗生计之案⑧，已为一大棘手之问题矣。不宁惟是，界限之见，日深一日，生于其心，害于其政，发于其政，害于其事，终必有承大敝⑨而受大创⑩之时。逮于⑪近年，遂有如刚毅⑫辈造出"汉人强，满洲亡；汉人疲，满洲肥"之十二字诀以乱天下者，追原祸始，不能不痛恨于二百年前作俑之人也。今夫国也者，必其全国之人，有紧密之关系，有共同之利害，相亲相爱，通力合作，而后能立者也。故未有两种族之人，同受治于一政府之下，而国能久安者。我汉人之真爱国而有特识者，则断未有仇视满人者也。何也？以日本之异国，我犹以同种同文之故，引而亲之，而何有于⑬满洲？且吾辈所最切齿痛恨者，民贼耳。使⑭

---

① 汉种：汉人。
② 殆［dài］亦有万无得已者存耶：大概也有万不得已的缘由吧。
③ 沐栉：沐雨栉风。
④ 殆：危。
⑤ 资生：经济。
⑥ 安睹：安然目睹。
⑦ 利者：利益。
⑧ 生计之案：生计之事。
⑨ 大敝：大弊。
⑩ 大创：大伤。
⑪ 逮于：到了。
⑫ 刚毅，清末大臣，曾任兵部尚书。
⑬ 何有于：何况是。
⑭ 使：假使。

其为贼民之君也,岂能因其为汉人而徇庇①之?彼秦始皇、魏武帝、明太祖,非汉人耶?吾嫉②之犹蛇蝎也。使其为爱民之君也,岂必因其为满人而外视之?若今上皇帝③,非满人耶?吾戴④之犹父母也。故有特识而真爱国者,惟以民权之能伸⑤与否为重,而不以君位之属于谁氏为重。彼欧洲列国,常有君统乏嗣⑥,而迎立异国之公族⑦以为君者矣。然则⑧中国积弱之源,非必由于满人之君天下,明矣。然使人不能无疑于此者,何也?则因满人主国,而满汉分界,因满汉分界,而国民遂互相猜忌,久之而将见分裂之兆也。此则顺治诸臣不能辞其咎者也。康熙初元,三藩削平,海内宁息,圣祖仁皇帝以英迈绝特之资,兼开创守成之业,与俄前皇大彼得⑨,同时并生,其雄才大略,亦绝相似。彼时固尝垂意⑩外事,召西儒南怀仁⑪辈入值⑫南书房⑬,颇有破格之行⑭,非等⑮拘墟之习⑯,百废俱举,灿然可观。顾何以

---

① 徇庇:徇私包庇。
② 嫉:恨。
③ 今上皇帝,即光绪。
④ 戴:爱戴。
⑤ 伸:伸张。
⑥ 乏嗣:无后裔。
⑦ 公族:公爵家族。
⑧ 然则:所以。
⑨ 俄前皇大彼得,即俄国前沙皇彼得一世(也称彼得大帝)。
⑩ 垂意:关注。
⑪ 南怀仁,比利时人,耶稣会传教士,1658年来华。
⑫ 入值:供职于。
⑬ 南书房:官署名。翰林文人入值南书房,常侍皇帝左右,备顾问、论经史、谈诗文,也常代皇帝撰拟诏令、谕旨、参预机务。
⑭ 行:举措。
⑮ 非等:不同于。
⑯ 拘墟之习:按部就班之旧习。

俄国自彼得以后，日盛月强，驯至今日为世界第一雄邦；中国自康熙以后，日腐月败，驯至今日为世界第一病国，则以当时困于满汉界限之见，急于为满洲朝廷计利益，而未暇为中国国民谋进步也。是则大可惜者也。

其二，为乾隆时代。当乾隆改元①，满洲入中国殆百年矣。民气既静，外侮未来，以高宗纯皇帝②之才，当此千载一时之遇，我国民最有望者，莫彼时若矣。乃高宗不用其才为我中国开文明政体之先河，乃反用其才为我中国作专制政体之结局，是则有天运焉，有人事焉，识者不特为中国惜，且为高宗惜也。高宗以操纵君臣、愚柔士民为生平第一得意事业。六十年中，兴文字狱以十数，如胡中藻、汪景棋等之狱，毛举细故③，株连满廷。盖④立于乾隆朝之大臣，其始终未曾入刑部狱者，不过一人而已，使举国臣民栗栗慑伏于其肘下，而后快于心。不宁惟是，又开四库馆⑤以奖励伪学，手批《通鉴》⑥以诋諆⑦名节，驱天下人使入于无用，习于无耻。不宁惟是，又四征八讨，南扫北伐，耗全国之财，涂万人之血，以逞一己之欲。盖至乾隆末年，而海宇⑧骚然矣。高宗自撰《十全老人记》，以为天下古今未有之尊

---

① 改元：改年号（如乾隆之前是顺治，称顺治几年，改为乾隆后，称乾隆几年）。
② 高宗纯皇帝，乾隆的称号。
③ 毛举细故：琐碎小事。
④ 盖：大概。
⑤ 四库馆：编撰《四库全书》的部门，由乾隆亲自主持，由纪昀等360多位高官、学者参与。
⑥ 《通鉴》：即《资治通鉴》，北宋司马光所撰多卷本编年体史书。
⑦ 诋諆[qī]：毁谤污蔑。
⑧ 海宇：海内、宇内，谓国境以内之地。

荣。诚哉，其尊荣矣！然日中则昃，月盈则亏，君权之盛，至乾隆而极，国权之替，亦自乾隆而开也。窃尝①论之，东方之有乾隆，犹西方之有路易第十四②也。路易第十四，借法国全盛之业，在位七十余年，骄侈满盈，达于极点，遂有"朕即国家也"一语，为今日全世界人所唾骂，及其崩殂③，而法国无宁岁矣。一千七百八十九年之大革命④，演出空前绝后之惨剧，尔后君民两党⑤，转战接斗，互起互仆，流血盈野，殆数十年。法国之民，十死八九，皆不啻路易第十四握其吭而断其项也。而其子孙以万乘之尊，卒送残魂于断头台上⑥，路易一姓之鬼，亦从兹其馁⑦，而法国民主之局，亦从兹而大定矣。然则其所以为志得意满者，岂不即为一败涂地之先声耶？其所以挫抑民气、压制民权者，岂不即为民气、民权之引线耶？中国自乾隆以后，四海扰扰，未几遂酿洪杨之变⑧，糜烂十六省，蹂躏六百余名城，其惨酷殆不让于法国之一千七百八十九年矣。吾诚不愿我中国自今以往，再有如法国一千八百三十年、一千八百四十八年之革命⑨者，愿吾尤惧夫⑩我中国自今以往，欲求得如今日之法国而渺不

---

① 窃尝：我曾。
② 路易第十四，即路易十四，法国国王。
③ 崩殂［cú］：（帝王）死。
④ 一千七百八十九年之大革命：1789年法国大革命。
⑤ 君民两党：保皇党与共和党。
⑥ 路易十四的孙子路易十六一家在大革命中被送上断头台。
⑦ 馁［něi］：腐烂。
⑧ 洪杨之变：太平天国之乱，其领袖是洪秀全、杨秀清。
⑨ 法国一千八百三十年、一千八百四十八年之革命：法国1830年、1848年革命。
⑩ 愿吾尤惧夫：使我特别害怕的。

睹①也。独居深念，俯仰感慨，不禁于乾隆时代有余痛焉耳。

其三为咸丰、同治时代。洪杨之难既作，痛毒②全国，以十余年之力，仅克削平。而文宗显皇帝③，复为英法联军所迫，北守热河④，鼎湖一去⑤，龙髯不返⑥，此实创巨痛深而无以复加者也。曾、胡、左、李诸贤⑦，咸⑧以一介儒将转战中原，沐雨栉风，百折不挠，吾每按其行迹，接其言论，有加⑨敬焉，断不敢如今之少年喜谤前辈也。虽然，援⑩《春秋》责备贤者之义，则除胡文忠⑪中道殂陨⑫不预后事之外，吾于曾文正、左文襄、李合肥⑬，以及其并时诸贤，有不能为讳⑭者，以其仅能为中国定乱，不能为中国图治也。夫豪杰之任国事也，非徒使之不乱而已，而必求国家之光荣焉，求国民之进步焉，苟不尔尔⑮，则如今日欧洲文明政体之国，永绝乱萌者⑯，其将永无豪杰之出现乎？彼俾士麦、格兰斯顿何人也？乃我中国数千年来，惟扰乱之

---

① 渺不睹：渺茫不可见。
② 痛[pū]毒：毒害。
③ 文宗显皇帝，即咸丰。
④ 北守热河：在北面狩猎于热河（实为逃遁。守：同"狩"）。热河：清代行政区，位于今河北省、辽宁省和内蒙古自治区交界地带。
⑤ 鼎湖一去：喻咸丰驾崩（相传黄帝在鼎湖升天）。
⑥ 龙髯：原意为龙须，喻皇帝威严。不返：失去。
⑦ 曾、胡、左、李诸贤：曾国藩、胡林翼、左宗棠、李鸿章等大臣。
⑧ 咸：都。
⑨ 有加：更加。
⑩ 援：援引。
⑪ 胡文忠，即胡林翼。
⑫ 殂[cú]陨：死亡。
⑬ 曾文正、左文襄、李合肥，即曾国藩、左宗棠、李鸿章。
⑭ 为讳：为其讳言。
⑮ 苟不尔尔：若不如此。
⑯ 乱萌者：萌生动乱的因素。

时有豪杰,而治平之时则无豪杰,是一奇也。呜呼!吾知其故①矣。中国之所谓豪杰者,其任国事也,不过为朝廷之一姓,而非为国民之全体也。故或为一姓创立基业焉,或为一姓拥护私产焉,或为一姓光复旧物焉。数千年豪杰,不出此三途矣,若②曾国藩、左宗棠、李鸿章之徒,亦犹是也。故诸公者,其在大清朝廷,可谓有莫大之勋,而其在我中国国民,则未尝有丝毫之功也。孟子曰:有事君人者,有安社稷臣者,有大人者,有天民者。③ 若曾、左、李之徒可谓之事君人,可谓之社稷臣,若夫大人、天民之道,则瞠乎④未有闻也。吾所云云,非谓欲劝诸公离朝廷而别有所建树也。当是时,半壁江山,岌岌不可终日,盈廷⑤昏庸衰谬之臣,既已心灰胆落,失所凭藉,惟依阃外⑥诸将帅以为重。此实除旧布新一大机会也,使曾、左、李诸人,有一毫为国民之心,乘此时,用此权,以整顿中央政府之制度,创立地方自治之规模,决非难也。果尔⑦,则维新之业与日本同时并起,迄今三十余年,雄长⑧地球矣。而诸公何以无闻也,或为之解曰,当三十余年前,与欧洲交通未盛,诸公不知西法⑨,不解

---

① 故:缘故。
② 若:如。
③ 见《孟子·尽心上》,原文是:"孟子曰:'有事君者,事是君则为容悦者也;有安社稷臣者,以安社稷为悦者也;有天民者,达可行于天下而后行之者也;有大人者,正己而物正者也。'"
④ 瞠乎:瞪眼。
⑤ 盈廷:满朝廷。
⑥ 阃外:原意为门外,此处指朝廷外。
⑦ 果尔:果真如此。
⑧ 雄长:称雄。
⑨ 西法:西方法律。

维新，亦奚足怪？不知吾之所谓维新者，非必西法之谓也。西法者，不过维新之形质①耳，若维新之精神，则无中无西，皆所同具，而非待他求者也。彼日本三十年前之维新，岂战船之谓乎？岂洋操之谓乎？岂铁路之谓乎？岂开矿之谓乎？并②无战船、洋操、铁路、开矿等事，而不得不谓之维新者，有其精神也。若中国近日，易尝无③战船、洋操、铁路、开矿等事，而仍不得谓之维新者，无其精神也。当同治初元，虽不能为形质之维新，岂不能为精神之维新？但使④有精神之维新，而形质之维新自⑤应弦赴节⑥而至矣。当时曾、左、李诸贤，岂不知官场之积弊，岂不知士风之颓坏，岂不知民力之疲困？苟能具大眼识，运大心力，不避嫌怨，不辞劳苦，数贤⑦协力，以改弦而更张之，吾度⑧其事体之重大⑨，未必如日本之勤王讨幕⑩也；阻力之捍格⑪，未必如日本之废藩置县⑫也。而日本诸公，能毅然成之，我国诸公，乃漠然置之，是乃大可惜也。吾尝略揣⑬诸贤之用心。曾⑭则稍

① 形质：形式。
② 并：全。
③ 易尝无：改变（易）曾无——即已有。
④ 但使：只要。
⑤ 自：自会。
⑥ 应弦赴节：应和弦音，配合节拍。
⑦ 数贤：诸贤（即指曾、左、李）。
⑧ 吾度：我想。
⑨ 事体之重大：事情之难度。
⑩ 勤王讨幕：请出天皇，讨伐幕府（明治维新时，日本维新派之主张）。
⑪ 捍格：抵触。
⑫ 废藩置县：废除藩镇，设置府县（明治维新时，日本维新派之主张）。
⑬ 揣：揣测。
⑭ 曾：曾国藩。

带暮气，守知足知止之戒，惮①功高震主之患，日思急流勇退，以保全令名②，而不遑及他事也。左③则稍带骄气，其好战之雄心，已发而不可制思贾④其余勇，立功名于绝域⑤，而不遑及他事也。李⑥则谦不如曾，骄不如左，略知西法之美，思欲仿效，披其皮毛，而不知其本源也。吾持高义⑦以责备之，则诸贤者皆有负于国民者也。曾之谦也，中老杨⑧之毒也。大臣既以身许国，则但当计国民之利害，不当计一身之利害，营私罔利，固不可也。爱惜身名，仍不可也。不见格兰斯顿乎，为爱尔兰自治之案，至于党员亲友，尽变敌国，而气不稍挫焉。曾文正其有愧之也。左之骄也，意气用事也，彼其以如许血汗、如许心力而开拓西域十余城之石田⑨，何如⑩移之以整顿内政也。李之误也，亦由知有朝廷，不知有国民者也，彼之所效西法各事，仍不过欲为朝廷保其私产，而非为国民扩其公益也。自余⑪并时⑫诸勋臣，除滥冒骄蹇粗悍者不计外，所称高流者，其性质亦不出于此三途矣。以当时大乱初定，天下颙颙⑬望治，千载一时之机会，及⑭

---

① 惮［dàn］：怕。
② 令名：好名声。
③ 左：左宗棠。
④ 思贾［gǔ］：（原意）想出售，（此处意为）想显示。
⑤ 绝域：未到之处（指西域）。
⑥ 李：李鸿章。
⑦ 高义：崇高之义。
⑧ 老杨：老子与杨朱，道家代表人物。
⑨ 石田：荒野。
⑩ 何如：怎么比得上。
⑪ 自余：其余。
⑫ 并时：同时。
⑬ 颙［yóng］颙：殷切貌。
⑭ 及：至。

诸贤分给兵符①，勋业赫赫，可以有为之凭借。失此不为，时会②一去，驷追③不及，荏苒荏苒，蹉跎蹉跎，任其腐败，听其凌夷④，此实千古之遗恨也。虽然，吾以此责望于曾、左、李诸人，吾固知其不伦⑤矣。何则？彼诸人之思想见识，本丝毫无以异于常人也，彼方⑥以其能多杀人而施施⑦自豪，方以能徼⑧宠荣于一姓之朝而沾沾自喜，语以国民之公义、豪杰之责任，彼乌从⑨而知之。闻李鸿章之使⑩西欧也，至德见前相俾士麦，叩⑪李以生平功业，李历述其平发平捻⑫之事，意气颇自得；俾氏曰：公之功业诚巍巍矣，然吾欧人以能敌异种者⑬为功，自残同种以保一家⑭，欧人所不称也；李闻之有惭色云。嗟乎！吾惜李公闻此言之太晚也。吾更惜曾、左诸贤之终身未闻此言也。虽然，区区数人何足惜，吾愈惜以中国之大，而所谓近世第一流人物者，乃仅仅如是也。

---

① 分给兵符：拥有军权。
② 时会：时机。
③ 驷追：驷马追之。
④ 凌夷：衰落。
⑤ 不伦：不恰当。
⑥ 方：只是。
⑦ 施[yí]施：通"迤迤"，洋洋得意貌。
⑧ 徼[jiǎo]：求。
⑨ 乌从：何从。
⑩ 使：出使。
⑪ 叩：问。
⑫ 平发平捻：平定太平天国（发，俗称"长毛"），平定捻军（与太平天国同时之北方反清农民武装势力，亦称为"捻党"）。
⑬ 异种者：外国人。
⑭ 一家：一皇家。

抑①尤可痛者，同治勘乱②之后，不惟不能起中国积弱之病，乃反窒③中国图强之机。盖④自兹以往⑤，而彼势利顽固者流，以为天命永存，富贵长保，益增其骄佚满盈之气，更长其深闭固拒之心。故自英法破北京⑥，无所要索，仅订盟通商而去，彼等于是觉西人不足畏矣。自戈登助攻⑦，克复苏常⑧诸名城，遂定江南，彼等于是忘外人之助，而自以为武功巍巍莫与京⑨矣。自俄罗斯定约⑩，还我伊犁，彼等不知他人之别有阴谋⑪，而以为畏我之威矣。自越南谅山⑫一役，以主待客⑬，小获胜仗，于是彼等铺张扬厉之，以为中国兵力足挫欧洲强国而有余矣。坐是⑭虚骄之气日盛一日，朝野上下莫不皆然，如井底蛙，如辽东豕⑮，如夜郎之不知汉大，如匈奴之自谓天骄。遂复歌舞湖山，粉饰藻火⑯，仍出其数千年祖传秘诀，驯民、恬民、役民、监民之手

---

① 抑：或许。
② 同治勘乱：即同治时平定太平天国之乱。
③ 窒：窒息。
④ 盖：因为。
⑤ 自兹以往：从此以后。
⑥ 英法破北京：英法联军攻破北京（即1860年第二次鸦片战争）。
⑦ 戈登，英国人，自组军队来华作战。助攻：帮助清军攻击太平军。
⑧ 苏常，苏州和常州。
⑨ 莫与京：无谁能比（京：大）。
⑩ 俄罗斯定约：即指1881与俄罗斯签订"中俄伊犁条约"。
⑪ 指将霍尔果斯河以西、伊犁河南北一带的地方全部划归俄罗斯所有。
⑫ 谅山：越南北部城市，谅山省首府。
⑬ 以主待客：后发制人。
⑭ 坐是：因此。
⑮ 辽东豕[shǐ]：比喻知识浅薄，少见多怪。典出南朝刘宋范晔《后汉书·朱浮传》："往时辽东有豕，生子白头，异而献之，行至河东，见群豕皆白，怀惭而还。若以子之功论于朝廷，则为辽东豕也。"豕：猪。
⑯ 藻火：官服上所绣水藻及火焰图纹。

段，汲汲然①讲求而附益之，精益求精，密益求密，而岂复有痛定思痛，存不忘亡之一念，来往于其胸中者耶？于是而近十年来之局成矣，于是而近十年来之难作矣。

其四，则最近时代。今上皇帝以天纵之资②，抱如伤之念③，借殷忧以启圣，惟多难以兴邦④，天之生我皇也，天心之仁爱中国而欲拯其祸⑤也。其奈⑥道高一尺，魔高一丈，有西太后那拉氏者⑦梗乎其间。那拉氏垂帘⑧三次，前后凡三十余年，中国之一线生机，芟夷斩伐而靡有孑遗⑨者，皆在此三十年也，中兴诸勋臣⑩，所以不能兴维新之治者，虽由其识力之不足，抑亦⑪畏那拉氏之猜忌悍忍而不敢行其志也。以肃顺⑫为先朝⑬顾命大臣，湘淮诸将⑭，皆所拔擢⑮，而那拉⑯以莫须有之狱，一旦⑰骄其

---

① 汲[jí]汲然：急切貌。
② 天纵之资：天赋之才。
③ 如伤之念：视民如伤（把百姓当作有伤病的人一样照顾，喻顾恤民众疾苦）。
④ 借殷忧以启圣，惟多难以兴邦：简为"殷忧启圣，多难兴邦"，意为"因忧虑才有崇高思想，因多难才要振兴国家"。
⑤ 拯其祸：拯救其于祸患。
⑥ 其奈：怎奈。
⑦ 西太后那拉氏者，即慈禧太后（原姓叶赫那拉，简称那拉）。
⑧ 垂帘：垂帘听政。
⑨ 芟[shān]夷斩伐而靡有孑遗：遭遇残害（芟夷：割草）而唯一所存（孑遗：仅有）。
⑩ 中兴诸勋臣：同治中兴时几位有功之臣（即曾、左、李）。
⑪ 抑亦：或也。
⑫ 肃顺，清末重臣，咸丰帝驾崩前受命为赞襄政务王大臣。
⑬ 先朝：咸丰朝。
⑭ 湘淮诸将：湘军和淮军将领。
⑮ 拔擢[zhuó]：提升。
⑯ 那拉，即那拉氏，慈禧。
⑰ 一旦：原意一早，喻短期内。

党①而戮之②；以恭亲王③之亲贤，身当大难，仅安社稷，而那拉挟私愤而摒逐④之。况于诸臣之起自疏逖⑤而威权震主者耶，故曾国荃⑥初复⑦江南，旋即罢职闲居，曾国藩之胆于是寒矣。左宗棠班师入觐⑧，解其兵权，召入枢垣⑨，虚隆其礼⑩，阴掣其肘⑪也。故甫及⑫一月，而已不安其位⑬矣。自余百端，所以驾驭诸臣者，无不类是，亦何怪⑭其灰心短气，而无能为役⑮也。今夫专制之国钤辖⑯其民以自保私产，古今恒情⑰，吾姑无责焉。虽然，保之则亦有道矣，如彼俄罗斯者，现世最专制之国也，而其任百官也，则必尽其才，尊其权，政府之方针有定向，施政之条理有定程，盖虽不知有民，而犹知有国焉，其君其臣，一心一德，以务国事，此其所以强也。若那拉后⑱者，非惟视中国四百

---

① 骄其党：怂恿其党徒（骄：骄纵）。
② 戮[lù]之：杀之。
③ 恭亲王，即奕䜣，道光帝六子，咸丰帝异母弟，咸丰、同治、光绪三朝重臣，洋务运动首领。
④ 摒逐：罢免。
⑤ 疏逖：荒远之地。
⑥ 曾国荃：曾国藩之弟，湘军将领。
⑦ 初复：刚收复。
⑧ 入觐：入朝觐见。
⑨ 枢垣：即枢府，朝廷所设官署（如军机处）。
⑩ 虚隆其礼：表面提升。
⑪ 阴掣其肘：暗中制衡。
⑫ 甫及：刚到。
⑬ 不安其位：坐不稳官位了。
⑭ 亦何怪：也难怪。
⑮ 无能为役：没有能力听其使役。
⑯ 钤[qián]辖：压制。
⑰ 恒情：常情。
⑱ 那拉后：即慈禧太后。

兆之黎庶①如草芥，抑且视大清二百年之社稷如秦越②也，故忍将全国之大权，畀诸③数阉宦④之手，竭全国之财力以穷极池台鸟兽之乐，遂使吾中国有所谓安仔⑤政府，有所谓皮笑李⑥政府者。盖二百余年来京师之腐败秽丑，未有甚于那拉时代者也。今上皇帝，忍之无可忍，待之无可待，乃忘身舍位，毅然为中国开数千年来未有之民权，非徒为民权，抑亦为国权也。那拉氏之仇皇上，其仇民权耶，其仇国权耶。仇民权则是四百兆人之罪人也，仇国权抑亦大清十一代之罪人也。呜呼！我一部近十年史论，那拉氏实书中之主人翁也。使⑦三十年来无那拉氏一人梗乎其间，则我中国今日，其勃兴如日本可也，其富乐如英美可也，其威张如法俄可也。故推原其所以积弱之故，其总因之重大者，在国民全体，其分因之重大者，在那拉一人；其远因在数千年之上，其近因在二百年以来，而其最近因又在那拉柄政⑧三十年之间。《诗》曰："乱匪⑨降自天，生自妇人。"⑩ 膴膴周原，茫茫禹壤⑪，其竟如斯而

---

① 黎庶：黎民百姓。
② 视如秦越：如秦越相视，互不相关（战国时，秦国在陕西一带，越国在浙江一带，相去甚远，相互漠不关心）。
③ 畀［bì］诸：给予。
④ 阉宦：太监。
⑤ 安仔：安德海（慈禧宠信的太监）的绰号。
⑥ 皮笑李：李莲英（慈禧宠信的太监）的绰号。
⑦ 使：假使。
⑧ 柄政：掌权。
⑨ 匪：同"非"。
⑩ 引自《诗经·大雅·瞻仰》，大意是：祸乱不是从天降，大都由于妇人生。
⑪ 膴［wǔ］膴周原，茫茫禹壤：肥沃的周原，广阔的禹壤（膴膴：肥沃。周原：周之原野；禹壤：禹之土地——均泛指华夏疆域）。

中国积弱溯源论 | 57

长已矣①耶? 其未然耶②? 此吾所以中夜③拔剑起舞而涕泪弥襟矣。

结　　论

以上所论列中国病源，略尽于是矣。吾之所以下笔二万言，刺刺④不能自休者，非如江湖名士之傲睨一世⑤，使酒骂坐⑥，以快其口舌意气也；亦非有所抑郁不得志，而诋諆当道，以浇其胸中块垒⑦也。谚曰：解铃还须系铃人；又曰：心病还得心药医。故必知其病根之伏于何处，又知酿成此病者属于何人，然后治疗之术可得而讲焉。国也者，吾之国也，吾爱之，不能坐视其亡而不救也。今既无救之之权，则不能不望于有权者；吾一人之力不能救，则不能不望于众人之与吾同心者。吾所以著此书⑧之意在是，吾所以冠此论于全书之意亦在是。抑闻大易之义⑨，剥极则复⑩，否极则泰⑪，吾中国今日之弱，岂犹未极耶？思之思之，鬼神通之，雷霆一声，天地昭豁，亦安知夫今与后之不殊科⑫耶？亦安知夫祸与福之不相倚⑬耶？

---

① 长已矣：永远结束了（通常指死亡）。
② 其未然耶：还不至于吧。
③ 中夜：半夜。
④ 刺［là］刺：（象声词）喻啦啦作响。
⑤ 傲睨一世：傲慢自负，目空一切。
⑥ 使酒骂坐：借酒使性，辱骂同席之人。
⑦ 块垒：干结的土块。
⑧ 即《饮冰室文集》（何擎一辑，光绪二十八年，1902，上海广智书局）。
⑨ 大易之义：即帛书《易之义》对《周易》的阐释。
⑩ 剥极则复：剥卦阴盛阳衰，复卦阴极而阳复。
⑪ 否极则泰：否卦天地堵塞，泰卦否极而通畅。
⑫ 不殊科：不会不同（殊科：两样）。
⑬ 不相倚：不会相倚（即祸兮福所倚，福兮祸所伏）。

嗟夫，嗟夫！天胡此醉①，叩帝阍②其难闻③；人之无良，览横流④其未极。哀莫大于心死。逝者如斯，祸已迫于眉然，泣将何及⑤？莽莽千载，念来日之大难；茫茫九州，见夕阳之无限。岂一治一乱，昆明无不劫之灰⑥；抑人谋鬼谋，精卫有未填之海⑦。卷欧风与亚雨，惊咄咄其逼人；营菟裘与冰山⑧，羌⑨梦梦而视我。嗟夫，嗟夫！千年辽鹤⑩，望人民城郭以怆神；何处铜驼，向棘地荆天而长涕⑪。不辞瘏口⑫，聊贡罪言；父兮母兮，胡宁忍予⑬？墨⑭耶泪耶，长歌当哭。知我者谓我心忧，不知我者谓我何求。悠悠苍天，此何人哉！

---

① 天胡此醉：上天为何醉成这样（胡：何故）。
② 帝阍：天帝之阁。
③ 难闻：听不见。
④ 览横流：看到（人之无良）泛滥。
⑤ 泣将何及：哭泣又有何用。
⑥ 昆明劫灰：典出《搜神记》卷十三："汉武帝凿昆明池，极深，悉是灰墨，无复土。举朝不解。以问东方朔。朔曰：'臣愚不足以知之。'曰：'试问西域人。'帝以朔不知，难以移问。至后汉明帝时，西域道人人来洛阳，时有忆朔言者，乃试以武帝时灰墨问之。道人云：'经云："天地大劫将尽，则劫烧。"此劫烧之余也。'乃知朔言有旨。"
⑦ 精卫填海：典出《山海经校注》："炎帝之少女名曰女娃。女娃游于东海，溺而不返，故为精卫，常衔西山之木石，以堙于东海。"
⑧ 营菟［tú］裘［qiú］与冰山：意即告老还乡，不问世事（菟裘：古邑名，用指士大夫告老退隐处）。
⑨ 羌：文言助词，用在句首，无意。
⑩ 千年辽鹤：辽东人丁令威，学道后化鹤归辽，徘徊空中而言曰："有鸟有鸟丁令威，去家千年今始归。"事见晋陶潜《搜神后记》卷一。后以"辽鹤"指代丁年。
⑪ 铜驼荆棘：典出《晋书·索靖传》："靖有先识远量，知天下将乱，指洛阳宫门铜驼，叹曰：'会见汝在荆棘中耳？'"后以此喻国土沦陷。
⑫ 瘏口：苦口（不辞繁劳，反复恳切地说）。
⑬ 胡宁忍予：语出《诗经·大雅·云汉》："父母先祖，胡宁忍予？"意为"为何忍心不管我"。
⑭ 墨：指其所写文字。

中国道德之大原①

梁启超

　　自二十年来，所谓新学、新政者，流衍入中国。然而他人所资为兴国之具，在我受之，几无一不为亡国之媒②。朔南迁地，橘枳易性，庸俗熟视无睹③。硁硁者以趋新为诟病④，而忧深思远之士，独探源于人心风俗之微，以谓惟甘受和、惟白受采⑤，由今之道，无变今之俗⑥，虽有圣智，不能以善治也。其孤愤轶度者，甚则谓吾种性实劣下⑦，以此卑鄙阘冗之人，决不能竞存

---

　　① 大原：根源、根本（《汉书·董仲舒传》："道之大原出于天，天不变道亦不变。"）。本文选自《饮冰室合集》第二十八册，原载1912年《庸言》第2号。文中所言中国道德之根源，即作者认为是传统文化中好的一面。
　　② 流衍：流行、衍生。资为：用以。受：感受。几：几乎。
　　③ 朔南迁地：南北不同地方（朔：北，迁：易）橘枳易性：橘与枳不同性质（相传，橘与枳为同一种植物，生在南方为橘，生在北方为枳，性质已变）。庸俗：庸众俗人。
　　④ 硁［kēng］硁者：浅薄之人。以趋新为诟病：因向往新学、新政而被指责（以……为……：因……而……）。诟病：指责、嘲骂，此处意为不满于现状。
　　⑤ 以谓：同"以为"。惟甘受和、惟白受采：出自《礼记》："甘受和，白受采，忠信之人，可以学礼。"意为：味甘之物才可用来烹调（和：调和），白色之物才可用来着色（采：同"彩"），即本质要好，方可培养。
　　⑥ 由今之道，无变今之俗：凭当今理论，而不改变当今风俗。
　　⑦ 孤愤轶度者：孤独、愤慨到极点的人（轶度：过度）。吾种性：吾人之种族品性。

于物竞剧烈之世，嗒然坐听其陵而已①。其不忍天下溺而思援之者，则或引申宋、明大哲之遗训，欲持严格以绳正末俗②，或则阐扬佛、耶诸教之宗风，欲凭他力以荡涤瑕秽③。今之论世者，其大指④盖不出此诸途已。

吾以为，吾国人之种性，其不如人之处甚多，吾固承之而不必深为讳也⑤。然而人各有短长，人性有然，国性亦然。吾之所蕴积，亦实有优异之点，为他族所莫能逮者⑥，吾又安可以自蔑？天下事理，观因固可以知果，观果亦可以知因。吾种性果劣下而不适于自存，则宜沧胥之日久矣⑦。然数千年前与我并建之国，至今无一存者，或阅百数十岁而灭，或阅千数百岁而灭，中间迭兴迭仆，不可数计，其赫然有名于时者，率皆新造耳⑧。而吾独自义轩肇构以来，继继绳绳，不失旧物，以迄于兹，自非有一种善美之精神深入乎全国人之心中而主宰之、纲维之者⑨，其安能结集之坚强若彼而持续之经久若此乎？夫既已有此精神，以为国家过去继续成立之基⑩，即可用此精神，以为国家将来滋长

---

① 卑鄙阘[tà]冗：卑劣、鄙陋、低微、无用。物竞：万物竞争。嗒然：神情懊丧貌。陵：衰微。
② 宋、明大哲：宋朝和明朝的大学问家（即指程颢、朱熹、陆象山、王阳明等宋明理学家）。绳正：纠正。末俗：末世之习俗。
③ 佛、耶诸教：佛教、耶稣（基督）教等宗教。宗风：宗教风尚。瑕秽：瑕疵、污秽。
④ 大指：大旨（指：同"旨"）。
⑤ 种性：种族品性。承：承认。
⑥ 蕴积：积聚（此处指长期养成之习性）。逮：及。
⑦ 果：如果。宜：应该。沧胥：沉沦。
⑧ 阅：经历。迭兴迭仆：或兴或衰。时：现时。率：大多。新造：重新造就。
⑨ 义轩肇构：设计、营造（义：同"议"）。继继绳绳：继继续续（不断）。迄于兹：至于这样。纲维：维系。
⑩ 夫：文言发声词，无义。以为：以此为。

发荣之具。谓吾国民根性劣败,而惧终不免可淘汰者,实杞人之忧耳。然而今日泯棼之象,其明示人以可惊可痛者,既日接触于耳目,则狷洁之士,盡然抱无涯之戚,亦固其所也①。顾吾以为当一社会之与他社会相接构,缘夫制度、文物之错综嬗受,而思想根本不免随而摇动②,其人民彷徨歧路,莫知所适,其游离分子之浮动于表面者,恒极一时之险象。以吾所睹闻东西各国,其不历此关厄而能自跻于高明者,盖寡③。若其结果之美恶,则视其根器所凭借之深浅厚薄以为断④。譬诸⑤体干充强者,服瞑眩之药⑥,适以己疾而增健。百丈之潭,千里之湖,为风飙所激,或浪沫汹乱,或淖泥浮溢,不数日而澄湛⑦之性自若也。国民既有一种特异之国性以界⑧他国而自立于大地,其养成之也,固非短时间、少数人所能有功,其毁坏之也,亦非短时间、少数人所能为力。而生其间者,苟⑨常有人焉,发扬淬厉之,以增美释回,则自能缉熙以著光晶⑩。而不然者,则积渐堕落,历若干岁

---

① 泯棼 [fén]:纷乱(棼:同"纷")。日:日日。狷 [juàn] 洁:耿直自洁。盡 [xì] 然:痛惜貌。戚:悲戚。固其所:固然为其所以(理所当然)。
② 顾:原意为回头看,引申为反过来,又引申为不过、但是。接构:接触。缘夫:由于(夫:同"乎")。文物:文化。嬗 [shàn] 受:影响。根本:根基。
③ 关厄:关卡阻厄。盖寡:总的来说很少。
④ 根器:根底(指原本国民品性)。断:判断。
⑤ 譬诸:譬如。
⑥ 瞑眩之药:强效药物。典出《尚书·说命》:"若药弗瞑眩,厥疾弗瘳。"(古人认为,吃了会使人头晕的药有特效)。
⑦ 澄湛:清澄、深湛。
⑧ 界:毗邻。
⑨ 苟:若。
⑩ 淬厉:激励。增美释回:典出《礼记·礼器》:"礼,释回,增美质。"释:去除。回:邪辟。缉熙以著光晶:典出《诗经·周颂·敬之》:"学有缉熙于光明。"缉:捕获。熙:兴盛。

月而次第①失其所以自立之道耳。古今万国兴替之林，罔不由是②。而以吾所见之中国，则实有坚强善美之国性，颠扑不破，而今日正有待于发扬淬厉者也。

今之言道德者，或主提倡公德，或主策励私德；或主维持旧德，或主轮进新德，其言固未尝不各明一义③，然吾以为公、私、新、旧之界，固不易判明，亦不必强生分别。自主观之动机言之，凡德皆私德也；自客观影响所及言之，凡德皆公德也。德必有本，何新非旧；德贵时中，何旧非新④。惟既欲以德牖民，则择涂当求简易⑤。宋、明诸哲之训，所以教人为圣贤也。尽国人而圣贤之，岂非大善？而无如⑥事实上万不可致。恐未能造就圣贤，先已遗弃庸众⑦。故穷理尽性之谭，正谊明道之旨，君子以之自律，而不以责人也⑧。佛、耶宗教之言，西哲伦理之学，非不微妙直捷，纤悉周备，然义由外铄，受用实难⑨。吾以为道德最高之本体，固一切人类社会所从同也⑩。至其具象之观念，及其衍生之条目⑪，则因时而异，因地而异。甲社会之人，与乙社会之人；甲时代之人，与乙时代之人，其所谓道德者，时或不

---

① 次第：接连。
② 兴替之林：兴旺交替之丛林（喻物竞天择之世界）。罔：无。是：此（以下均为此意，不再注）。
③ 主：主张。轮进：逐步引进。未尝：未曾。
④ 何新非旧：何尝新不是旧。中：合乎时势。
⑤ 牖［yǒu］：通假字，通"诱"，诱导。涂：同"途"。
⑥ 无如：无奈。
⑦ 恐：恐怕。庸众：平民百姓（庸：平常）。
⑧ 谭：同"谈"。责：要求。
⑨ 非不：并非不。义由外铄：理义来自外部（外铄：在外面熔化）。
⑩ 从同：相同。
⑪ 具象：具体。条目：条理项目。

能以相喻①。要之，凡一社会，必有其所公认之道德信条，由先天之遗传，与后天之熏染，深入乎人人之脑海而与俱化。如是，然后分子与分子之间，联锁巩固，而社会之生命，得以永续。一旧信条失其效力，而别有一新信条与之代兴，则社会现象生一大变化焉（其为进化，为退化，且勿论）。若新信条涵养未熟、广被②未周，而旧信条先已破弃，则社会泯棼之象立见。夫信条千百而摇动其一二，或未甚为病也；若一切信条所从出之总根本亦牵率③而摇动，则社会之纽④殆溃矣。何也？积久相传之教义，既不足以范围⑤乎人心，于是是非无标准，善恶无定名，社会全失其制裁力；分子游离而不相摄，现状之险，胡可思议⑥。于斯时也，而所谓识时忧世之士，或睹他社会现状之善美，推原其所以致此之由，而知其有彼之所谓道德者存，于是欲将彼之道德信条，移植于我以自淑⑦。岂知信条之为物，内发于心，而非可以假之于外，为千万人所共同构现，而绝非一二人所咄嗟造成⑧。征引外铄之新说，以欲挽内陷之人心，即云补救，为力已微，而徒煽怀疑之焰，益增歧路之亡，甚非所以清本源而植基于不坏也⑨。吾

---

① 相喻：相互了解。
② 被［pī］：同"披"，覆盖。
③ 牵率：牵连。
④ 纽：纽带。
⑤ 范围：（动词）固定。
⑥ 制裁力：约束力。相摄：相互吸引。胡可：何以。
⑦ 斯：此。推原：溯源。淑：（动词）使（水）清澄，引申为使（事情）变好。
⑧ 咄［duō］嗟［jiē］：一时、瞬间。
⑨ 歧路之亡：走错路而死亡。甚非：实在不是。不坏：（佛教语）不朽（如不坏金身）。

尝察吾国多数人之心理，有三种观念焉，由数千年之遗传熏染所构成，定为一切道德所从出，而社会赖之以维持不敝①者。谨略发明之，以资身教言教之君子审择焉②。

一曰报恩。报恩之义，各国教祖哲人莫不称道，至其郑重深切，未有若吾中国者也。凡管一国人心之枢③者，必在其宗教。宗教精神所表示，恒④托于其所崇奉之神。世界各国宗教，无论为多神教，为一神教，为无神教，要之，其崇奉之动机，起于为自身求福利者什八九，独吾中国一切祀事，皆以报恩之一义，贯通乎其间⑤，故曰：夫礼者，反本报始⑥，不忘其初也；又曰：有功德于民者，则祀之。祖先之祀无论矣，自天地、山川、社稷、农蚕、门溜、井灶、雨师、风伯、先圣先师、历代帝王、贤臣名将、循吏、神医大匠，凡列于大祀常祀者，皆以其有德于民，或能为民捍难者也⑦。下至迎猫迎虎，有类于埃、希蛮俗之兽教，然亦皆取义祈报，与彼都精神绝不相蒙⑧。西人动诮我以⑨多神，谓在教界未为进化，殊不知我之教义，以报恩之一大原则为之主宰。恩我者多，而报不容以不遍，此祀事所由日滋也⑩。既本此

---

① 敝：衰败。
② 发明：启发、阐明。以资：以供。
③ 枢：中枢（关键部位）。
④ 恒：总是。
⑤ 什八九：十有八九。祀事：祭祀之事。
⑥ 反本报始：回想原本之始（反：同"返"）。
⑦ 无论：无定论。门溜：门户（泛指居所）。雨师：司雨之神。风伯：司风之神。循吏：良吏（即勤奋廉洁的官员）。大匠：巨匠（即技艺超群的工匠）。捍难：解难（捍：抵御）。
⑧ 蒙：混淆。
⑨ 西人动诮……以……：西方人讥诮……是……。
⑩ 不遍：不周。日滋：日益增多。

原则以立教义，故以此教义衍成礼俗、制成法律，予以构造社会而维持之、发达之，其所以能联属全国人，使之若连环相缀而不可解者，此其最强有力之主因也。是故恩增于家庭，报先于父母，推父母所恩而及兄弟，推父母之父母所恩而及从兄弟，如是递推，衍为宗族①。宗族者，中国社会成立一最有力之要素，而至今尚恃之以为社会之干者也②。又念乎，非有国家，则吾无所托以存活也，故报国之义重焉。然古代国家统治权集于君主。国家抽象而难明，君主具体而易识，于是有忠君之义。然我国之所谓忠君，非对于君主一自然人之资格而行其忠，乃对于其为国家统治者之资格而行其忠，此其义在经传者，数见不鲜也。故君主不能尽其对于国家之职务，即认为已失统治国家之资格，而人民忠之之义务，立即消灭。故曰："残贼之人，谓之一夫，闻诛一夫，未闻弑君。"③ 手足、腹心、草芥、寇仇之喻④，皆自报恩来也。至于所以报社会之恩者，为义亦至周洽⑤，故对于先哲明德，其崇拜、服从之念极强，而不敢轻有所议，虽思想进步，未尝不缘此而小凝滞⑥。然其所以能养成国性如此其深固者，亦赖是⑦也。

---

① 是故：所以。递推：类推。
② 恃：依仗。干：主干。
③ 语出《孟子·梁惠王上》："贼仁者，谓之贼；贼义者，谓之残。残贼之人，谓之一夫。闻诛一夫，纣矣；未闻弑君也。"残贼：民贼；一夫：独夫（均称暴君、昏君）。
④ 语出《孟子·离娄下》："孟子告齐宣王曰：'君之视臣如手足，则臣之视君如腹心；君之视臣如犬马，则臣之视君如国人；君之视臣如土芥，则臣之视君如寇仇。'"
⑤ 为义：其意思。周洽：周到。
⑥ 小凝滞：有所迟疑。
⑦ 赖是：有赖于此。

其在并时人，则朋友之交列为五伦之一①，而所以结合者，亦恒在恩义。一饭必报，许②友以死。我国人常有此美德，他国莫能逮也。要而论之，中国一切道德，无不以报恩为动机。所谓伦常，所谓名教，皆本于是③。夫④人之生于世也，无论聪明才智若何绝特，终不能无所待于外而以自立。其能生育长成，得饮食、衣服、居处，有智识才艺，捍灾御患，安居乐业，无一不受环吾身外者之赐，其直接间接以恩我者，无量无极⑤。古昔之人，与并世之人，皆恩我者也。国家与社会，深恩于无形者也。人若能以受恩必报之信条，常印篆于心目中，则一切道德上之义务，皆若有以鞭辟乎其后⑥，而行之亦亲切有味。此义在今世欧美之伦理学者，未尝不大声疾呼，思以厉末俗，而为效盖寡，盖报恩之义未深入人心也⑦。吾国则数千年以此为教，其有受恩而背忘者，势且不齿于社会而无以自存。故西人有孝于亲、悌于长、恤故旧、死长上者，共推为美德，在我则庸行而已⑧。吾国人抱此信念，故常能以义务思想克权利思想。所谓正谊不谋利、明道不计功，非必贤哲始能服膺也，乡党自好者，恒由之而

---

① 并时：同时代。五伦：即君臣、父子、兄弟、夫妇、朋友五种人伦关系（其关系准则是忠、孝、悌、忍、善）。
② 许：许诺。
③ 伦常：伦理、常道。名教：名分之教。
④ 夫：文言发声词，无意。
⑤ 环吾身外者：在我周围的人。恩我者：有恩于我的人。无量无极：不可估量，没有极限。
⑥ 印篆：铭刻。鞭辟：鞭策。
⑦ 厉末俗：激励末世习俗。盖寡：总的来说很少（盖：同"概"）。盖：因为。
⑧ 势且：势必。孝于亲：孝顺父母（亲）。悌于长：尊敬兄长。恤故旧：关心故友。死长上：为长辈而死。庸行：日常行为（庸：平常）。

不自知①。盖彼常觉有待报之恩荷吾仔肩,黾勉没齿而未遑即安也②。夫绝对之个人主义,吾国人所从不解也。无论何人,皆有其所深恩挚爱者,而视之殆③与己同体。故欧美之国家,以个人为其单位,而吾国不尔④也。夫报恩之义,所以联属⑤现社会与过去之社会,使生固结之关系者,为力最伟焉。吾国所以能绵历数千年使国性深入而巩建⑥者,皆恃此也。而今则此种思想,若渐已动摇而减其效力,其犹能赓续发挥光大与否,则国家存亡之所攸决也⑦。

二曰明分⑧。《记》称《春秋》以道名分⑨。《荀子》称"度量分界"。恒言指名⑩,安本分者谓之良民。《中庸》述君子之德,则曰素位而行⑪,不愿乎外。分也,位也,所以定民志⑫而理天秩,我国德教所尊论也。而或者疑⑬定分则显悬阶级,与平

---

① 克:克制。正谊:真正的友谊。明道:明白道义。非必:不一定。服膺:铭记。乡党自好者:古代五百家为一党,一万二千五百家为一乡,合称"乡党",喻平民百姓。自好:自爱、自重。恒由之:恒常如此。

② 荷:负荷、承载。吾仔:我等小人(仔[zǎi]:同"崽")。黾[mǐn]勉没[mò]齿:勉励(自己)到老。未遑[huáng]:未顾及。即安:原意为"就枕"(睡觉),引申为消停。

③ 殆:几乎。

④ 尔:如此。

⑤ 联属:连接。

⑥ 巩建:巩固。

⑦ 赓[gēng]续:继续。攸决:攸关。

⑧ 明分:明确本分。

⑨ 《记》:《礼记》,十三经之一。名分:君臣、父子、夫妻等关系称为"名";相应的责任、义务称为"分"。

⑩ 恒言:常言。指名:指称。

⑪ 《礼记·中庸》:"君子素其位而行,不愿乎其外。"素位:平日所处的地位(素位而行:即安分守己)。

⑫ 民志:民众心志。

⑬ 疑:质疑。

等之义不相容；安分则畸于保守，与进取之义尤相戾①。殊不知，平等云者，谓法律之下无特权已耳。若夫②人类天然之不平等，断非以他力所能铲除。《孟子》不云乎"物之不齐，物之情也。或相蓓蓰，或相什百，或相千万。比而同之，是乱天下"③？故全社会之人，各如其量以尽其性，天下之平乃莫过是也。夫治乱之名，果何自名耶④？有秩序，有伦脊⑤，斯谓之治；无焉斯，谓之乱。欲一国中常有秩序、伦脊，则非明分之义深入人心焉，固不可也。分也者，分也⑥。言政治者，重分权；言学问者，重分科；言生计者，重分业。凡一社会，必赖多数人之共同协力，乃能生存发达。全社会中所必须之职务，无限无量，而一一皆待社会之个人分任之。人人各审其分之所在，而各自尽其分内之职，斯社会之发荣滋长无有已时⑦。苟人人不安于其本分，而日相率以希冀于非分，势必至尽⑧荒其天职，而以互相侵轶⑨为事，则社会之纽，绝矣。夫人类贵有向上心，苟其无焉，则社会将凝滞不进。安分之念太强，则向上之机自少，此固无容为讳者也。

---

① 显悬阶级：强调等级。畸于：偏于。相戾：相背。
② 若夫：至于。
③ 引自《孟子·许行》，大意是："物品千差万别，这是客观情形。有的相差一倍、五倍，有的相差十倍、百倍，有的相差千倍、万倍。你把它们放在一起等同看待，这是扰乱天下罢了。"
④ 果何自名耶：到底怎么定义呢？自名：自称、自命。
⑤ 伦脊：道理、条理（语出《诗经·小雅·正月》："维号斯言，有伦有脊。"毛传：伦，道也；脊，理也）。
⑥ 分也者，分也：所谓名分，就是区分（前一个"分"为名分之意，后一个"分"为区分之意）。
⑦ 审：细察。已时：停止之时。
⑧ 至尽：最终。
⑨ 侵轶：侵犯。

虽然①，向上心与侥幸心异。向上心为万善所归，而侥幸心实万恶所集。全社会皆习于侥幸，则人人失其安身立命之地，社会之基础，安得而不动摇？夫我国近年来受种种恶潮所簸荡②，士大夫之习于侥幸者，滔滔皆是。今日横流之祸，半坐③是焉。犹幸明分之义数千年来深入人心，而国之石民咸守此，以为淑身处世之正则④；上流社会之恶习，其影响不甚波及于国民全体。故政治虽极泯棼之象，而社会之纲维，不至尽弛⑤。盖吾国中高等无业游民这一阶级，指⑥官吏及近世所谓政客。其与一般善良之国民，联属⑦本非甚密，而其恶空气之传染，尚非甚速也。英儒⑧巴尔逊所著《国民性情论》，尝比较德法两国人种之长短，谓法国常厌弃其现在之地位，而驰骛⑨其理想之地位；理想之地位未可必得，而现在之地位先丧失焉。德人反是，常凭借其现在之地位，以求渐进于其理想之地位，故得寸得尺，日计不足而月计有余。由此观之，得失之林⑩，可以睹矣。《诗》曰："天生蒸民，有物有则；民之秉彝，好是懿德。"⑪ 夫分也者，物之则也。

---

① 虽然：虽（如此）然……；意同"然而"。
② 簸荡：颠簸、振荡。
③ 半：一半。坐：因为。
④ 犹幸：还好。国之石民：语出《管子·小匡》："士农工商四民者，国之石民也。"尹知章注："四者国之本，犹柱之石也，故曰石民也。"
⑤ 极：（动词）至、达。泯棼[fén]：纷乱（棼：同"纷"）。尽弛：完全松懈。
⑥ 指：也就是。
⑦ 联属：关系。
⑧ 英儒：英国学者。
⑨ 驰骛[wù]：原意为疾驰，引申为速求。
⑩ 林：丛林（喻相聚之人或事，如碑林、儒林）。
⑪ 大意是："上天生育了人类，万事万物都有法则。老百姓掌握了这些法则，就会有崇高美好的品德。"蒸：众。则：法则。秉：执。彝：常。懿：美。

吾国伦常之教，凡以定分，凡以正则也①，而社会之组织所以能强固致密、搏之不散者，止②赖此矣。

三曰虑后③。社会学家论民族文野之差④，以谓将来之观念深者，则其文明程度高；将来之观念薄者，则其文明程度下。斯言若信，则我国文明程度与欧美人孰愈⑤，此亦一问题也。我国，最尊现实主义者也，而又最重将来。夫各国之教祖，固未有不以将来为教者矣。然其所谓将来者，对于现世而言，来世也，其为道⑥与现社会不相属。我国教义所谓将来，则社会联锁之将来也。《孟子》曰："不孝有三：无后为大。"《易》曰："积善之家，必有余庆；积不善之家，必有余殃。"经典传记中，陈义类此者，不知凡几，国人习而不察焉，以为是迂论无关宏旨也⑦，而不知社会所以能永续滋、益盛大者，其枢机⑧实系于是。我国人惟以服膺⑨斯义之故，常觉对于将来之社会负莫大之义务，苟放弃此义务，即为罪恶所归。夫⑩人之生于世也，其受过去、现在社会之恩我者，无量无极。我受之，而求所以增益之，以诒诸方来⑪。天下最贵之天职，莫过是也。近世进化论者之说，谓凡

---

① 正凡：概。定分：定（动词）名分。则：正（动词）法则。
② 止：仅。
③ 虑后：思虑后代。
④ 文野之差：文明、野蛮之差别。
⑤ 斯言若信：此言若可相信。孰愈：哪个更高。
⑥ 为道：修道。
⑦ 陈义：陈述理义。习而不察：习见而不警觉。迂论：迂腐之论。
⑧ 枢机：关键。
⑨ 服膺：铭记。
⑩ 夫：文言发声词，无义。
⑪ 求：希求。所以增益：能够增加（恩）。诒[yí]诸：传之于。方来：将来（后代）。

动物善于增殖保育其种者,则必繁荣,否则必绝灭。百年以来,欧美所谓文明国者,为"现在快乐主义"所汩没,不愿其后者十而八九①,人口产率锐减,言政治、言生计者,皆以此为一大问题。就中,法国尤甚,识者谓循此演算②,不及百年,法之亡可立而待也。美国亦然,移来之民虽日增,而固有之民则日减,故卢斯福倡新人口论,反玛尔莎士之说而谋所以也③。要之,今日欧西社会受病④最深者,一曰个人主义,二曰现在快乐主义。两者相合,于是其人大率以有家为累,以虑后为迂,故多数劳庸之民,一来复之所入,必以休沐日尽散之然后快⑤。牧民者⑥日以勤俭、贮蓄相劝勉,莫之或听也。私儿⑦日多,受不良之教育者遍地皆是,法令如毛,莫之能用也。于是彼中⑧忧世之士,欲大昌家族主义,以救其末流⑨。近十年来,此类名著,汗牛充栋,然滔滔之势,云胡⑩可挽。我国则二千年来,此义为全国人民心目中所同具。纵一日之乐,以贻⑪后顾之忧,稍自好者不为

---

① 现在快乐主义:通译"现世享乐主义"。汩[gǔ]没[mò]:埋没。不愿其后者:不愿生育后代者。
② 就中:其中。识者:有识之人。循此演算:以此推论。
③ 卢斯福,通译"西奥多·罗斯福",美国第26任总统(1901—1905)。玛尔莎士,通译"马尔萨斯",英国经济学家、人口论倡导者,主张控制人口增长。助长:帮助(人口)增长。
④ 受病:危害。
⑤ 迂:迂腐。劳庸之民:普通劳动者(庸:平常)。一来复:一星期。所入:收入。休沐日:休息日(星期天)。
⑥ 牧民者:社会管理者。
⑦ 私儿:私生子。
⑧ 彼中:他们中。
⑨ 大昌:大大提倡(昌:同"倡")。末流:不良风习。
⑩ 云胡:说什么。
⑪ 贻[yí]:同"遗"。

也。不宁惟是①，天道因果之义，深入人心，谓善、不善不报于其身，将报于其子孙，一般人民有所动、有所慑，乃日迁善去恶而不自知也②。此亦社会所以维系于不敝③之一大原因也。

以上三义，骤视④之若卑卑不足道，然一切道德之条目，实皆自兹出焉⑤。有报恩之义，故能使现在社会与过去社会相联属；有虑后之义，故能使现在社会与将来社会相联属；有明分之义，故能使现在社会至赜而不可乱，至动而不可恶也⑥。三义立而三世备矣⑦。孔子称"庸德之行，庸言之谨"⑧，此三者洵庸德之极轨乎哉⑨！本乎人性之自然，愚夫愚妇皆所与能，而虽有圣智，或终身由之而不能尽⑩。譬犹布帛菽粟，习焉不觉其可贵，而含生必于兹托命焉⑪。之⑫三义者，不学而知，不虑而能，而我国所以能数千年立于大地，经无量丧乱而不失其国性者，皆赖是也。是故正心诚意之谈，穷理尽性之旨，少数士君子所以自厉也；比较宗教之学，探研哲理之业，又教育家所以广益而集善

---

① 不宁惟是：不仅如此。
② 报：报应。动：震动。慑：害怕。迁善去恶：向善弃恶。
③ 敝：衰败。
④ 骤视：粗看。
⑤ 条目：条理项目。兹：此。
⑥ 至赜[zé]：到了说不清（地步）（赜：玄妙）。至动：到了动荡（地步）。
⑦ 三世：前世、现世、来世。备：完备。
⑧ 庸德之行，庸言之谨：平常的道德可行，平常的言语可听。语出《中庸》："庸德之行，庸言之谨；有所不足，不敢不勉；有余不敢尽。"
⑨ 洵：（"恂"的假借）诚然。极轨：最佳典范。
⑩ 所与能：原意为"所推荐的有才之人"（与：通"举"），引申为"最佳人选"。由之：遵循。
⑪ 譬犹：譬如。布帛[bó]菽[shū]粟[sù]：布料和粮食（布帛：纺织物总称。菽粟：豆子和小米，泛指粮食）。习焉：习见于此。含生：有生之物（大多指人）。
⑫ 之：（指示代词）这。

也，然其力皆不能普及于凡民，故其效亦不能大裨于①国家。独乃根此三义，而衍之为伦常，蒸之为习尚，深入乎人心而莫之敢犯②，国家所以与天地长久者，于是乎在。抑吾闻之，凡一事物之成立也，必有其休段③。断凫续鹤，则两生俱戕④；紫凤天吴，则一章不就⑤。一国之道德，必有其彼此相维之具⑥，废其一而其他亦往往不能以独存。一国之信仰，国人恒终身由之而不知其道，一怀疑焉，而根柢或自兹坏也⑦。故吾愿世之以德教为己任者，毋务玄远之谈，毋炫新奇之说，毋养一指而遗肩背，毋厌家鸡而羡野鹜⑧；宝吾先民所率由之庸德，而发挥光大之，编为教科，播诸讲社⑨。而当立法、行政之轴者，尤本此精义，以出政治施教令，以匡教育所不逮而先后之，则民德之蒸蒸，岂其难矣⑩？

（1912年）

---

① 裨于：有助于。
② 根：基于。衍：衍生。蒸：熏陶。
③ 抑：不过。休段：局限。
④ 断凫续鹤：截断野鸭的短腿接上仙鹤的长腿，喻做违犯自然之事。戕[qiāng]：杀。
⑤ 紫凤：传说中的神鸟，人面鸟身，九头；天吴：传说中的水神，八头八足八尾。泛指形形色色，什么都要。一章不就：一个章节也写不成。
⑥ 彼此相维之具：相互维系之机制。
⑦ 恒：恒常。道：道理。自兹：就此。
⑧ 毋务：不要致力。毋炫：不要炫耀。野鹜：野鸭。
⑨ 宝：（动词）珍视。率由：遵循。教科：教科书、教材。播诸：传播之于。讲社：演讲社，组织演讲的机构。
⑩ 当……之轴者：……之核心人物。本：根据。匡：匡救。不逮：来不及。先后之：暂且让它慢慢来。后：（动词）置……于后。蒸蒸：兴盛貌，如蒸蒸日上。

章太炎简介

章太炎(1869—1936),名炳麟,字枚叔,号太炎,浙江余杭人,近代学者、国学大师。出身富家,自幼饱读经书。二十五岁时(即1894年甲午战争之年)在上海任《时务报》主笔,撰文宣传"排满"(推翻满清朝廷)。1898年戊戌变法失败,遭通缉,逃往台湾。翌年东渡日本,与梁启超联络,当年返回上海,在《亚东时报》任编辑。1902年春再次逃亡日本,寓梁启超《新民丛报》馆,并与孙中山结交;当年夏回国,计划写《中国通史》。1906年再度赴日本参加同盟会,和梁启超分道扬镳,并继任《民报》主笔,与梁启超主编的《新民丛报》论战。1911年辛亥革命,回到上海。1912年,民国成立,去北京任民国政府枢密顾问。翌年,因反对大总统袁世凯而遭软禁三年,至1916年袁世凯死后才恢复自由,返回上海,仍从事各种政治活动。至三十年代初,逐渐脱离政治,主张读经,并于1935年在苏州开设"章氏国学讲习会"。但至翌年,即病逝于苏州寓所,享年六十七岁。其一生虽奔波颠离,却从未间断学术研究,其研究范围包括文字学、文学、历史学、哲学、政治学、佛学等。其著述甚丰,有四百余万字,除刊入《章氏丛书》和《章氏丛书续编》外,遗稿又刊入《章氏丛书三编》。1980至1994年,上海人民出版社陆续出版《章太炎全集》八卷。

读史与文化复兴之关系①

章太炎

"文化"二字,涵义至广,遽数②不能终其物。方今国步艰难,欲求文化复兴,非从切实方面言之,何能有所程功?

今之学校,学科包罗万有,教师滔滔讲述,学子屏息奉手,其切于自修者阙如。因之历史一科,黉舍③中视为无足轻重,所讲者不过一鳞半爪。盖历史书多而理不深,宜自修而不宜听讲,与科学之须口讲者大异。今乃列为口讲之科,则所讲能有几何?于是乙部之书④,大都束之高阁。在昔《纲鉴易知录》⑤,学者鄙为兔园册子⑥,今则能读者已为通人,可胜慨叹。盖历史譬一国

---

① 本文选自《章太炎学术文化随笔》,约写于1933年。文中所言"读史",意即知晓传统文化,而若不知传统文化,也就无所谓"文化复兴"。
② 遽数:匆忙。
③ 黉[hóng]舍:校舍、学校。
④ 乙部之书:即历史书。古人将书籍分为"经、史、子、集"四大类(即"四库"),也称"甲、乙、丙、丁"四部,其中乙部,即"四库"中的"史"。
⑤ 《纲鉴易知录》:清代学者吴乘权所辑简明中国通史读本,初刻于康熙五十年(1711)。
⑥ 兔园册子:本是唐五代时私塾教授学童的课本,因其内容肤浅,常受一般士大夫的轻视。后指读书不多的人奉为秘本的浅陋书籍。出处:《新五代史·刘岳传》:"道行数反顾,楚问岳:'道反顾何为?'岳曰:'遗下《兔园册》尔。'《兔园册》者,乡校俚儒教田夫牧子之所诵也。"

之账籍。彼夫略有恒产者，孰不家置一簿，按其簿籍，而即了然其产业多寡之数，为国民者，岂可不一披自国之账籍乎？以中国幅员之大，历年之久，不读史书及诸地志，何能知其梗概？且历史非第账籍比也，鉴往以知来，援古以证今，此如弈者观谱，旧谱既熟，新局自创。天下事变虽繁，而吾人处之裕如①，盖应付之法，昔人言行往往有成例可资参证。史之有益于吾人如此，今乃鄙夷至不屑道，于是国事日棘②，而应之者几无不露其捉襟见肘之窘焉。

今且举其一例，试问安南③、缅甸、朝鲜，自昔与中国之关系何若？热河、察哈尔、绥远④，往昔之情形何若？其能详举以对者，有几人乎？按安南在昔与广东、西同称"百粤"，汉武⑤平南粤，置为日南、九真等郡。自兹以后，安南人之出仕于朝者，代不乏人，直至唐末五代，始渐失去。逮⑥明成祖时，又用兵收回，设交趾省，曾开科取士，未几失去。其人种与广东人无异，语言亦极相似，盖自汉至唐，为中国郡县者一千余年。朝鲜在汉时亦为郡县，即乐浪郡，东晋以后，渐非吾属。人种与满洲相似，称"夫余种"，而满洲则"挹娄种"也。缅甸在明时为属云南之土司，即为云南省之一部分，三百年中，屡叛屡征，前有

---

① 裕如：从容。
② 棘：通"亟"，急迫。
③ 安南：越南旧称。
④ 热河：旧行政区划的省份，1914 年划出，1955 年撤销，位于目前河北省、辽宁省和内蒙古自治区交界地带。察哈尔：旧行政区划的省份，1913 年改为察哈尔特别区，1952 年撤销，位于目前内蒙古自治区、河北省和山西省交界地带。绥远：旧行政区划的省份，1928 年划出，1954 年撤销，位于目前内蒙古自治区中部。
⑤ 汉武：汉武帝。
⑥ 逮：到了。

王骥，后有刘𬘩，明史载其战功甚明。此三属国之旧事也。至古代朝鲜所领区域，本兼满洲发祥之地在内，不可不知。满洲称名，明时无有，其族类曰"女真"。女真族类，计有百余，大别之为三：（一）建州女真，（二）海西女真，（三）野人女真。所谓满洲发祥之地者，即指建州女真而言。建州即清之兴京，爱新氏①之祖先，起于是地。其海西女真，散居在铁岭左右，至野人女真，即使犬使鹿②之族，鱼皮鞑子③之种类也。若《史记》所称之东胡，乃鲜卑、乌桓等族，常与匈奴相抗，在松花江西北，聚族而居，女真即居其对江。汉之疆土，在东北者，除辽东、西外，尚有玄菟、乐浪等郡。明设辽东都指挥使司，都司东北为兴京，即汉之玄菟郡。《史记》载，燕将秦开④袭破东胡，东胡却千余里，当时燕境已展至朝鲜矣。汉初，卫满⑤复据朝鲜，至武帝时用兵收回，定为朝鲜四郡，即乐浪、真番、玄菟、苍海是。其后，真番、苍海复废，故只存乐浪、玄菟耳。辽东诸地，在唐末又失去，至明时复收辽东。明将熊廷弼与清兵相持于沈阳、广宁。广宁即今锦州东北之地，所谓"医巫闾山"⑥者，在此也。

---

① 爱新氏：爱新觉罗家族，即大清皇族。
② 使犬使鹿：驱犬打猎、用鹿拉橇。
③ 鱼皮鞑子：赫哲等族的旧称，旧时其民以大马哈鱼的鱼皮为衣，故名。
④ 秦开，战国时燕国将领，曾为东胡人质，后归国，率军大败东胡。
⑤ 卫满，战国时期燕国人，卫氏朝鲜（或称卫满朝鲜）建立者。西汉初年，率众东渡浿水进入朝鲜半岛，投靠箕子朝鲜。箕子朝鲜君主箕准任命卫满为博士，将箕子朝鲜西部方圆数百里土地封给卫满，让卫满守护箕子朝鲜西部边境。卫满等到力量聚集雄厚后，便驱逐箕准，自立为王，定都王险城，建立卫氏朝鲜政权。
⑥ 医巫闾山：于微闾、无虑山古称。《周礼·职方》称："东北曰幽州，其山镇曰医巫闾。"得名甚早，已不可考。与古华夏民族的医巫文化崇拜有关，今称闾山，地处今辽宁省境内。

热、察、绥三特别区之沿革，兹再约略言之。按北平①汉称"右北平郡"，即今喜峰口左右，卢龙、遵化等处，有六县在今长城以外。其平刚，即今平泉②；白狼，乃今凌源③，右北平太守，即驻于此。曹操北征乌丸，至柳城而还。柳城，今之朝阳④也。此皆在中国辖境以内，当时并未视为境外。绥远之河套，在汉为朔方郡。河套之北，为秦之九原郡，其东为云中郡。汉之云中郡，包有托克托和林格尔等处。汉有定襄郡，今虽不能明指其处，即今之察哈尔也。秦起长城，自临洮至辽海，河套以东之郡邑，悉在长城以内。汉境直至河套之北，阴山之下。逮后，契丹、蒙古更迭内侵，疆土日蹙。明代长城南移，于是秦汉之沿边郡邑，在今日观之，似均在塞外矣。察哈尔，明称"察罕"；热河，明称"朵颜"。朵颜地险兵强，其人乃契丹余种。明成祖放弃大宁卫，以与兀良哈⑤等；至明末，始折入于建夷。河套在明英宗时为毛里孩⑥等占据，其后杨一清、曾铣、夏言⑦屡议恢复。于此可见，此处在明初确属中国。且明代常遣使宣慰察、绥、热等处，更可证其为我国之辖境矣。此三特区之旧事也。今更有所谂⑧于诸君

---

① 北平：北京旧称。
② 平泉：今平泉市，位于河北省东北部。
③ 凌源：今凌源市，位于辽宁省西部。
④ 朝阳：今朝阳市，位于辽宁省西部。
⑤ 兀良哈：明人对漠北蒙古东部的称呼，又名朵颜三卫。
⑥ 毛里孩，又译"卯那孩""卯里孩"，也称"毛里孩王"，蒙古族。出生年月不详。成吉思汗弟别里古台之第16世孙，翁牛特（翁里郭特）部酋长，蒙古本部太师。约卒于1465年（明成化元年）。
⑦ 杨一清、曾铣、夏言，均为明代大臣。
⑧ 谂［shěn］：告诉。

者，东省①土地广漠，自古汉人即与乌桓、鲜卑等族杂居通婚，而女真人数甚少。明时汉人在东者，有四五百万，至清末而有三千万，女真则不及百万。溯②清太祖起兵时，纯粹女真，不过数十万，入主中国后，多数带入关内，八大驻防及京旗③，充其量亦不过五六十万。二百年来，渐见同化，至今纯粹满人，不少概见④。可见其当初人种不多，否则消灭何至如是之速？故论东省居民，以汉人为最多，满人不过占其百分之一。此极少数之满人，散居三省，殆如湘桂之苗、四川之番、云南之蛮，岂得假⑤民族自决为口实？日人⑥倡言东省满人有五百万，乃其有意矫造，绝非事实，而国人亦若有深信不疑者，此则非第⑦不看旧账，且将与张宗昌之"三不知"⑧无以异矣。以上所言，不过史事之一部分，而今特为提出者，以害在目前，故不惮瘏口⑨也。

从古迄今，事变至赜⑩，处之者有经有权，观其得失而悟其会通，此读史之益也。盖人之阅历广，则智识高；智识高，则横逆之来，无所惴缩。故读史须贯穿一事之本末，细审其症结所在，前因后果，了然胸中，而一代之典章制度，亦须熟谙而详识

---

① 东省：即今东北三省。
② 溯：上溯。
③ 八大驻防及京旗：满清八大旗及在京闲散旗丁。
④ 不少概见：(成语) 只知大概。
⑤ 假：借。
⑥ 日人：日本人。
⑦ 非第：非但。
⑧ 张宗昌之"三不知"：张宗昌，民国军阀，绰号"三不知将军"，即不知自己有多少兵、有多少钱、有多少小老婆。
⑨ 不惮瘏［tú］口：不忌苦口（不怕说丑话）。
⑩ 至赜［zé］：极奥妙。

之。史之为学，恃①记性，不全恃悟性，默记暗诵，乃能有得。口讲耳受之功，获益几何？大概读列传每小时可毕一卷，史乘②之精要者，计数不过三四千卷，三年之间，可以蒇事③。今人惟不好读史，故祸变之来，狼顾④而莫知所为，可胜慨哉。

《传》⑤有之曰："皮之不存，毛将焉附。"史在各种学问中，可喻之为皮板，羔裘豹饰者，爱毛而不爱皮板，抑知无皮板则毛何所丽⑥？印度为世界古国之一，科学、哲理，卓越绝伦，弘大之佛教，诞生于是⑦；几何之学，亦由印度传至希腊；医学至刳肠剔胃，行所无事，其文化可称极高，而无历史以记载，致今印人不能追念其前代政化。新疆居民，今人多知有回部⑧，而不知在前后汉时，本是三十六国，班、范二史⑨，载之甚详。惟三十六国无历史，故其人种，至今茫无可稽。然则无史之害，岂不较然可见乎？国家之安危强弱，原无一定，而为国民者，首须认清我为何种民族，对于本国文化，相与尊重而发扬之，则虽一时不幸而至山河易色，终必有复兴之一日。设国民鄙夷史乘，蔑弃本国文化，则真迷失本性，万劫不复矣。

---

① 恃：依仗。
② 史乘［shèng］：《孟子·离娄下》："晋之《乘》、楚之《梼杌》、鲁之《春秋》，一也。"《乘》《梼杌》《春秋》本为三国之史籍名，后因泛称史书为"史乘"。
③ 蒇［chǎn］事：完成。
④ 狼顾：像狼一样东张西望。
⑤ 《传》：《左传》。
⑥ 丽：附着（附丽）。
⑦ 于是：于此。
⑧ 回部：清代对新疆天山南路的通称，该地为维吾尔族、乌孜别克族所聚居。
⑨ 班、范二史：班固著《汉书》、范晔著《后汉书》。

史之有关于国本者至大。秦灭六国,取六国之史悉焚之。朝鲜亡后,日人秘其史籍,不使韩人寓目。以今日中国情形观之,人不悦学,史传束阁,设天降丧乱,重催外族入寇之祸,则不待新国教育三十年,汉祖唐宗,必已无人能知,而百年以后,炎黄裔胄,决可尽化为异族。然则居今而言复兴文化,舍注意读史外,其道奚由①?

---

① 奚由:何由。

中国文化的根源和近代学问的发达[①]

章太炎

六百年前,宋朝有个文天祥说的,一部《十七史》[②],从何处说起?《十七史》尚且无从说起,何况中国全部的学问,比《十七史》更广。但教育的事和博览不同,更没有到讲学的地位,只是看人的浅深见机说法,也就罢了。现在把中国开化的根苗和近代学问发达的事迹,对几位朋友讲讲,就可以晓得施教的方法,也使那边父兄子弟,晓得受教的门径。

中国第一个开化的人,不是五千年前的老伏羲吗?第一个造文字的人,不是四千年前的老仓颉吗?第一个宣布历史的人,不

[①] 本文选自《章太炎学术文化随笔》,初见于《章太炎的白话文》(1935)。文中所说中国古人的造字(仓颉)、历史(孔子)和哲理(老子),就是中国文化的根源。有此根源,才造就了近代学问的发达(作者所谓"近代学问",即指宋明理学)。

[②] 十七史:至南宋所编正史,包括《史记》《汉书》《后汉书》《三国志》(称"前四史"),加上《晋书》《宋书》《南齐书》《梁书》《陈书》《魏书》《北齐书》《周书》《隋书》(称"十三史"),再加上《南史》《北史》《新唐书》《新五代史》,称"十七史"。文天祥被元朝俘虏时,元朝宰相以历史兴衰有常,劝降文天祥。文天祥回答说:"一部十七史,从何说起?我今日非应博学宏词科,何暇泛论!"(应博学宏词科:应对科考)以此拒绝元朝廷的劝降。

是二千四百年前的孔子吗？第一个发明哲理的人，不是二千四百年前的老子吗？伏羲的事并不能实在明白，现存的只有八卦，也难得去理会它。其余三位，开了一个门法，倒使后来不能改变。并不是中国人顽固，其实也没有改变的法子。仓颉造字，当初只有指事、象形两条例。什么叫做指事？就像"上""下"两个字，古篆只作"⊥""丁"，不过是指个方向。其余数目字，像一、二、三、四、五、六、七、八、九、十，都也叫做指事，和号码也差不多。什么叫做象形？就像古篆"日"字作⊙，"月"字作☽，"水"字作〣，"火"字作火，是像它的形势，所以叫做象形。

当初仓颉造字的时候，只有这两种例，字都是独体的。仓颉以后，就渐渐把两个字和合起来，变了合体的字，所以又有形声、会意两例。什么叫做"形声"？一旁是字的形，一旁是字的声，所以叫做形声。譬如水有各项，不能统统都叫做水，自然别有一句话。要写这个字出来，若照着象形的例，还是这个〣字，不能分别，所以在水旁又加一个声音去指定它。譬如"江"字，水旁加个"工"；"河"字，水旁加个"可"。水就是形，"工"和"可"就是声①。什么叫做"会意"？把两个字和意合起来成一个意，这就叫做会意。譬如人旁加入"言"字，就是"信"字，见得不信就不算人的话，只是狗吠鸡鸣一样。止上加个"戈"字，就是念"武"字（按楷书写成武），见得别人举动干戈，我能去止住他，就是念"武"。这个指事、象形、形声、会

---

① "江"字最初就读 gōng（至今在有些方言中仍这么读）；"河"字最初就读 kě，后来才稍稍变化，读作 hé。

意四件条例，造字的法子略备了。

但是中国有一千六百万方里的地面（中国的本部，从黄帝到现在有四千年，没有什么大加减），同是一句话，各处的声气自然不能一样，所以后来又添出转注一件条例来。什么叫做"转注"？这一瓶水，辗转注向那一瓶去，水是一样，瓶是两个；把这个意思来比喻，话是一样，声音是两种，所以叫做"转注"。譬如有个"老"字，换了一块地方，声音有点不同，又再造个"考"字。有了这一件条例，字就多了。但是人的思想万变不穷，说话也万变不穷，却往往就这个意思移做别个意思，所以一个字往往包容得三四个意思，又添出"假借"一件条例来。譬如"令"字，本来是号令，后来发号令的人，也就叫做"令"，不必别造一个字。"长"字本来是长短的长，后来看成年的人，比小孩身体长些，也就叫做长；年纪老的也叫"长"；做了官，在百姓的上，也就叫做"长"。有了这一件条例，字就省造许多。这个指事、象形、形声、会意、转注、假借六条例，并起来叫做"六书"。二千九百年前，周公做周礼的时候，就有六书的名目。不过仓颉造字以后，谁人把独体的字合做合体的字，这个却没有明据。仓颉造字叫做古文，后来合体的字也叫古文。到二千七百年前，周朝有个史籀①，又把古文整理一番，改了许多新形，叫做"籀文"，也叫"大篆"。到二千一百年前，秦朝有个李斯，又把大篆减省些，叫做"小篆"。那古文、大篆、小篆三项，虽有不同，只是略略改变。秦朝又把小篆减省，叫做"隶书"，现在通

---

① 史籀［zhòu］，周宣王时史官，似非人名，或为官职。

行的楷书，也还就是隶书。汉朝又把隶书减省，叫做"草书"，现在也是通行。当初用隶书、草书的人，不过为写字烦难，想个方便的法门，不晓得通行以后，写字就快，识字就难了。识字为什么难呢？隶书形体方整，象形字都不像了。况且处处省笔，连这两个字就是那两个字合起来，都看不出，一点一画觉得没有什么意思。小孩子识字的时候，不得不用强记，所以识字就难。

　　有说中国字何不改成拼音？我说这个是全不合情理的话。欧洲各国，本来地方不大；蒙古、满洲，地方虽大，人数极少，合起来不过中国十六七县的人口，一国的说话，声气自然一样，所以可用拼音。那个印度就不然，地方和中国本部差不多大，说话分做七十余种，却还要用拼音字，这一处的话，写成了字，到那一处就不懂了。照这样看来，地方小的可以用拼音，地方大的断不能用拼音字。中国不用拼音字，所以北到辽东，南到广东，声气虽然各样，写一张字，就彼此都懂得。若换了拼音字，莫说辽东人不懂广东字，广东人不懂辽东字，出了一省，恐怕也就不能通行得去，岂不是令中国分为几十国吗？况且古今声气，略有改变。声气换了，字不换，还可以懂得古人的文理；声气换了，连字也换，就不能懂得古人的文理。且看英国人读他本国三百年前的文章，就说是古文，难得了解；中国就不然，若看文章，八百年前宋朝欧阳修、王安石的文章，仍是和现在一样，懂得现在的文章，也就懂得宋朝的文章。若看白话，四百年前明朝人做的《水浒传》，现在也都懂得。就是八百年前宋朝人的语录，也没有什么难解。若用了拼音字，连《水浒传》也看不成，何况别的文章？所以为久远计，拼音字也是不可用的。有说拼音字写起来容易，合体字写起来难。这个也不行。中国的单音语，一字只有一音，就多也不过二三十笔；外国的复音语，几个音拼成一音，几个音连成一字，笔画也很不少。中国人若是兼学草书，写起来只有比拼音字快，没有慢的。有说拼音字容易识，合体字难识。这个也不然。拼音字只容易识它的音，并不容易识它的义；合体字是难识它音，却是看见鱼旁的字，不是鱼的名，就是鱼的事，看见鸟的旁的字，不是鸟的名，就是鸟的事，识义倒反容易一点。两边的长短相较，也是一样。原来六书的条例，最是精密，断不是和埃及人只有几个象形字一样。

若说小孩子识字烦难，也有一个方便法门，叫他易识。第一，要把《说文》五百四十个部首，使他识得，就晓得造字的例，不是随意凑成的。领会这一点，就不用专靠强记。第二，要懂得反切的道理。反切也是和拼音相近，但拼音只把这个音当这个字；反切却是把音注在字旁，叫他容易唤出音来，并不是就把这个音去代那个字，所以反切与拼音用法不同。但前人做反切随便把字取来使用，那个能反切的字，尚且读不准音，何况所反切的字，怎么读得准音呢？现前只照三十六字母，改换三十六个笔画最少的字，又照广韵二百六韵，约做二十二韵，改换二十二个笔画最少的字，上字是纽（就是别国人唤做子音的），下字是韵（就是别国人唤做母韵的），两字一拼，成了反切，注在这旁边。大凡小孩子们认了五十八个字，就个个字都反切得出来了。但声音要照广韵读，果然不可用土音，也不可用北京音。土音果是各处不同，北京音也不算正音，都用不着。我以前曾将五十八个字写出，将来就可以用得哩！第三，要兼学草书，为临时快写的方便。但不可专用草书，不写正字。草书不过是辅助的东西罢了。至于当教习的朋友，总要备段注《说文》一部、《广韵》一部、《四声切韵表》一部、《书谱》一部，非但要临时查检，平日也要用心看看。最小的书，像《文字蒙求》（山东人王筠做的，只有薄薄一本）也好给学生讲讲，就晓得文字的好妙处了。以上是论教文字的法子。

再说历史。为什么说孔子宣布历史呢？以前中国的历史，只有《尚书》，叙史的发达，原是世界第一，岂是他国所能及的！但是一千年的历史，却有过于繁碎的病，所以人说，看《宋史》《元史》，不如看《宋元通鉴》①，也有一理。现在为教育起见，原是要编一种简约的书。这个本来不是历史，只是历史教科书。所以说教育的事，不能比讲学的事；教科的书，不能比著作的书。历史教科书，果然没有好的，初学的也将就可用。凡是当教习的朋友，总要自己的知识十倍于教科书，才可以补书上的不及。大概《通鉴辑览》② 必是看过，最吃紧的是《四史》③ 必是要看，此外《日知录》④ 也是有用。有这种知识，就可以讲历史。将来的结果，到学生能看这几部书，就很好了。以上是论教历史的法子。

---

① 《宋元通鉴》：编年体史书，明薛应旂撰，共一百八十卷。记述内容乃承接司马光《资治通鉴》而作，上起宋太祖建隆元年，即公元960年，下讫元至正二十七年，即公元1368年，所记共四百零八年历史。
② 《通鉴辑览》：乾隆三十三年敕撰，共一百一十六卷。编年记事，上起太昊、伏羲氏，下讫明代，清高宗亲作御批，又称《御批历代通鉴辑览》。
③ 《四史》：即前四史，《史记》《汉书》《后汉书》《三国志》。
④ 《日知录》：明末清初学者顾炎武所著，内容涉及历代经史、诗文、训诂、名物、典章制度、天文、地理以及吏治、杂事等各个方面。

至于哲理，那就深了一层，但书没有历史的繁，这倒是简易一点。中国头一个发明哲理的，算是老子。老子的学问，《汉书·艺文志》说，"道"出于史官。原来老子在周朝，本是做征藏史，所以人事变迁，看的分明。老子这一派，叫做"道家"。三千五百年前，商朝的伊尹；二千九百年前，周朝的太公①；二千五百年前，周朝的管仲，本来都是道家。伊尹、太公的书，现在没了。管仲还有部《管子》留到如今，但管仲兼杂阴阳一派，有许多鬼话。老子出来，就大翻了，并不相信天帝鬼神和占验的话。孔子也受了老子的学说，所以不相信鬼，只不敢打扫干净。老子就打扫干净。老子以后有二百年，庄子出来，就越发俊逸不群了。以前论理论事，都不大质验，老子是史官出身，所以专讲质验。以前看古来的这王都是圣人，老子看得穿他有私心。以前看得万物没有统系，及到庄子《齐物论》出来，真是件件看成平等。照这个法子做去，就世界万物各得自在。不晓得怎么，昏愚的道士，反用老子做把柄。老子的书，现在也不能附会上去。还有人说老子好讲权术，也是错了。以前伊尹、太公、管仲都有权术，老子看破他们的权术，所以把那些用权术的道理一一揭穿，使后人不受他的欺罔。老子明明说的"正言若反"，后来人却不懂老子用意。若人人都解得老子的意，又把现在的人情参看参看，凭你盖世的英雄，都不能牢笼得人，惟有平凡的人倒可以成就一点事业，这就是世界公理大明的时候了。解《老子》的，第一是韩非子（在老子后有三百年光景）《解老》《喻老》两篇，说得

---

① 周朝的太公，即姜尚（也称"吕尚"），字子牙，人称"姜太公"。

最好。后来还算王弼（在一千五百年前三国魏朝）。河上公的注，原是假托，傅奕的注（在一千二百年前唐朝时候）更不必说。

老子传到孔子，称为儒家，大意也差不多，不过拘守绳墨，眼孔比老子要小得多。孔子以后一百多年有孟子，孟子以后五六十年有荀子。孟子放任一点儿，学问上却少经验；荀子比孟子严整得多，学问上又多经验，说话又多条理。荀子的见解和庄子纯然相反，但是《正名》《解蔽》两篇，是荀子学问最深的所在。后来人也都不解老子不看重豪杰，只要"以正治国"。"正"是什么？就是法律。这一点，荀子却相近些。

后来变出一种法家，像韩非子，本来是荀子的门徒，又是深于老子的，可惜一味严厉，所以《史记》上说老子深远，见得韩非也不及了。儒家从孔子以后，又流出一派名家，有个公孙龙，原是孔子的弟子，就是名家的开宗。此外墨子称为墨家，在孔子后几十年，意思全与儒家反对。《经上》《经下》两篇，也是名家的学说。名家说是现在的论理学家，不过墨子、荀子讲得最好，公孙龙就有几分诡辩。墨子的书，除去《经上》《经下》，其余所说，兼爱的道理也是不错，只是尊天敬鬼，走入宗教一路，就不足论了。还有农家主张并耕，也是从老子来的。小说家主张不斗，和道家、儒家、墨家都有关系。

这七家都是有理的。居间调和的就是杂家。此外就有纵横家，专是外交的中辩；阴阳家，就是鬼话连天，文章都好，哲理是一点不相干的。这十家古来通称"九流"。大概没有老子，书不能传民间；民间没有书，怎么得成九流？

所以开创学术，又是老子的首功。"九流"行了不过二百年,就被秦始皇把他的书烧了(秦始皇在二千九百年前)。到了汉朝,九流都没有人,儒家只会讲几句腐话,道家只会讲几句不管事的话,农家只会讲几句垦田的话(还算农家实在些)。小说家只会讲几句传闻的话,名家、法家、墨家都绝了,杂家虽永远不坏,却没有别人的说话可以采取,倒是阴阳家最盛行,所以汉朝四百年,凡事都带一点儿宗教的意味。

到三国以后,渐渐复原。当时佛法也进中国来。佛法原是讲哲理的,本来不崇拜鬼神,不是宗教,但是天宫地狱的话,带些杂质在里面,也是印度原有这些话,所以佛法也不把它打破,若在中国,就不说了。所以深解佛学的人,只是求它的哲理,不讲什么天宫地狱。论到哲理,自然高出老庄,却是治世的方法,倒要老庄补它的空儿。

后来到宋朝时候,湖南出了一个人叫做周茂叔,名是周敦颐①,要想把佛学、儒学调和。有一个鹤林寺的和尚,叫做寿涯②,对他说:你只要改头换面。周茂叔果然照他的话做去,可惜还参些道士的话。传到弟子河南程明道,名是程颢,他兄弟程伊川,名是程颐③(周、程都是八百年前的人),就把道士话打扫干净了,开了一种理学的宗派,里面也取佛法,外面却攻佛法。那时

---

① 周敦颐,字茂叔,北宋理学创始人,著有《周元公集》《太极图说》《通书》等。
② 寿涯,北宋禅师。据《鹤林寺志》记载:"宋寿涯禅师,与胡武平(宿)、周茂叔交善。茂叔尤依寿涯,读书寺中,每师事之,尽得其传焉。其后二程之学本于茂叔,皆渊源于寿涯云。"
③ 程颢[hào],字伯淳,号明道先生;程颐,字正叔,号伊川先生,世称"二程",均为北宋理学家,著有《周易程氏传》《易传》《经说》等。

候，陕西还有个张横渠，名是张载①，说辞有几分和二程不同，带几分墨子兼爱的意思。程伊川的学派传到几代以后，福建有个朱晦庵，名是朱熹②（朱熹在七百年前）。周、程、张、朱几个人，后来将他住址出名，唤做濂、洛、关、闽。朱晦庵同时，还有个江西陆子静，名是陆九渊③，和朱晦庵不对。陆子静只是粗豪，也取几分佛法。到明朝，有个浙江王阳明，名是王守仁④，传陆子静的派。世人都把程朱、陆王当做反对的话，其实陆、王反对朱晦庵，也反对程伊川，到底不能反对程明道。陆、王比伊川、晦庵虽是各有所长，若比明道，还是远远比不上。要把理学去比佛学，哲理是远不如，却是治世胜些；若比九流，哲理也不能比得老庄，论理学也不能比得墨子、荀子，只没有墨子许多尊天敬鬼的话。至于治世，就不能并论了。大概中国几家讲哲理的，意见虽各有不同，总是和宗教相远；就有几家近宗教的，后来也必定把宗教话打洗净了，总不出老子划定的圈子。这个原是要使民"智"，不是要使民"愚"。但最要紧的是名家⑤。没有名家，一切哲理都难得发挥尽致。

---

① 张载，字子厚，号横渠先生，北宋理学家，著有《正蒙》《横渠易说》等，与周敦颐、邵雍、程颢、程颐合称"北宋五子"。
② 朱熹，字元晦，号晦庵，南宋理学家，著有《四书章句集注》《太极图说解》《通书解说》《周易读本》等。
③ 陆九渊，字子静，号象山，南宋理学家，有《陆九渊集》传世。
④ 王守仁，字伯安，号阳明，明代理学家，著有《传习录》《大学问》等，其学说源自陆九渊，故合称"陆王学派"。
⑤ 名家：也称"刑名家"或"形名家"，先秦"诸子百家"之一，原以研究刑法概念著称，后逐渐从"刑名"研究，申延到"形名"研究、"名实"研究。"名"即名称、概念，"形""实"即事物、事实。理清概念与概念之间的关系，即现今的逻辑学。

现在和子弟讲，原不能说到深处，只是大概说说。几位当教习的朋友，要先把《庄子·天下篇》《荀子·非十二子篇》《淮南子·要略训》《史记·老庄申韩列传·孟子荀卿列传·太史公自序》《汉书·艺文志》《近思录》《明儒学案》讲一段目录提要的话与学生，再就本书①略讲些。没有本书，《东塾读书记》也可以取材。这件事本是专门的学问，不能够人人领会，不过学案②要明白得一点。以上是教哲理的法子。

这三件事，我本来也有些著作，将来或者送给几位朋友看看，不过今日讲的白话教育，还说不到这步田地。

---

① 本书：原书（指前列诸书）。
② 学案：讲习方案。

鲁迅简介

鲁迅（1881—1936），笔名，真名周树人，字豫才，浙江绍兴人，现代作家、学者。早年留学日本，回国后曾师从章太炎，并先后在杭州、绍兴任教。1911年辛亥革命后，曾任南京临时政府和北京政府教育部部员、佥事等职，兼在北京大学、女子师范大学等校授课。1918年，开始用"鲁迅"笔名发表小说、杂文和散文，成为新文化运动中的重要一员。1926年，南下到厦门大学任中文系主任。第二年辞职，到广州中山大学任教务主任。仅十个月又辞职，并离开广州，定居上海，成为职业作家，以稿费维持生计，直到1936年因病去世，享年五十五岁。其一生著有短篇小说集、杂文集和散文集多卷，重要的有短篇小说集《呐喊》《彷徨》、杂文集《坟》《华盖集》《而已集》《且介亭杂文》和散文集《野草》等。此外，他还搜集、研究、整理了大量古典文献：编著《中国小说史略》《汉文学史纲要》，整理《嵇康集》，辑录《会稽郡故书杂录》《古小说钩沉》《唐宋传奇录》《小说旧闻钞》等。尽管他对国学（或者说传统文化）基本持否定态度，但无论其创作，还是研究，都显示出深厚的、堪称大师的国学功底。自他去世后，有多种《鲁迅全集》出版，最近的是2005年人民文学出版社出版的《鲁迅全集》十八卷。

随感录（三十五至三十八）[1]

鲁　迅

三十五

从清朝末年，直到现在，常常听人说"保存国粹"这一句话。

前清末年说这话的人，大约有两种：一是爱国志士，一是出洋游历的大官。他们在这题目的背后，各各藏着别的意思。志士说保存国粹，是光复旧物的意思；大官说保存国粹，是教留学生不要去剪辫子的意思。

现在成了民国了。以上所说的两个问题，已经完全消灭。所以我不能知道现在说这话的是哪一流人，这话的背后藏着什么意思了。

可是保存国粹的正面意思，我也不懂。

什么叫"国粹"？照字面看来，必是一国独有，他国所无的

---

[1]　此处辑录的"随感录"最初发表于1918年11月15日《新青年》第五卷第五号，后收入杂文集《热风》（1925）。在这些"随感录"中，作者对传统文化以及固守传统文化的人予以痛砭，其要义是：在科学昌明的现代社会，再守着不科学乃至反科学的传统文化，那只有死路一条。

事物了。换一句话，便是特别的东西。但特别未必定是好，何以应该保存？

譬如一个人，脸上长了一个瘤，额上肿出一颗疮，的确是与众不同，显出他特别的样子，可以算他的"粹"。然而据我看来，还不如将这"粹"割去了，同别人一样的好。

倘说：中国的国粹，特别而且好；又何以现在糟到如此情形，新派摇头，旧派也叹气。

倘说：这便是不能保存国粹的缘故，开了海禁①的缘故，所以必须保存。但海禁未开以前，全国都是"国粹"，理应好了；何以春秋战国五胡十六国闹个不休，古人也都叹气。

倘说：这是不学成汤文武周公②的缘故；何以真正成汤、文、武、周公时代，也先有桀、纣暴虐，后有殷顽作乱③；后来仍旧弄出春秋战国五胡十六国闹个不休，古人也都叹气。

我有一位朋友说得好："要我们保存国粹，也须国粹能保存我们。"

保存我们，的确是第一义。只要问他有无保存我们的力量，不管他是否国粹。

---

① 海禁：即朝廷禁止民间商人从事海外贸易。
② 成汤、文、武、周公：成汤，商朝开国君王。文，周文王，商末周族首领，周朝尊为文王。武，周武王，文王之子，周朝开国君王。周公，武王之弟，成王年幼时由他摄政。下文的桀，夏朝末代君王。纣，商朝末代君王。
③ 殷顽作乱：周武王灭殷（即商朝）之后，把殷的旧地一分为三，分别由他的兄弟管叔、蔡叔、霍叔管领。又封纣的儿子武庚为诸侯，受三叔的监视。武王死后，成王继位，周公监国，三叔与周公不和，武庚遂联合东方的奄、蒲姑等国，起兵反周。周公率兵东征，杀武庚，平定叛乱。这次反抗周朝统治的殷人，被称为"顽民"或"殷顽"。

三十六

现在许多人有大恐惧；我也有大恐惧。

许多人所怕的，是"中国人"这名目要消灭；我所怕的，是中国人要从"世界人"中挤出。

我以为"中国人"这名目，决不会消灭；只要人种还在，总是中国人。譬如埃及犹太人①，无论他们还有"国粹"没有，现在总叫他埃及犹太人，未尝改了称呼。可见保存名目，全不必劳力费心。

但是想在现今的世界上，协同生长，挣一地位，即须有相当的进步的智识，道德，品格，思想，才能够站得住脚：这事极须劳力费心。而"国粹"多的国民，尤为劳力费心，因为他的"粹"太多。粹太多，便太特别。太特别，便难与种种人协同生长，挣得地位。

有人说："我们要特别生长；不然，何以为中国人！"

于是乎要从"世界人"中挤出。

于是乎中国人失了世界，却暂时仍要在这世界上住！——这便是我的大恐惧。

---

① 埃及犹太人：即犹太人（又称以色列人或希伯来人），最先住在埃及亚历山大城等地，公元前1320年，其民族领袖摩西带领他们离开埃及，前往迦南（巴勒斯坦）建国。因为他们来自埃及，故有埃及犹太人之称。到了公元70年，犹太人的国家为罗马帝国所灭，绝大部分犹太人流散到西欧和世界各地。

三十七

近来很有许多人,在那里竭力提倡打拳。记得先前也曾有过一回,但那时提倡的,是满清王公大臣①,现在却是民国的教育家②,位分略有不同。至于他们的宗旨,是一是二,局外人便不得而知。

现在那班教育家,把"九天玄女传与轩辕黄帝,轩辕黄帝传与尼姑"的老方法,改称"新武术",又是"中国式体操",叫青年去练习。听说其中好处甚多,重要的举出两种来,是:

一,用在体育上。据说中国人学了外国体操,不见效验;所以须改习本国式体操(即打拳)才行。依我想来:两手拿着外国铜锤或木棍,把手脚左伸右伸的,大约于筋肉发达上,也该有点"效验"。无如竟不见效验!那自然只好改途去练"武松脱铐"那些把戏了。这或者因为中国人生理上与外国人不同的缘故。

二,用在军事上。中国人会打拳,外国人不会打拳:有一天见面对打,中国人得胜,是不消说的了。即使不把外国人"板油扯下",只消一阵"乌龙扫地",也便一齐扫倒,从此不能爬起。无如现在打仗,总用枪炮。枪炮这件东西,中国虽然"古时也已有过",可是此刻没有了。藤牌操法,又不练习,怎能御得枪炮?

---

① 满清王公大臣:指清朝端王载漪、协办大学士刚毅等人,他们赞助义和团,提倡打拳,企图用义和团对抗洋人。
② 民国的教育家:当时济南镇守使马良写了一本《新武术初级拳脚科》,曾经北洋政府教育部审定为教科书,教育界一些人也对此加以鼓吹。

我想（他们不曾说明，这是我的"管窥蠡测"）：打拳打下去，总可达到"枪炮打不进"的程度（即内功？）。这件事从前已经试过一次，在一千九百年①。可惜那一回真是名誉的完全失败了。且看这一回如何。

三十八

中国人向来有点自大——只可惜没有"个人的自大"，都是"合群的爱国的自大"。这便是文化竞争失败之后，不能再见振拔改进的原因。

"个人的自大"，就是独异，是对庸众宣战。除精神病学上的夸大狂外，这种自大的人，大抵有几分天才——照 Nordau② 等说，也可说就是几分狂气，他们必定自己觉得思想见识高出庸众之上，又为庸众所不懂，所以愤世疾俗，渐渐变成厌世家，或"国民之敌"③。但一切新思想，多从他们出来，政治上、宗教上、道德上的改革，也从他们发端。所以多有这"个人的自大"的国民，真是多福气！多幸运！

"合群的自大""爱国的自大"，是党同伐异，是对少数的天才宣战——至于对别国文明宣战，却尚在其次。他们自己毫无特

---

① 即 1900 年的义和团之乱。

② 诺尔道（1849—1934），出生匈牙利的德国医生，政论家、作家，著有政论《退化》、小说《感情的喜剧》等。

③ "国民之敌"：指挪威剧作家易卜生剧本《国民之敌》的主人公斯铎曼一类人。斯铎曼是一个热心于公共卫生工作的温泉浴场医官，有一次他发现浴场矿泉里含有大量传染病菌，建议把这个浴场加以改建。但市政当局和市民因怕经济利益受到损害，极力加以反对，最后把他革职，宣布他为"国民公敌"。

别才能，可以夸示于人，所以把这国拿来做个影子；他们把国里的习惯制度抬得很高，赞美的了不得；他们的国粹，既然这样有荣光，他们自然也有荣光了！倘若遇见攻击，他们也不必自去应战，因为这种蹲在影子里张目摇舌的人，数目极多，只须用mob①的长技，一阵乱噪，便可制胜。胜了，我是一群中的人，自然也胜了；若败了时，一群中有许多人，未必是我受亏：大凡聚众滋事时，多具这种心理，也就是他们的心理。他们举动，看似猛烈，其实却很卑怯。至于所生结果，则复古、尊王、扶清灭洋等等，已领教得多了。所以多有这"合群的爱国的自大"的国民，真是可哀，真是不幸！

不幸中国偏只多这一种自大：古人所作所说的事，没一件不好，遵行还怕不及，怎敢说到改革？这种爱国的自大家的意见，虽各派略有不同，根柢总是一致，计算起来，可分作下列五种：

甲云："中国地大物博，开化最早；道德天下第一。"这是完全自负。

乙云："外国物质文明虽高，中国精神文明更好。"

丙云："外国的东西，中国都已有过；某种科学，即某子所说的"云云。这两种都是"古今中外派"的支流；依据张之洞②

---

① mob：（英语）乌合之众。
② 张之洞（1837—1909），清末重臣，洋务派首领之一。"中学为体西学为用"见其所著《劝学篇·设学》："其学堂之法，约有五要：一曰新旧兼学。四书五经、中国史事、政书地图为旧学；西政、西艺、西史为新学。旧学为体，西学为用，不使偏废。"又在该书《会通》中说："中学为内学，西学为外学，中学治身心，西学应世事，不必尽索之于经文，而必无悖于经义。"

的格言，以"中学为体，西学为用"的人物。

丁云："外国也有叫化子——（或云）也有草舍、娼妓、臭虫。"这是消极的反抗。

戊云："中国便是野蛮的好。"又云："你说中国思想昏乱，那正是我民族所造成的事业的结晶。从祖先昏乱起，直要昏乱到子孙；从过去昏乱起，直要昏乱到未来。……（我们是四万万人，）你能把我们灭绝么？"① 这比"丁"更进一层，不去拖人下水，反以自己的丑恶骄人；至于口气的强硬，却很有《水浒传》中牛二②的态度。

五种之中，甲乙丙丁的话，虽然已很荒谬，但同戊比较，尚觉情有可原，因为他们还有一点好胜心存在。譬如衰败人家的子弟，看见别家兴旺，多说大话，摆出大家架子；或寻求人家一点破绽，聊给自己解嘲。这虽然极是可笑，但比那一种掉了鼻子，还说是祖传老病，夸示于众的人，总要算略高一步了。

戊派的爱国论最晚出，我听了也最寒心；这不但因其居心可怕，实因他所说的更为实在的缘故。昏乱的祖先，养出昏乱的子孙，正是遗传的定理。民族根性造成之后，无论好坏，改变都不

---

① 这里的"思想昏乱""是我们民族所造成的"等话，是针对《新青年》第五卷第二号（1918年8月15日）《通信》栏任鸿隽（即任叔永）致胡适信中的议论而发的，该信中有"吾国的历史、文字、思想，无论如何昏乱，总是这种不长进的民族造成功了留下来的。此种昏乱种子，不但存在文字历史上，且存在现在及将来子孙的心脑中。所以我敢大胆宣言，若要中国好，除非使中国人种先行灭绝！可惜主张废汉文汉语的，虽然走于极端，尚是未达一间呢！"等语。
② 牛二，《水浒传》中人物，流氓无赖，因蛮横无理地要杨志卖刀给他而为杨志所杀（见《水浒传》第十二回"汴京城杨志卖刀"）。

容易的。法国G.Le Bon①著《民族进化的心理》中，说及此事道（原文已忘，今但举其大意）——"我们一举一动，虽似自主，其实多受死鬼的牵制。将我们一代的人，和先前几百代的鬼比较起来，数目上就万不能敌了。"我们几百代的祖先里面，昏乱的人，定然不少：有讲道学②的儒生，也有讲阴阳五行的道士，有静坐炼丹的仙人，也有打脸打把子③的戏子。所以我们现在虽想好好做"人"，难保血管里的昏乱分子不来作怪，我们也不由自主，一变而为研究丹田、脸谱的人物：这真是大可寒心的事。但我总希望这昏乱思想遗传的祸害，不至于有梅毒那样猛烈，竟至百无一免。即使同梅毒一样，现在发明了六百零六④，肉体上的病，既可医治；我希望也有一种七百零七的药，可以医治思想上的病。这药原来也已发明，就是"科学"一味。只希望那班精神上掉了鼻子的朋友，不要又打着"祖传老病"的旗号来反对

---

① G.Le Bon，G.勒朋（1841—1931），法国医生、社会心理学家，所著《民族进化的心理定律》（即本文所说《民族进化的心理》）一书的第一部第一章中说："吾人应该视种族为一超越时间之永久物，此永久物之组成不单为基一时期内之构成他的活的个体，而也为其长期连续不断的死者，即其祖先是也。欲了解种族之真义必将之同时伸长于过去与将来，死者较之生者是无限的更众多，也是较之他们更强有力。他们统治着无意之巨大范围，此无形的势力启示出智慧上与品性上之一切表现，乃是为其死者，较之为其生者更甚。在指导一民族，只有在他们身上才建筑起一个种族，一世纪过了又一世纪，他们造成了吾人之观念与情感，所以也造成了吾人行为之一切动机。过去的人们不单将他们生理上之组织加于吾人，他们也将其思想加诸吾人；死者乃是生者惟一无辩论余地之主宰，吾人负担着他们的过失之重担，吾人接受着他们的德行之报酬。"

② 道学：又称理学，由宋代周敦颐、程颢、程颐、朱熹等人阐释儒家学说而形成之思想体系，认为"理"是宇宙的本体，"三纲五常"是"天理"，故而提出"存天理，灭人欲"的主张。

③ 打脸：即戏曲演员勾画脸谱。打把子：即戏曲中的武打。当时《新青年》上曾对"打脸""打把子"的存废问题，进行过讨论。

④ 六百零六：也称"606"，当时用以治疗梅毒等性病的新药。

吃药，中国的昏乱病，便也总有全愈的一天。祖先的势力虽大，但如从现代起，立意改变：扫除了昏乱的心思，和助成昏乱的物事（儒道两派的文书），再用了对症的药，即使不能立刻奏效，也可把那病毒略略羼淡①。如此几代之后待我们成了祖先的时候，就可以分得昏乱祖先的若干势力，那时便有转机，Le Bon 所说的事，也不足怕了。

以上是我对于"不长进的民族"的疗救方法；至于"灭绝"一条，那是全不成话，可不必说。"灭绝"这两个可怕的字，岂是我们人类应说的？只有张献忠②这等人曾有如此主张，至今为人类唾骂；而且于实际上发生出什么效验呢？但我有一句话，要劝戊派诸公。"灭绝"这句话，只能吓人，却不能吓倒自然。他是毫无情面：他看见有自向灭绝这条路走的民族，便请他们灭绝，毫不客气。我们自己想活，也希望别人都活；不忍说他人的灭绝，又怕他们自己走到灭绝的路上，把我们带累了也灭绝，所以在此着急。倘使不改现状，反能兴旺，能得真实自由的幸福生活，那就是做野蛮也很好——但可有人敢答应说"是"么？

---

① 羼［chàn］淡：掺淡（羼：同"掺"）。
② 张献忠，明末农民军首领，杀人如麻。

灯下漫笔①

鲁　迅

一

有一时，就是民国二三年②时候，北京的几个国家银行的钞票，信用日见其好了，真所谓蒸蒸日上。听说连一向执迷于现银的乡下人，也知道这既便当，又可靠，很乐意收受，行使了。至于稍明事理的人，则不必是"特殊知识阶级"，也早不将沉重累坠的银元装在怀中，来自讨无谓的苦吃。想来，除了多少对于银子有特别嗜好和爱情的人物之外，所有的怕大都是钞票了罢，而且多是本国的。但可惜后来忽然受了一个不小的打击。

---

①　本文最初分两次发表于1925年5月1日、22日《莽原》周刊第二期和第五期，后收入杂文集《坟》（1926）。本文或许是作者对传统文化痛斥得最为愤激的一篇，说中国历史上的所谓"一治一乱"，其实就是中国人"想做奴隶而不得的时代"（即所谓"乱世"）和"暂时做稳了奴隶的时代"（即所谓"盛世"），所以中国人"至多不过是奴隶，到现在还如此"，而所谓中国文明，即传统文化，不过是安排给阔人享用的"人肉宴席"，就是人吃人的文化，而且，中国人几乎都有吃人的希望，所以也就常常忘记自己的被吃。简而言之，本文一针见血地指出了中国人和中国传统文化的"劣根性"。

②　民国二三年：即1913、1914年。

就是袁世凯想做皇帝的那一年，蔡松坡①先生溜出北京，到云南去起义。这边所受的影响之一，是中国和交通银行的停止兑现。虽然停止兑现，政府勒令商民照旧行用的威力却还有的；商民也自有商民的老本领，不说不要，却道找不出零钱。假如拿几十几百的钞票去买东西，我不知道怎样，但倘使只要买一枝笔，一盒烟卷呢，难道就付给一元钞票么？不但不甘心，也没有这许多票。那么，换铜元，少换几个罢，又都说没有铜元。那么，到亲戚朋友那里借现钱去罢，怎么会有？于是降格以求，不讲爱国了，要外国银行的钞票。但外国银行的钞票这时就等于现银，他如果借给你这钞票，也就借给你真的银元了。

我还记得那时我怀中还有三四十元的中交票②，可是忽而变了一个穷人，几乎要绝食，很有些恐慌。俄国革命以后的藏着纸卢布的富翁的心情，恐怕也就这样的罢；至多，不过更深更大罢了。我只得探听，钞票可能折价换到现银呢？说是没有行市。幸而终于，暗暗地有了行市了：六折几。我非常高兴，赶紧去卖了一半。后来又涨到七折了，我更非常高兴，全去换了现银，沉垫垫地坠在怀中，似乎这就是我的性命的斤两。倘在平时，钱铺子如果少给我一个铜元，我是决不答应的。

但我当一包现银塞在怀中，沉垫垫地觉得安心、喜欢的时候，却突然起了另一思想，就是：我们极容易变成奴隶，而且变

---

① 蔡松坡，名锷，字松坡，湖南邵阳人，辛亥革命时任云南都督，1913年被袁世凯调到北京，加以监视。1915年他潜离北京，同年12月回到云南组织护国军，讨伐袁世凯。
② 中交票：当时由中国银行和交通银行发行的钞票。

了之后，还万分喜欢。

假如有一种暴力，"将人不当人"，不但不当人，还不及牛马，不算什么东西；待到人们羡慕牛马，发生"乱离人，不及太平犬"的叹息的时候，然后给与他略等于牛马的价格，有如元朝定律，打死别人的奴隶，赔一头牛①，则人们便要心悦诚服，恭颂太平的盛世。为什么呢？因为他虽不算人，究竟已等于牛马了。

我们不必恭读《钦定二十四史》，或者入研究室，审察精神文明的高超。只要一翻孩子所读的《鉴略》——还嫌烦重，则看《历代纪元编》②，就知道"三千余年古国古"③的中华，历来所闹的就不过是这一个小玩艺。但在新近编纂的所谓"历史教科书"一流东西里，却不大看得明白了，只仿佛说：咱们向来就很好的。

但实际上，中国人向来就没有争到过"人"的价格，至多不过是奴隶，到现在还如此，然而下于奴隶的时候，却是数见不鲜的。中国的百姓是中立的，战时连自己也不知道属于哪一面，但又属于无论哪一面。强盗来了，就属于官，当然该被杀掠；官兵既到，该是自家人了罢，但仍然要被杀掠，仿佛又属于强盗似

---

① 关于元朝的打死别人奴隶赔一头牛的定律，多桑《蒙古史》第二卷第二章中引有元太宗窝阔台的话说："成吉思汗法令，杀一回教徒者罚黄金四十巴里失，而杀一汉人者其偿价仅与一驴相等。"
② 《鉴略》：清代王仕云著，是旧时学塾用的初级历史读物，上起盘古，下迄明弘光，全为四言韵语。《历代纪元编》：清代李兆洛著，分三卷，上卷纪元总载，中卷纪元甲子表，下卷纪元编韵。是中国历史的干支年表。
③ "三千余年古国古"：语出清代黄遵宪《出军歌》："四千余岁古国古，是我完全土。"

的。这时候，百姓就希望有一个一定的主子，拿他们去做百姓——不敢，是拿他们去做牛马，情愿自己寻草吃，只求他决定他们怎样跑。

假使真有谁能够替他们决定，定下什么奴隶规则来，自然就"皇恩浩荡"了。可惜的是往往暂时没有谁能定。举其大者，则如五胡十六国①的时候、黄巢②的时候、五代③时候、宋末元末时候，除了老例的服役纳粮以外，都还要受意外的灾殃。张献忠的脾气更古怪了，不服役纳粮的要杀，服役纳粮的也要杀，敌他的要杀，降他的也要杀：将奴隶规则毁得粉碎。这时候，百姓就希望来一个另外的主子，较为顾及他们的奴隶规则的，无论仍旧，或者新颁，总之是有一种规则，使他们可上奴隶的轨道。

"时日曷丧，予及汝偕亡！"④ 愤言而已，决心实行的不多见。实际上大概是群盗如麻，纷乱至极之后，就有一个较强，或较聪明，或较狡滑，或是外族的人物出来，较有秩序地收拾了天下。厘定规则：怎样服役，怎样纳粮，怎样磕头，怎样颂圣。而且这规则是不像现在那样朝三暮四的。于是便"万姓胪欢"⑤了；用成语来说，就叫作"天下太平"。

任凭你爱排场的学者们怎样铺张，修史时候设些什么"汉族

---

① 五胡十六国，公元304年至439年间，匈奴、羯、鲜卑、氐、羌等五个北方游牧民族先后在北方和西蜀立国，计有前赵、后赵、前燕、后燕、南燕、后凉、南凉、北凉、前秦、后秦、西秦、夏、成汉，加上汉族建立的前凉、西凉、北燕，共十六国，史称"五胡十六国"。
② 黄巢，唐末"黄巢造反"首领，后在泰山虎狼谷被围自杀。
③ 五代：即公元907年至960年间的梁、唐、晋、汉、周五个朝代。
④ "时日曷[hé]丧，予及汝偕亡"：语见《尚书·汤誓》，意为"你这太阳何时灭亡，我愿与你同归于尽"。
⑤ 万姓：百姓。胪[lú]欢：高呼欢腾。

发祥时代""汉族发达时代""汉族中兴时代"的好题目,好意诚然是可感的,但措辞太绕弯子了。有更其直捷了当的说法在这里——

一、想做奴隶而不得的时代;
二、暂时做稳了奴隶的时代。

这一种循环,也就是"先儒"之所谓"一治一乱"①;那些作乱人物,从后日的"臣民"看来,是给"主子"清道辟路的,所以说"为圣天子驱除云尔"②。

现在入了哪一时代,我也不了然。但看国学家的崇奉国粹、文学家的赞叹固有文明、道学家的热心复古,可见于现状都已不满了。然而我们究竟正向着哪一条路走呢?百姓是一遇到莫名其妙的战争,稍富的迁进租界,妇孺则避入教堂里去了,因为那些地方都比较的"稳",暂不至于想做奴隶而不得。总而言之,复古的、避难的,无③智、愚、贤、不肖,似乎都已神往于三百年前的太平盛世,就是"暂时做稳了奴隶的时代"了。

但我们也就都像古人一样,永久满足于"古已有之"的时代么?都像复古家一样,不满于现在,就神往于三百年前的太平盛世么?

---

① "一治一乱":语见《孟子·滕文公》:"天下之生久矣,一治一乱。"
② "为圣天子驱除云尔":语出《汉书·王莽传赞》:"圣王之驱除云尔。"唐代颜师古注:"言驱逐蠲除以待圣人也。"
③ 无:无论。

自然，也不满于现在的，但是，无须反顾，因为前面还有道路在。而创造这中国历史上未曾有过的第三样时代，则是现在的青年的使命！

二

但是赞颂中国固有文明的人们多起来了，加之以外国人。我常常想，凡有来到中国的，倘能疾首蹙额①而憎恶中国，我敢诚意地捧献我的感谢，因为他一定是不愿意吃中国人的肉的！

鹤见祐辅②氏在《北京的魅力》中，记一个白人将到中国，预定的暂住时候是一年，但五年之后，还在北京，而且不想回去了。有一天，他们两人一同吃晚饭——

> 在圆的桃花心木的食桌前坐定，川流不息地献着出海的珍味，谈话就从古董、画、政治这些开头。电灯上罩着支那式的灯罩，淡淡的光洋溢于古物罗列的屋子中。什么无产阶级呀、Proletariat③呀那些事，就像不过在什么地方刮风。
>
> 我一面陶醉在支那生活的空气中，一面深思着对于外人有着"魅力"的这东西。元人④也曾征服支那，而被征服于

---

① 疾首：头痛。蹙额：皱眉。
② 鹤见祐辅（1885—1972），日本现代评论家。作者曾选译过他的随笔集《思想·山水·人物》，其中有一篇即《北京的魅力》。
③ Proletariat：（英语）无产阶级。
④ 元人：指蒙古人，曾入侵中原而建立元朝。

汉人种的生活美了；满人①也征服支那，而被征服于汉人种的生活美了。现在西洋人也一样，嘴里虽然说着 Democracy② 呀，什么什么呀，而却被魅于支那人费六千年而建筑起来的生活的美。一经住过北京，就忘不掉那生活的味道。大风时候的万丈的沙尘，每三月一回的督军们的开战游戏，都不能抹去这支那生活的魅力。

这些话我现在还无力否认他。我们的古圣先贤既给与我们保古守旧的格言，但同时也排好了用子女玉帛所做的奉献于征服者的大宴。中国人的耐劳、中国人的多子，都就是办酒的材料，到现在还为我们的爱国者所自诩的。西洋人初入中国时，被称为蛮夷，自不免个个蹙额，但是，现在则时机已至，到了我们将曾经献于北魏、献于金、献于元、献于清的盛宴，来献给他们的时候了。出则汽车，行则保护：虽遇清道，然而通行自由的；虽或被劫，然而必得赔偿的；孙美瑶③掳去他们站在军前，还使官兵不敢开火。何况在华屋中享用盛宴呢？待到享受盛宴的时候，自然也就是赞颂中国固有文明的时候；但是我们的有些乐观的爱国者，也许反而欣然色喜，以为他们将要开始被中国同化了罢。古人曾以女人作苟安的城堡，美其名以自欺曰"和亲"，今人还用子女玉帛为作奴的赘敬④，又美其名曰"同化"。所以倘有外国

---

① 满人：即满洲人，曾入侵中原而建立清朝。
② Democracy：（英语）民主。
③ 孙美瑶，山东土匪头领，曾在津浦铁路临城站劫车，掳去中外旅客二百多人，为当时轰动一时的事件。
④ 赘敬：为表敬意所送的礼品。

的谁,到了已有赴宴的资格的现在,而还替我们诅咒中国的现状者,这才是真有良心的真可佩服的人!

但我们自己是早已布置妥帖了,有贵贱,有大小,有上下。自己被人凌虐,但也可以凌虐别人;自己被人吃,但也可以吃别人。一级一级的制驭着,不能动弹,也不想动弹了。因为倘一动弹,虽或有利,然而也有弊。我们且看古人的良法美意罢——

> 天有十日,人有十等。下所以事上,上所以共①神也。故王臣②公,公臣大夫,大夫臣士,士臣皂,皂臣舆,舆臣隶,隶臣僚,僚臣仆,仆臣台③。(《左传》昭公七年)

但是"台"没有臣,不是太苦了么?无须担心的,有比他更卑的妻,更弱的子在。而且其子也很有希望,他日长大,升而为"台",便又有更卑更弱的妻子,供他驱使了。如此连环,各得其所,有敢非议者,其罪名曰不安分!

虽然那是古事,昭公七年离现在也太辽远了,但"复古家"尽可不必悲观的。太平的景象还在:常有兵燹,常有水旱,可有谁听到大叫唤么?打的打,革的革,可有处士来横议么?对国民如何专横,向外人如何柔媚,不犹是差等的遗风么?中国固有的精神文明,其实并未为"共和"二字所埋没,只有满人已经退

---

① 共:同"供"。
② 臣:(动词)以……为臣(以……为下人)。
③ 王、公、大夫、士、皂、舆、隶、僚、仆、台:春秋战国时十个社会等级,前四个是上等人,后六个是下等人。

席,和先前稍不同。

因此我们在目前,还可以亲见各式各样的筵宴,有烧烤、有翅席、有便饭、有西餐。但茅檐下也有淡饭,路傍也有残羹,野上也有饿莩①;有吃烧烤的身价不资的阔人,也有饿得垂死的每斤八文的孩子②(见《现代评论》二十一期)。所谓中国的文明者,其实不过是安排给阔人享用的人肉的筵宴。所谓中国者,其实不过是安排这人肉的筵宴的厨房。不知道而赞颂者是可恕的,否则,此辈当得永远的诅咒!

外国人中,不知道而赞颂者,是可恕的;占了高位,养尊处优,因此受了蛊惑,昧却灵性而赞叹者,也还可恕的。可是还有两种,其一是以中国人为劣种,只配悉照原来模样,因而故意称赞中国的旧物。其一是愿世间人各不相同以增自己旅行的兴趣,到中国看辫子,到日本看木屐,到高丽看笠子,倘若服饰一样,便索然无味了,因而来反对亚洲的欧化。这些都可憎恶。至于罗素在西湖见轿夫含笑③,便赞美中国人,则也许别有意思罢。但是,轿夫如果能对坐轿的人不含笑,中国也早不是现在似的中国了。

这文明,不但使外国人陶醉,也早使中国一切人们无不陶醉

---

① 饿莩[piǎo]:饿死的人。
② 每斤八文的孩子:1925年5月2日《现代评论》第一卷第二十一期载仲瑚《一个四川人的通信》一文,叙说当时四川民众的惨状,其中说:"男小孩只卖八枚铜子一斤,女小孩连这个价钱也卖不了。"
③ 罗素(1872—1970),英国数学家、哲学家、散文家,曾获诺贝尔文学奖。1920年曾来中国讲学,并在各地游览。关于"轿夫含笑"事,见他所著《中国问题》一书:"我记得一个大夏天,我们几个人坐轿过山,道路崎岖难行,轿夫非常的辛苦;我们到了中途,停十分钟,让他们休息一会。他们立刻就并排坐下来,抽出他们的烟袋来,谈着笑着,好像一点忧虑都没有似的。"

而且至于含笑。因为古代传来而至今还在的许多差别，使人们各各分离，遂不能再感到别人的痛苦；并且因为自己各有奴使别人、吃掉别人的希望，便也就忘却自己同有被奴使被吃掉的将来。于是大小无数的人肉的筵宴，即从有文明以来一直排到现在，人们就在这会场中吃人、被吃，以凶人的愚妄的欢呼，将悲惨的弱者的呼号遮掩，更不消说女人和小儿。

这人肉的筵宴现在还排着，有许多人还想一直排下去。扫荡这些食人者，掀掉这筵席，毁坏这厨房，则是现在的青年的使命！

（民国十四年四月二十九日）

老调子已经唱完[1]

——二月十九日在香港青年会讲

鲁　迅

今天我所讲的题目是"老调子已经唱完",初看似乎有些离奇,其实是并不奇怪的。

凡老的,旧的,都已经完了!这也应该如此。虽然这一句话实在对不起一般老前辈,可是我也没有别的法子。

中国人有一种矛盾思想,即是:要子孙生存,而自己也想活得很长久,永远不死;及至知道没法可想,非死不可了,却希望自己的尸身永远不腐烂。但是,想一想罢,如果从有人类以来的人们都不死,地面上早已挤得密密的,现在的我们早已无地可容了;如果从有人类以来的人们的尸身都不烂,岂不是地面上的死尸早已堆得比鱼店里的鱼还要多,连掘井、造房子的空地都没有了么?所以,我想,凡是老的、旧的,实在倒不如高高兴兴的死去的好。

---

[1] 本篇最初发表于1927年3月广州《国民新闻》副刊《新时代》,同年5月21日汉口《中央日报》副刊第四十八号曾予转载,后收入杂文集《集外集拾遗》(1938)。文中所说"老调子",就是旧文化、传统文化,"老调子已经唱完",就是旧文化、传统文化应该死了——应该代之以新文化、现代文化。

在文学上，也一样，凡是老的和旧的，都已经唱完，或将要唱完。举一个最近的例来说，就是俄国。他们当俄皇专制的时代，有许多作家很同情于民众，叫出许多惨痛的声音，后来他们又看见民众有缺点，便失望起来，不很能怎样歌唱，待到革命以后，文学上便没有什么大作品了。只有几个旧文学家跑到外国去，作了几篇作品，但也不见得出色，因为他们已经失掉了先前的环境了，不再能照先前似的开口。

在这时候，他们的本国是应该有新的声音出现的，但是我们还没有很听到。我想，他们将来是一定要有声音的。因为俄国是活的，虽然暂时没有声音，但他究竟有改造环境的能力，所以将来一定也会有新的声音出现。

再说欧美的几个国度罢。他们的文艺是早有些老旧了，待到世界大战时候，才发生了一种战争文学。战争一完结，环境也改变了，老调子无从再唱，所以现在文学上也有些寂寞。将来的情形如何，我们实在不能预测。但我相信，他们是一定也会有新的声音的。

现在来想一想我们中国是怎样。中国的文章是最没有变化的，调子是最老的，里面的思想是最旧的。但是，很奇怪，却和别国不一样，那些老调子，还是没有唱完。

这是什么缘故呢？有人说，我们中国是有一种特别国情[①]——中国人是否真是这样特别，我是不知道，不过我听得有

[①] 特别国情：1915年袁世凯计划复辟帝制时，他的宪法顾问美国人古德诺曾于8月10日北京《亚细亚日报》发表《共和与君主论》一文，说中国自有"特别国情"，不适宜实行民主政治，应当恢复君主政体。

人说,中国人是这样——倘使这话是真的,那么,据我看来,这所以特别的原因,大概有两样:

第一,是因为中国人没记性。因为没记性,所以昨天听过的话,今天忘记了,明天再听到,还是觉得很新鲜。做事也是如此,昨天做坏了的事,今天忘记了,明天做起来,也还是仍旧贯①的老调子。

第二,是个人的老调子还未唱完,国家却已经灭亡了好几次了。何以呢?我想,凡有老旧的调子,一到有一个时候,是都应该唱完的;凡是有良心、有觉悟的人,到一个时候,自然知道老调子不该再唱,将它抛弃。但是,一般以自己为中心的人们,却决不肯以民众为主体,而专图自己的便利,总是三翻四复的唱不完。于是,自己的老调子固然唱不完,而国家却已被唱完了。

宋朝的读书人讲道学、讲理学②、尊孔子,千篇一律。虽然有几个革新的人们,如王安石③等等,行过新法,但不得大家的赞同,失败了。从此大家又唱老调子,和社会没有关系的老调子,一直到宋朝的灭亡。

宋朝唱完了,进来做皇帝的是蒙古人——元朝。那么,宋朝的老调子也该随着宋朝完结了吧?不,元朝人起初虽然看不

---

① 仍旧贯:照旧不变(语出《论语·先进》:"鲁人为长府,闵子骞曰:'仍旧贯,如之何?何必改作!'")。
② 理学:即道学,由宋代周敦颐、程颢、程颐、朱熹等人阐释儒家学说而形成的道德体系,认为"理"是宇宙本体,把"三纲五常"奉为"天理",并主张"存天理,灭人欲"。
③ 王安石,北宋重臣,于宋神宗熙宁二年(1069)被任命为参知政事,实施"变法",推行均输、青苗、免役、市贸、方田均税、保甲保马等新法,后因受到诸多反对而失败。

起中国人①，后来却觉得我们的老调子倒也新奇，渐渐生了羡慕，因此元人也跟着唱起我们的调子来了，一直到灭亡。

这个时候，起来的是明太祖。元朝的老调子，到此应该唱完了吧，可是也还没有唱完。明太祖又觉得还有些意趣，就又教大家接着唱下去。什么八股啰、道学啰，和社会、百姓都不相干，就只向着那条过去的旧路走，一直到明亡。

清朝又是外国人。中国的老调子，在新来的外国主人的眼里又见得新鲜了，于是又唱下去。还是八股、考试、做古文、看古书。但是清朝完结，已经有十六年了，这是大家都知道的。他们到后来，倒也略略有些觉悟，曾经想从外国学一点新法来补救，然而已经太迟，来不及了。

老调子将中国唱完，完了好几次，而它却仍然可以唱下去。因此就发生一点小议论。有人说："可见中国的老调子实在好，正不妨唱下去。试看元朝的蒙古人、清朝的满洲人，不是都被我们同化了么？照此看来，则将来无论何国，中国都会这样地将他们同化的。"原来我们中国就如生着传染病的病人一般，自己生了病，还会将病传到别人身上去，这倒是一种特别的本领。

殊不知这种意见，在现在是非常错误的。我们为什么能够同化蒙古人和满洲人呢？是因为他们的文化比我们的低得多。倘使别人的文化和我们的相敌或更进步，那结果便要大不相同了。他们倘比我们更聪明，这时候，我们不但不能同化他们，反要被他

---

① 元朝将全国人分为四等：蒙古人最高等，色目人次之，汉人又次之，南人最低贱（按：汉人指契丹、女贞、高丽和原金朝治下的北方汉人；南人即南宋遗民）。

们利用了我们的腐败文化,来治理我们这腐败民族。他们对于中国人,是毫不爱惜的,当然任凭你腐败下去。现在听说又很有别国人在尊重中国的旧文化了。哪里是真在尊重呢,不过是利用!

从前西洋有一个国度,国名忘记了,要在非洲造一条铁路。顽固的非洲土人很反对。他们便利用了他们的神话来哄骗他们道:"你们古代有一个神仙,曾从地面造一道桥到天上。现在我们所造的铁路,简直就和你们的古圣人的用意一样。"① 非洲人不胜佩服、高兴,铁路就造起来——中国人是向来排斥外人的,然而现在却渐渐有人跑到他那里去唱老调子了,还说道:"孔夫子也说过:'道不行,乘桴浮于海。'② 所以外人倒是好的。"外国人也说道:"你家圣人的话实在不错。"

倘照这样下去,中国的前途怎样呢?别的地方我不知道,只好用上海来类推。上海是,最有权势的是一群外国人,接近他们的是一圈中国的商人和所谓读书的人,圈子外面是许多中国的苦人,就是下等奴才。将来呢,倘使还要唱着老调子,那么,上海的情状会扩大到全国,苦人会多起来。因为现在是不像元朝、清朝时候,我们可以靠着老调子将他们唱完,只好反而唱完自己了。这就因为,现在的外国人,不比蒙古人和满洲人一样,他们的文化并不在我们之下。

---

① 此说出自英国驻南非的殖民地总督乔治·格雷(George Grey, 1812—1892)所著《多岛海神话》(1855)一书。多岛海(Polynesia):通译"波利尼西亚"。
② 道不行,乘桴浮于海:主张行不通,就坐木排到海上漂流(语出《论语·公冶长》)。

那么，怎么好呢？我想，唯一的方法，首先是抛弃了老调子。旧文章、旧思想，都已经和现社会毫无关系了。从前孔子周游列国的时代，所坐的是牛车，现在我们还坐牛车么？从前尧舜的时候，吃东西用泥碗，现在我们所用的是甚么？所以，生在现今的时代，捧着古书是完全没有用处的了。

但是，有些读书人说，我们看这些古东西，倒并不觉得于中国怎样有害，又何必这样决绝地抛弃呢？是的。然而古老东西的可怕就正在这里。倘使我们觉得有害，我们便能警戒了，正因为并不觉得怎样有害，我们这才总是觉不出这致死的毛病来。因为这是软刀子。这"软刀子"的名目，也不是我发明的，明朝有一个读书人，叫做贾凫西①的，鼓词里曾经说起纣王，道："几年家软刀子割头不觉死，只等得太白旗悬，才知道命有差。"我们的老调子，也就是一把软刀子。

中国人倘被别人用钢刀来割，是觉得痛的，还有法子想；倘是软刀子，那可真是"割头不觉死"，一定要完。

我们中国被别人用兵器来打，早有过好多次了。例如，蒙古人、满洲人用弓箭，还有别国人用枪炮。用枪炮来打的后几次，我已经出了世了，但是年纪轻。我仿佛记得，那时大家倒还觉得一点苦痛的，也曾经想有些抵抗、有些改革。用枪炮来打我们的时候，听说是因为我们野蛮；现在，倒不大遇见有枪炮来打我们了，大约是因为我们文明了吧。现在也的确常常有人说，中国的文化好得很，应该保存。那证据，是外国人也常在赞美。这就是

---

① 贾凫西，清初鼓词作家。此处所引，见其《木皮散人鼓词》。

软刀子。用钢刀,我们也许还会觉得的,于是就改用软刀子。我想,叫我们用自己的老调子唱完我们自己的时候,是已经要到了。

中国的文化,我可是实在不知道在那里。所谓文化之类,和现在的民众有什么关系、什么益处呢?近来外国人也时常说,中国人礼仪好、中国人肴馔好。中国人也附和着。但这些事和民众有什么关系?车夫先就没有钱来做礼服,南北的大多数的农民,最好的食物是杂粮。有什么关系?

中国的文化,都是侍奉主子的文化,是用很多的人的痛苦换来的。无论中国人、外国人,凡是称赞中国文化的,都只是以主子自居的一部份。

以前,外国人所作的书籍,多是嘲骂中国的腐败;到了现在,不大嘲骂了,或者反而称赞中国的文化了。常听到他们说:"我在中国住得很舒服呵!"这就是中国人已经渐渐把自己的幸福送给外国人享受的证据。所以他们愈赞美,我们中国将来的苦痛要愈深的!

这就是说,保存旧文化,是要中国人永远做侍奉主子的材料,苦下去,苦下去。虽是现在的阔人富翁,他们的子孙也不能逃。我曾经做过一篇杂感,大意是说:凡称赞中国旧文化的,多是住在租界或安稳地方的富人,因为他们有钱,没有受到国内战争的痛苦,所以发出这样的赞赏来。殊不知将来他们的子孙,营业要比现在的苦人更其贱,去开的矿洞,也要比现在的苦人更其深。① 这

---

① 参见《华盖集续编·无花的蔷薇之二》。

就是说,将来还是要穷的,不过迟一点。但是先穷的苦人,开了较浅的矿,他们的后人,却须开更深的矿了。我的话并没有人注意。他们还是唱着老调子,唱到租界去,唱到外国去。但从此以后,不能像元朝清朝一样,唱完别人了,他们是要唱完了自己。

这怎么办呢?我想,第一,是先请他们从洋楼、卧室、书房里踱出来,看一看身边怎么样,再看一看社会怎么样,世界怎么样。然后自己想一想,想得了方法,就做一点。"跨出房门,是危险的。"自然,唱老调子的先生们又要说。然而,做人是总有些危险的。如果躲在房里就一定长寿,白胡子的老先生应该非常多;但是我们所见的有多少呢?他们也还是常常早死,虽然不危险,他们也胡涂死了。

要不危险,我倒曾经发现了一个很合式的地方。这地方,就是:牢狱。人坐在监牢里便不至于再捣乱、犯罪了;救火机关也完全不怕失火;也不怕盗劫,到牢狱里去抢东西的强盗是从来没有的。坐监是实在最安稳。

但是,坐监却独独缺少一件事,这就是:自由。所以,贪安稳就没有自由,要自由就总要历些危险。只有这两条路。哪一条好,是明明白白的,不必待我来说了。

现在我还要谢诸位今天到来的盛意。

胡适简介

胡适（1891—1962），笔名，字适之，真名嗣穈，字希疆，徽州绩溪人，现代学者、作家、教育家，以倡导白话文和新文化运动闻名于世。早年留学美国，师从哲学家约翰·杜威。1917年获哥伦比亚大学博士学位；同年回国，受聘为北京大学教授。1918年加入《新青年》编辑部，大力提倡白话文，宣扬个性解放、思想自由，为新文化运动领袖之一。1920年兼任《努力周报》主编；1930年兼任《独立评论》主编。1938年至1942年，出任国民政府驻美大使。1946年至1948年，任北京大学校长。1949年赴美讲学。1952年定居台湾，任"中央研究院"院长。1962年因心脏病去世，享年七十一岁。其一生致力于新文化建设，因其学贯中西，不仅熟谙西方学术，于国学也属大师，故有"胡博士"之称。其学术研究广涉文学、哲学、史学、考据学、教育学等。其著述之丰，于现代学者中数一数二，除有诸多专著与论集外，另有《胡适文存》十二卷。2003年，安徽教育出版社出版《胡适全集》四十四卷。

东西文化之比较[①]

胡 适

一

近年来欧洲许多消极的举者，唱着这种论调：西方的物质文明业已破产，东方的精神文明将要兴起。去年我在德国的时候，有一个很渊博的学者和我说："文化是建筑在精神上面。甚至东方人的灵魂得救，都是以道德高下为选择的标准。轮回之说，不是如此吗？"这种言论，虽然是他们战后一种厌倦的心理，然而对于那些东方文化夸耀者，实足以助长其势焰。依我个人所见所闻，这种论调，也使西人对于他们自己那日见增长的文化，没有

[①] 本文选自《胡适文集》第六卷。原为俾耳德（Charles A. Beard）编的 *Whither Mankind*（《人类的前程》，于熙俭译，民国十九年上海商务印书馆出版）中的一章。于熙俭译文曾得胡适校阅，文后附有胡适信，说明本文原用中文在1926年发表过，题为《我们对于现代西洋文明的态度》；1928年用英文重写时稍有改动，这些改动也曾用中文发表过，都收在《胡适文存三集》里。本文的要义是：说"西方物质文明将被东方精神文明所取代"不是幼稚可笑，就是别有用心，因为显而易见，任何物质文明背后都有精神文明。西方发达的物质文明背后，就有发达的精神文明。而所谓的东方精神文明，不过是东方不发达的物质文明所表现出来的一点不发达的精神文明而已。说后者将取代前者，只是有些人的自我陶醉，而其后果是：延误东方民族寻求真正的发展之路。

得着一种正确的观念。我草此文讨论东西之文化，就是想大家对于这两种文化有一种新的观念。

二

我是一个中国人，所以就从孔子讲起。依照孔子观象制器①的理论，一切文化之起源是精神的，是从意象而生的：

> 见乃谓之"象"；形乃谓之"器"；制而用之谓之"法"；利用出入，民咸用之，谓之"神"。②

孔子举出许多事实，证明这个理论。我们看见木头在水上浮，就发明了船；看见另一种木头可以沉入水内，就发明棺材、坟墓以保存父母的遗体；看见雨水落在地下，就发明文字以记载事实，因为恐怕它们也像雨水一样落下不见了。

柏拉图与亚理士多德③也有这种理论。人类的器具与制度都起源于意象，即亚理士多德所谓"法因"（formal causes）④。孔子、柏拉图、亚理士多德等都生于上古时代，那时并无所谓物质

---

① 观象制器：观察现象，制造器具。
② 引自《易传》第十一章，大意是："显现于外面，有看象可观，就叫作'象'；表现于器用，有尺度的大小，合乎规矩方圆的形状，就叫作'器'；制定屋宇之时，即用门户以出入，有法度可寻，就叫作'法'；利用它来出出入入，往来不穷，百姓常常利用它而不知，就叫作'神'。"
③ 亚理士多德：通译"亚里士多德"。
④ formal causes：通译"形式因"，亚里士多德所称导致结果的四种原因之一。另三种原因分别是：material causes（物质因）、efficient causes（动力因）和final causes（终极因）。

与精神的二元论，所以他们能够认清一切物体的后面都是有思想的。

实际上，没有任何文化纯粹是物质的。一切文化的工具都是利用天然的质与力，加以理智的解析，然后创造成功，以满足人的欲望、美感、好奇心等。我们不能说一把泥壶比较一首情诗要物质些，也不能说圣保罗礼拜堂比较武尔威斯洋房要精神些。最初钻木取火的时候，都以为这是一件属于精神的事，所以大家都以为是一个伟大的神所发明的。中国太古神话时代的皇帝都是发明家，并不是宗教的领袖。譬如燧人氏发明火、有巢氏发明房屋、神农氏发明耕种与医药。

我们的祖先将一切器具归功于神是很对的。人是一种制造器具的动物，所以器具就构成了文化，火的发明是人类文化史中第一个新纪元，农业的发明是第二个，文字是第三个，印刷是第四个。中古时代世界各大宗教，从中国东海横行到英国，将世界的文化都淹没了。直到后来发明了望远镜、汽机、电气、无线电等，世界文化才到今日的地步。如果中古时代那些祭司们可称为"圣"，那么，伽利略（Galileo）、瓦特、斯蒂芬孙、模司（Morse）、柏尔（Bell）、爱迪生（Edison）、福特①等，就可称为神，而与伯罗米

---

① 伽利略（Galileo），16世纪末、17世纪初意大利天文学家、物理学家，发明天文望远镜。瓦特，18世纪末、19世纪初英国工程师，发明蒸汽机。斯蒂芬孙，18世纪末、19世纪初英国工程师，发明火车。模司（Morse），通译"摩尔斯"，即塞缪尔·摩尔斯，19世纪美国画家，发明摩尔斯电码。柏尔（Bell），通译"贝尔"，即亚历山大·格拉汉姆·贝尔，19世纪末、20世纪初美国企业家，发明电话。爱迪生（Edison），19世纪末、20世纪初美国企业家，发明电灯。福特，即亨利·福特，19世纪末、20世纪初美国工程师、企业家，发明汽车生产流水线。

修士（Prometheus）、卡德马斯①（Cadmus）居于同等的地位了。他们可以代表人群中之最神圣者，因为他们能够利用智力创造器具，促进文化。

一个民族的文化，可说是他们适应环境胜利的总和。适应环境之成败，要看他们发明器具的智力如何。文化之进步就基于器具进步。所谓石器时代、铜器时代、钢铁时代、机电时代等，都是说明文化发展之各时期。各文化之地域的发展也与历史的发展差不多。东西文化之区别，就在于所用的器具不同。近二百年来西方之进步远胜于东方，其原因就是西方能发明新的工具，增加工作的能力，以战胜自然。至于东方虽然在古代发明了一些东西，然而没有继续努力，以故仍在落后的手工业时代，而西方老早就利用机械与电气了。

这才是东西文明真正的区别了。东方文明是建筑在人力上面的，而西方文明是建筑在机械力上面的。有一个美国朋友向我说："美国每个男女老幼有二十五个以至三十个机械的奴仆替代当差，但是每个中国人只有四分之三的机械奴仆替他服务。"还有一个美国工程师说："美国每人有三十五个看不见的奴仆替他做事。美国的工人，并不是工资的奴隶，而是许多工人的头目。"这就是东西文化不同之处。它们原来不过是进步之程度不同，后来时日久远，就变为两种根本不同的文化了。

---

① 伯罗米修士（Prometheus），通译"普罗米修斯"，古希腊神话中造人的巨神。卡德马斯（Cadmus），通译"卡德摩斯"，古希腊神话中底比斯国王，传说他发明了字母和书写。

三

一九二六年七月我到欧洲去的时候，路过哈尔滨。这城是俄国的租借地，从前不过是一个小小的镇市，但是现今就成为"中国北部之上海"了。离哈尔滨租界不远，另有一个中国的城市，这城市从前是一个村庄。我在这里游玩的时候，有一件事令我很注意：中国城里一切运输都是用黄包车或是其他用人力的车，但是在租界上这种车子不许通行。现在租界已收回中国，不过一切行政仍照俄国旧的办理。租界的交通，都是用电车、汽车；如有人力车进入租界，就必须退出，而且不给车费。

那些夸耀东方精神文明者，对于这种种事实可以考虑考虑。一种文化容许残忍的人力车存在，其"精神"何在呢？不知什么是最低限度的工资，也不知什么工作时间的限制，一天到晚只知辛苦的工作，这还有什么精神生活呢？一个美国的工人可以坐他自己的汽车去上工，星期日带着一家人出去游山玩水，可以不花钱用无线电机听极好的音乐，可以送他的儿女到学校去读书，那学校里有最好的图书馆、试验室等。我们是否相信一个拖洋车的苦力的生活，比较美国的工人要精神化些道德化些呢？

除非我们真正感到人力车夫的生活是这样痛苦，这样有害于他们的身体，我们才会尊敬哈格理佛士（Hargreaves）[①]、卡特赖

[①] 哈格理佛士（Hargreaves），通译"哈格里夫"，18世纪英国工人，发明纺纱机。

特（Cartwright）①、瓦特、福尔敦（Fulton）②、斯蒂芬孙、福特等。他们创造机器，使人类脱离如现今东方民族所忍受的痛苦。

这种物质文明——机械的进步——才真正是精神的。机械的进步是利用智力创造机器，增加人类工作与生产的能力，以免徒手徒脚的劳苦而求生活。这样，我们才有闲余的时间与精力去欣赏较高的文化。如果我们要劳苦工作，才能够生存；那么我们就没有什么生活了，还有什么文化可言呢？凡够得上文化这名词，必须先有物质的进化为基础。二千六百年前管仲③曾经说过："衣食足而知荣辱，仓廪实而知礼义。"这并不是什么经济史观，乃是很简单的常识。我们试想想：一群妇女孩子们，提着竹篮，拿着棍子，围聚在垃圾堆中寻找一块破布或是煤屑，这叫做什么文明呢？在这种环境里能产生什么道德的精神的文明么？

那么，恐怕有人对于这种物质文明很低的民族，要谈到他们的宗教生活了。在此我不必讨论东方的各种宗教，它们最高的圣神也不过是些泥塑木雕的菩萨而已。不过我要问问："譬如一个老年的叫化婆子，贫困得要死了，她死的时候口里还念着南无阿弥陀佛，深信自己一定能够到佛爷的西天那里去的。用一种假的信仰，去欺哄一个贫困的叫化子，使他愿意在困苦的生活中生存或死亡，这叫做道德文明精神文明吗？如果她生在另一种文化里，会到这种困苦的地步吗？"

---

① 卡特赖特（Cartwright），18 世纪末、19 世纪初英国工程师，发明染色机。
② 福尔敦（Fulton），通译"富尔顿"，18 世纪末、19 世纪初美国工程师，发明轮船。
③ 管仲，春秋时齐国宰相，有《管子》传世。

不，绝对不是如此。人老了，不能抵抗自然的力量，才会接受那种催眠式的宗教。他很懒，不愿意奋斗，于是他设法自慰，宣言财富是可鄙的，穷困是荣幸的。这样的人，正像狐狸吃不着葡萄，而反说葡萄味苦一样。这种议论，差不多是说现世的生活没有什么价值，幸福的生活，还在来生。哲人们既宣传了这种思想，那些过激派更进而禁欲，自制、甚至自杀。西方的祭司们常常祈祷、禁食，在柱头上鞭笞自己。中国中古时代也有许多和尚祈祷、禁食，天天吃香油，甚至用油布捆着自己烧死，献给佛菩萨作为祭品。

世界的文化，就是为中古时代这种自弃的宗教所淹没了。一千余年之后，人类才打倒那种以困苦为中心的文化，而建设以生活为中心的新文化。现在我们环顾四周，中古的宗教还存在，巍伟的教堂还存在，一切庙宇也还存在，但是何以我们对于人生的观念完全改变了呢？这种变迁，是因为人类近二百年来，发明了许多器皿与机器，以驾驭天然的财富与能力。利用这种机器，就可以节省人工，缩短距离，飞行空中，通过山岭，潜行海底，用电流来拖我们的车子，用"以太"来传我们的消息。科学与机械可以随意运用自然。人生逐渐舒适些，快乐些；人类对于自己的信仰心，也加大些。这样，人就把自己的命运，握在自己的手掌中了。有一个革命的诗人唱着：

我独战，独胜，独败；
我自由，毫无依赖；
我思想，终日无懈；

我死亡，何须基督替代？

这样，现代的新文化就产生了一种新的宗教——自立的宗教——与中古时代自弃的宗教完全相反。

四

我们都是历史的产儿，所以我们要了解现代各种文化，最好是与它们中古的历史背景相比较，就更易于明了。东西文化之成败，就是看它们能够脱离中古时代那种传统思想制度到什么程度。照我们上各段所讨论的，西方文化解脱中古文化之羁绊，可说是成功最大的；至于现代印度的文化，可说这是中古文化。在此两极端之中，其他东方各文化，其成功之程度，就各有高下不同了。

我们将日本与中国两相比较，对于这一点就更易于明了。一千二百年前，中国就开始反对佛教了。孔子之人道主义、老子之自然主义，都是极力反对中古之宗教的。八世纪时的大乘佛教变为禅宗，而禅宗不过是中国古代的自然主义而已。九世纪时，禅宗极力反对偶像，差不多与佛教脱离了。到了十一世纪，儒教又复兴。自此以后，佛教的势力，就逐渐消失了。因此，后来新起的儒教，成为学者的哲理，以理智的态度，致知格物。到了十七世纪中叶，学者对于一切研究考据，纯粹用科学的方法。凡文字、版本、历史等考据学，都必须以事实为根据。各学者既采用此种方法，以故中国近三百年的学术，极合乎科学的方法；而许多历史的科学，如文字学、版本学、汉学、古物学等，都极其发达。

中国虽则倡导人文主义，脱离宗教的羁绊，然而今日仍旧在落后的地位。它推翻了中古时代的宗教，但是对于大多人民的生活，仍旧没有什么改进。它善于利用科学方法，但是这方法只限于图籍方面。它的思想得了自由，但是它没有利用思想战胜物质的环境，使人民的日常生活也得自由。五百年的哲学思想，不能使中国逃出盗贼饥荒的灾害，以故十七世纪的学者，实在是灰心。于是他们不得不弃舍那空洞的哲学，而从事于他们所谓"有用的学识"。但是，他们可尝梦想到这三百年来所用的苦工，虽则是用科学方法，仍不免只限于书本上的学识，而对于普通人民的日常生活，毫无补救呢？

至于日本呢，它很不客气地接受西方的机械文明，在很短的时期内，就造成了新式的文化。当培理（Perry）[①] 到日本的时候，它还是麻醉在中古文化里。对于西方文化，它起初还表示反抗，但不久就不得不开放门户而接受了。日人因着外人的凌辱蹂躏，于是奋起直追，制造枪炮、便利交通、极力生产、整顿政治；而对于中古的宗教封建制度等，都置之不理了。在五十年之

[①] 培理（Perry），通译"佩里"，即马修·卡尔布莱斯·佩里，19世纪美国海军将领。1853年7月8日，他率四艘战舰抵达日本江户湾近海，然后率三百名美国士兵登陆，要求日本幕府接受美国总统的国书，改变锁国政策，与美国缔结友好通商条约，他第二年将来听取回音。1854年11月，佩里率更多军舰再次来到日本，并驶入神奈川河口停泊。在美国炮舰威慑下，日本幕府只好签订《日美亲善条约》（又称《神奈川条约》）。按条约，日本开放下田和函馆两个港口，供美舰补给用；美国在日本设立领事馆，享受最惠国待遇。此后不久，英、俄、法、荷等国也纷纷援引美国先例，先后与日本签订类似条约，由此结束了日本二百多年的锁国政策。

中，日本不但一跃而为世界列强之一，而且解决了许多困难问题，为印度的佛教或中国的哲学所不能解决的。封建制度取消了，立宪政府起而代之，中古的宗教也立刻倒塌了。人力车是日本发明的，但是现今横滨、东京等处的人力车，日渐减少。人力车之减少，并不是因为什么宗教的人道主义，也不是因为那些仁慈的太太们所组织的慈善机关，乃是因为"市内一元"的福特车①。国家既因着工业而富足兴盛，于是国内的文艺天才，乘机而起，产生了一种新的文学，与物质的进步并驾齐驱。日本现在有九十个专门科学的研究社；全国各工程师所组织的会社，共有三千会员。因着这许多人力与工具，东方就建筑了一个精神的文明。

这是怎么一回事，很易于明了。最初人类本身是制造器具的动物。发明新的器具，以胜过物质的环境，因而就构成了所谓文化。后来人类感觉得与自然奋斗的太辛苦了，于是躲避在精神生活之下，而造成中古之黑暗时代。直到后来科学与机械兴起，大家才恢复从前那种自信心，而产生现代西方的新文化。科学与机械传入日本，于是日本也构成了它的新文化。中国、印度，并其他东方各国，也必因着科学与机构，变为新文化的国家。

以上各节，已将现代西方机械文明之精神方面，详细说明。机械之所以为精神的，乃因其能解脱人生之困苦，使大众有享受快乐的机会。无论我们是否善于利用闲暇以寻求快乐，而专就利

---

① 日本最初引进福特汽车作为东京市内出租车，而且统一价格，一次一元。

用机械以解脱困苦一层而论,就可说是精神的享乐。我们不能因为几个传教士被逼迫而烧死了,就咒诅上帝。

五

现在我们要讨论西方文明其他的精神方面。在此我不必谈什么艺术音乐文学,因为我们大概都可以承认西方的艺术与文学可以与东方的相颉颃,至于西方的音乐,就远胜于东方了。

我们先谈科学吧。无论我们对于精神生活的定义怎样,寻求知识是人类精神的需要,这是任何人不能否认的。但是古代的文明,都极力压制这种求知欲。照《圣经·创世记》所讲,人类的堕落,并非因着女人,乃是因着求知的欲望。东方许多宗教,都以为无知则无欲,主张摒弃智识,服从天道。庄子说:

> 吾生也,有涯,而知也,无涯,以有涯随无涯,殆已。①

这些哲人大都回避求知的路,而致力于内省、默坐、修养等工夫,以寻求他们所谓深奥的智慧。还有些以为冥想可以与神相通。此外,佛教中所谓"四禅""六度",也是如此。

一九二七年正月有一个埃及的僧侣在英格式宣言东方的精神文明要高超些,因为他能够活埋在地下经过二点五十二分钟②之

---

① 引自《庄子·养生主》,大意是:"我们的生命,有限,而知识,无限,用有限与追求无限,徒劳而已。"
② 二点五十二分钟:2小时52分。

久,仍旧可以复活。他比较大魔术家胡丁黎(Houdini)① 能多支持八十二分钟,但是戏院没有允许他表演,因为戏院的老板恐怕观众不能忍耐等待三点钟之久。

其实,这并不是什么精神文明。现在东方许多苦行僧,也能够表演这种伎俩。许多下等动物在蛰伏时期不是与这个一样么?至于那些科学家,用严格研究与实验的方法,发现自然的秘密,实在是真正精神的快乐。不下一番功夫,不利用观察,不知一味的偷懒,确实是找不着什么真理的。科学可以训练我们的脑力,供给我们好的工具与方法。智识虽然无限,但科学家并不失望,因为不断的努力,日积月累,就可以对于自然逐渐明了。一次的成功,就有一次的进步,也就有一次的精神快乐。阿基米得(Archimedes)去洗澡的时候,忽然解释了他所疑难的问题,他快乐得不知所措,赤着身子跑到街上四处喊叫②。许多科学家,如伽利略、牛顿、巴士特、爱迪生等,每次有什么新发现的时

---

① 胡丁黎,通译"胡迪尼",即哈里·胡迪尼,19世纪末、20世纪初匈牙利魔术师,其魔术节目曾震惊世界。实际上,胡迪尼最惊人的表演是在水下屏住呼吸3分钟。至于埃及僧侣被埋地下2小时52分的表演,则是一种骗术。

② 阿基米得(Archimedes),通译"阿基米德",古希腊物理学家、发明家。关于阿基米德洗澡时发现浮力定律,只是传说:当年,希form隆二世命金匠做了一顶金王冠,但他总是怀疑金匠偷了他的金子,在王冠中掺了银子。于是,他请来阿基米德鉴定,条件是不许弄坏王冠。当时,人们并不知道不同的物质有不同的比重,阿基米德冥思苦想了好多天,也没有好的办法。有一天,他去洗澡,刚躺进盛满温水的浴盆时,水便漫溢出来,而他则感到自己的身体在微微上浮。于是他忽然想到,相同重量的物体,由于体积的不同,排出的水量也不同……他不再洗澡,从浴盆中跳出来,一丝不挂地从大街上跑回家。当他的仆人气喘吁吁地追回家时,阿基米德已经在做实验:他把王冠放到盛满水的盆中,量出溢出的水,又把同样重量的纯金放到盛满水的盆中,但溢出的水比刚才溢出的少,于是,他得知金匠在王冠中掺了银子。更重要的是,他发现了浮力定律,并在名著《论浮体》中记载了这个定律,人们今天称之为阿基米德定律。

候，都感觉得无上的精神快乐。至于那些古代冒名的先知们，自己以为用内省的工夫，可以寻求高深的智识，对于这种精神的快乐，完全没有经验过。

那些旧式宗教的信徒们所谓精神快乐者，就不外乎自行催眠的法术。十七世纪时中国有一个革命的哲学家颜元①（一六三五至一七〇五），有一段事实记载他个人精神的快乐：

> 甲辰五月夏至前四日，思故人，引仆控驴，被绵褐衣，驮麦里左。仆垛，独至柳下，铺褐坐息。仰目青天，和风泠然，白云散聚，遂朗吟云淡风轻之句，不觉心泰神逸；覆空载厚，若天地与我外，更无一事物。微闭眸视之，浓叶蔽日，碧绿罗裹，宝珠光耀，在隐露间，苍蝇绕飞，闻其声不见其形，如跻虞庭听九韶奏也。②

后来颜元反对空洞的儒教，在北方倡导力行主义。不过，他把上面这一段记载，存留在他的集子里，以证明那种半宗教式的哲学思想，是空虚的、自欺欺人的。

科学之最精神的处所，是抱定怀疑的态度；对于一切事物，

---

① 颜元，字易直，后更字浑然，号习斋，清初儒学家。
② 此处所引，即颜元《坐柳下记》，大意是："一六六四年农历五月夏至前几天，思念友人，于是带着仆人，牵着驴子，披褐色布衣，到附近去驮麦。仆人堆麦时，我坐在柳树下。抬头看青天，和风吹来微有凉意，白云时聚时散，于是朗吟'云淡风轻'的诗句，心泰神逸，顿生天人合一、万物一体的感受。眼睛微闭看周围环境，浓叶蔽日，如同绿色的衣服里裹着宝珠，光芒时隐时露。苍蝇飞来飞去，只闻其声不见其形，好像置身于舜之朝中，听着《九韶》美妙的乐曲在演奏。"

都敢于怀疑，凡无真无确据的，都不相信。这种态度虽然是消极的，然而有很大的功劳，因为这态度可以使我们不为迷信与威权的奴隶。怀疑的态度是建设的，创造的，是寻求真理的惟一途径。怀疑的目的，是要胜过疑惑，要建立一个新的信仰。它不只是反对旧的信仰，而且引起了许多新的问题，促成了许多新的发明。许多大科学家的传记，如达尔文、赫胥黎、巴士特①、科和（Koch）②等，都贯注着这种"创造的怀疑"的精神，足以感悟后人。中古的圣徒基于信仰，现代的科学家则基于怀疑。

六

但是现代西方文明最精神的处所，还是在它的新宗教。这宗教无适当的名称，暂称之为"民治③的宗教"。现代文明并非始于宗教，但结果造成了一种新的宗教；也无所谓道德，但是产生了一种新的道德标准。老实说，十五六世纪欧洲的列强，可说是强盗式的国家。当时的大英雄如哥伦布、麦哲伦、德瑞克等都是一些大海盗，乘风破浪以求金银财宝他们的这种冒险事业，都有政府为他们的经济后盾，而他们在外的荣辱，也与国体相关。他们的宗教，原是讲博爱的，他们的道德标准，原是惩责劫掠的，但是这些探险家并不理会这样的宗教与道德。

---

① 巴士特，通译"巴斯德"，即路易斯·巴斯德，19世纪法国微生物学家、化学家。
② 科和（Koch），通译"科赫"，即罗伯特·科赫，19世纪德国细菌学家、病原细菌学的奠基人。
③ 民治（democracy）：通译"民主"。

这种抢劫的行为,开辟了许多移殖通商的新大陆,增加了欧洲列强的财富与威势,激动了许多人发明与制造的热诚。接着就是工业革命,将生产的方法完全改变,各国的生产能力突然倍增。物质的享乐既然增高,就产生了许多中产阶级,而同时大家的想象力与心情心也扩大了。这样,大家都能掌握自己将来的命运,增加对于自己的信仰心,而各种社会意识,社会道德也应运而生了。以上种种,都造成了民治主义的新宗教。我所谓新宗教,就是十八世纪理想的个人主义,以及近百年的社会主义。

十八世纪的新信条是自由、平等、博爱。这新宗教到了十九世纪中叶就变为社会主义。这些新趋势,都是旧文化时所未曾梦想到的。不错,东方的宗教也谈什么博爱,什么土地与财产均分,但这些都不过是纸上谈兵,与实际的社会生活或政治组织毫不相关。

西方便不同了。自由、平等、博爱是法、美及一八四八年各国革命的口号;以后的革命,也莫不如此。各新起共和国的宪法,都贯注着这种精神。这口号打倒了君王、帝国、贵族;实现了人群在法律上的平等,思想、言论、出版、信仰的自由;并且解放了妇女,普及了教育。

社会主义可说是补充早期民治主义之个人思想的,是民治运动进程中之一部分。到了十九世纪中叶,经济的组织逐渐复杂,资本集中,以故从前的放任主义,不能达到平等自由的目的。大家反对义务教育,因其侵犯个人自由;反对劳资法及工厂法,因其专为某阶级的法律。近代经济组织既已改变,也必须有一种新的社会及政治哲学以适应此种新组织的需要。因此，一切社会主义运动，除掉什么经济史观、阶级斗争的理论之外，不过是用社会群众或政府的力量，以求大多数人最大的幸福。这运动大概可分两大支流：一就是组织工会，用团体交涉或罢工的方法，以增进劳动阶级的利益；一就是用政府的力量，调和阶级斗争，而同时设法实行社会主义的思想，如收遗产税及所得税、强迫工人保险、限制工作时间、制订最低工资，等等。无论是用哪种方法，如前许多看来很危险的社会主义思想，现在都实现在各新进国家的法律上或政策上了。我们虽然可以相信财产所有权是神圣的，但是实际上遗产税与所得税已成为各政府收入之一大宗了。英国是资本主义的大本营，但是英国的劳工党①曾组织过政府，而且不久仍有登台的希望。美国是极力主张个人自由的，但是美国政府还是强迫禁酒，现今的世界，已不知不觉的趋于社会主义之途了。

这种民治的宗教，不是专为个人的自由，也不是专为别人的自由，乃是设法使个个男女都能得自由。除了用科学与机械增高个人的快乐之外，还要利用制度与法律使大多数人都能得着幸福的生活——这就是西方最伟大的精神文明。我可以问问：妇女解放、民治政体、普及教育等，是否从东方的精神文明产生出来的呢？焚烧孀妇、容忍阶级制度、妇女缠足，凡此种种，是否精神文明呢？

---

① 劳工党（Labour Party），通译"工党"。

七

现在我们将精神文明（spiritual civilization）、物质文明（material civilization）、唯物文明（materialistic civilization）作为本篇的结论。物质文明兼有物体与思想两种意义，因为一切器具都是思想的表现。西方的汽车文明固然是物质文明，而东方的独轮车文明就不能说不是物质文明。现今大都将唯物文明这名词加在现代西方文明上面，但我想这名词加在落后的东方文明上还较为恰当。唯物文明的意思，是为物质所限，不能胜过物质；如东方不能利用智力战胜物质环境，改进人群的生活。东方的圣贤，劝人知足，听天由命，昏天黑地的敬拜菩萨；这种催眠式的哲学，比较他们自己所住的房子、所吃的食物、所拜的偶像，还要偏于唯物了。

反之，如果某种文化能够利用智力，征服自然，脱离迷信蒙昧，改进一切社会政治制度，以为人类最多数的幸福——这才是真正的精神文明。这种文化将来还要继续增长进步，不过它的进步，不会转向东方精神文明的途径，而是照着它以往所走的途径，继续进行。

试评所谓"中国本位的文化建设"[①]

胡 适

新年里，萨孟武、何炳松先生等十位教授发表的一个《中国本位的文化建设宣言》，在这两三个月里很引起了国内人士的注意。我细读这篇宣言，颇感觉失望。现在把我的一点愚见写出来，请萨、何诸先生指教，并请国内留意这问题的朋友们指教。

十教授在他们的宣言里曾表示，他们不满意于"洋务""维新"时期的"中学为体，西学为用"的见解。这是很可惊异的！因为他们的"中国本位的文化建设"正是"中学为体，西学为用"的最新式的化妆出现。说话是全变了，精神还是那位《劝学篇》的作者[②]的精神。"根据中国本位"，不正是"中学为体"

[①] 本文选自《胡适全集》第四卷，原载1935年3月31日《大公报》。本文的要义是：所谓"中国本位的文化建设"，不就是"中学为体，西学为用"吗？而事实表明，这是行不通的。提倡"中国本位"，或许是担心失去"中国特色"。其实，这样的担心是多余的，因为中国旧文化的惰性十足，到处都是"中国特色"，何必担忧？倒是应该继续引进国外先进文化，打掉旧文化的惰性和暮气。（注：胡适被认为持有"全盘西化论"。实际上，他的观点是：不管你怎样"西化"，中国永远是中国，不会、也不可能变成西方；所以，只要对中国大多数人有好处，为什么不多多地"西化"？）

[②] 即张之洞，清末洋务派重臣，曾写《劝学篇》二十四篇，主张"中学为体，西学为用"。

吗？"采取批评态度，吸收其所当吸收"，不正是"西学为用"吗？

我们在今日必须明白，"维新"时代的领袖人物也不完全是盲目的抄袭，他们也正是要一种"中国本位的文化建设"。他们很不迟疑的"检讨过去"，指出八股、小脚、鸦片等等为"可诅咒的不良制度"；同时他们也指出孔教、三纲、五常等等为"可赞美的良好制度，伟大思想"。他们苦心苦口的提倡"维新"，也正如萨、何诸先生们的理想，要"存其所当存，去其所当去"。

他们的失败是萨、何诸先生们在今日所应该引为鉴戒的。他们的失败只是因为他们的主张里含的保守的成分多于破坏的成分，只是因为他们太舍不得那个他们心所欲而口所不能言的"中国本位"。他们舍不得那个"中国本位"，所以他们的维新政纲到后来失败了。到了辛亥革命成功之后，帝制推翻了，当年维新家所梦想的改革自然在那大变动的潮流里成功了。辛亥的革命是戊戌维新家所不敢要求的，因为推翻帝制、建立民主，岂不要毁了那个"中国本位"了吗？然而在辛亥大革命之后，"中国本位"依然存在，于是不久，大家又都安之若固有之了！

辛亥以来，二十多年了，中国经过五四时代的大震动，又经过民国十五六年国共合作的国民革命的大震动。每一次大震动，老成持重的人们，都疾首蹙额，悲叹那个"中国本位"有陨灭的危险。尤其是民十五六的革命，其中含有世界最激烈的社会革命思潮，所以社会政治制度受的震撼也最厉害。那激烈震荡在一刹那间过去了，虽然到处留下了不可磨灭的创痕，始终没有打破那个"中国本位"。然而老成持重的人们却至今日还不曾搁下他们悲天悯人的远虑。何键、陈济棠、戴传贤①诸公的复古心肠当然是要维持那个"中国本位",萨孟武、何炳松诸公的文化建设宣言也只是要护持那个"中国本位"。何键、陈济棠诸公也不是盲目的全盘复古:他们购买飞机枪炮,当然也会挑选一九三五的最新模特儿;不过他们要用二千五百年前的圣经贤传来教人做人罢了。这种精神,也正是萨、何十教授所提倡的"存其所当存,吸收其所当吸收"。

我们不能不指出,十教授口口声声舍不得那个"中国本位",他们笔下尽管宣言"不守旧",其实还是他们的保守心理在那里作怪。他们的宣言也正是今日一般反动空气的一种最时髦的表现。时髦的人当然不肯老老实实的主张复古,所以他们的保守心理都托庇于折衷调和的烟幕弹之下。对于固有文化,他们主张"去其渣滓,存其精英";对于世界新文化,他们主张"取长舍短,择善而从";这都是最时髦的折衷论调。陈济棠、何键诸公又何尝不可以全盘采用十教授的宣言来做他们的烟幕弹?他们并不主张八股、小脚,他们也不反对工业建设,所以他们的新政建设也正是"取长舍短,择善而从";而他们的读经祀孔也正可以挂起"去其渣滓,存其精英"的金字招牌!十教授的宣言,无一句不可以用来替何键、陈济棠诸公作有力的辩护的。何也?

---

① 何键,字芸樵,国民党二级陆军上将、国民党中央委员会执行委员,曾任湖南省政府主席。陈济棠,字伯南,国民党一级上将,曾任中国国民党中央执行委员、中华民国农林部部长。戴传贤,字季陶,国民党元老,曾先后担任黄埔军校政治部主任、国立中山大学校长、国民党中央宣传部长、考试院院长等职。

何、陈诸公的中心理论也正是要应付"中国此时此地的需要",建立一个中国本位的文化。

萨、何十教授的根本错误在于不认识文化变动的性质。文化变动有这些最普遍的现象:**第一,文化本身是保守的**。凡一种文化既成为一个民族的文化,自然有它的绝大保守性,对内能抵抗新奇风气的起来,对外能抵抗新奇方式的侵入。这是一切文化所公有的惰性,是不用人力去培养保护的。

第二,凡两种不同文化接触时,比较、观摩的力量可以摧陷某种文化的某方面的保守性与抵抗力的一部分。其被摧陷的多少,其抵抗力的强弱,都和那一个方面的自身适用价值成比例:最不适用的,抵抗力最弱,被淘汰也最快,被摧陷的成分也最多。如钟表的替代铜壶滴漏,如枪炮的替代弓箭刀矛,是最明显的例。如泰西历法之替代中国与回回历法①,是经过一个时期的抵抗争斗而终于实现的。如饮食衣服,在材料方面虽不无变化,而基本方式则因本国所有也可以适用,所以至今没有重大的变化;吃饭的,决不能都改吃"番菜"②,用筷子的,决不能全改用刀叉。

第三,在这个优胜劣败的文化变动的历程之中,没有一种完全可靠的标准可以用来指导整个文化的各方面的选择去取。十教授所梦想的"科学方法",在这种巨大的文化变动上,完全无所施其技。至多不过是某一部分的主观成见而美其名为"科学方

---

① 泰西历法:西欧历法,即阳历,也就是现世界通用的公历。中国历法:即阴历或农历。回回历法:即伊斯兰历,曾用于伊斯兰教各国。
② "番菜":西餐。

法"而已。例如妇女放脚、剪发，大家在今日应该公认为合理的事。但我们不能滥用权力，武断的提出标准来说：妇女解放，只许到放脚、剪发为止，更不得烫发，不得短袖，不得穿丝袜，不得跳舞，不得涂脂抹粉。政府当然可以用税则①禁止外国奢侈品和化妆品的大量输入，但政府无论如何圣明，终是不配做文化的裁判官的，因为文化的淘汰选择是没有"科学方法"能做标准的。

第四，文化各方面的激烈变动，终有一个大限度，就是终不能根本扫灭那固有文化的根本保守性。这就是古今无数老成持重的人们所恐怕要陨灭的"本国本位"。这个本国本位就是在某种固有环境与历史之下所造成的生活习惯；简单说来，就是那无数无数的人民——那才是文化的"本位"。那个本位是没有毁灭的危险的。物质生活无论如何骤变，思想学术无论如何改观，政治制度无论如何翻造，日本人还只是日本人，中国人还只是中国人。试看今日的中国女子，脚是放了，发是剪了，体格充分发育了，曲线美显露了，但她无论如何摩登化，总还是一个中国女人，和世界任何国的女人都绝不相同。一个彻底摩登化②的都市女人尚且如此，何况那无数无数仅仅感受文化变动的些微震荡的整个民族呢？所以"中国本位"，是不必劳十教授们的焦虑的。戊戌的维新、辛亥的革命、五四时期的潮流、民十五六③的革命，都不曾动摇那个扳不倒的中国本位。在今日有先见远识的领

---

① 税则：收税规则，即税制。
② 摩登化（modernize）：通译"现代化"。
③ 民十五六：民国十五、十六年，即1926、1927年。

袖们,不应该焦虑那个中国本位的动摇,而应该焦虑那固有文化的惰性之太大。今日的大患并不在十教授们所痛心的"中国政治的形态、社会的组织,和思想的内容与形式,已经失去它的特征"。我们的观察恰恰和他们相反,中国今日最可令人焦虑的,是政治的形态、社会的组织,和思想的内容与形式,处处都保持中国旧有种种罪孽的特征太多了,太深了,所以无论什么良法美意,到了中国都成了逾淮之橘①,失去了原有的良法美意。政治的形态,从娘子关到五羊城②,从东海之滨到峨眉山脚③,何处不是中国旧有的把戏?社会的组织,从破败的农村到簇新的政党组织,何处不具有"中国的特征"?思想的内容与形式,从读经祀孔、国术国医,到满街的《性史》④、满墙的春药、满纸的洋八股,何处不是"中国的特征"?

我的愚见是这样的:中国的旧文化的惰性实在大的可怕,我们正可以不必替"中国本位"担忧。我们肯往前看的人们,应该虚心接受这个科学工艺的世界文化和它背后的精神文明,让那个世界文化充分和我们的老文化自由接触,自由切磋琢磨,借它的朝气锐气来打掉一点我们的老文化的惰性和暮气。将来文化大变动的结晶品,当然是一个中国本位的文化,那是毫无可疑的。

---

① 逾淮之橘,喻事物易地而变质。典出《晏子春秋·杂下十》:"晏子避席对曰:'婴闻之,橘生淮南则为橘,生于淮北则为枳,叶徒相似,其实味不同。所以然者何?水土异也。'"
② 娘子关位于山西省阳泉市平定县东北处,为长城第九关,以此喻北方;五羊城即广州,喻南方。
③ 东海,顾名思义,喻东方;峨眉山,位于四川省,喻西方。
④ 《性史》:出版于1926年,作者张竞生,北大教授,该书出版后舆论哗然,以至当时进京执政的张作霖声称要把作者抓起来枪毙,但另一方面,读者蜂拥抢购,致使交通堵塞。

如果我们的老文化里具有无价之宝,禁得起外来势力的洗涤冲击的,那一部分不可磨灭的文化将来自然会因这一番科学文化的淘洗而格外发辉光大的。

总之,在这个我们还只仅仅接受了这个世界文化的一点皮毛的时候,侈谈"创造"固是大言不惭,而妄谈折衷也是适足为顽固的势力添一种时髦的烟幕弹。

(二十四,三,三十)

中国文化里的自由传统[①]

胡 适

各位朋友、同乡朋友：

今天我看见这么多朋友来听我说话，觉得非常感动，无论什么人，见到这样多人的欢迎，都一定会非常感动的。我应该向诸位抱歉。我本来早一个月来，因为有点小病，到今天才能来，并且很抱歉这次不能去台南、台东看看五十年前我住过的地方，只有希望等下次来时再去。万先生、游先生事先要我确定一个题目"中国文化里的自由传统"。这个题目也可改做"中国文化传统的自由主义"。"自由"这个意义，这个理想，"自由"这个名词，并不是外面来的，不是洋货，是中国古代就有的。

"自由"可说是一个倒转语法，可把它倒转回来为"由自"，就是"由于自己"，就是"由自己作主"，不受外来压迫的意思。

---

① 本文选自《胡适文集》第十二卷，原载 1949 年 3 月 28 日台湾《新生报》，系 1949 年 3 月 27 日胡适在台北中山堂的演讲，黄谷辛记录。本文的要义是：自由的定义就是"自己作主"。按这一定义，中国文化中历来就有争取自由的传统：从老子的"民不畏死，奈何以死惧之"和孔子的"三军可夺帅也，匹夫不可夺志也"，到王充写《论衡》，到韩愈写《谏迎佛骨表》，到王阳明批评朱熹，无不表明这一传统。因而，自由并不需要到西方去引进，我们只要继承祖先的这一传统就可以了。

宋朝王安石有首白话诗：

> 风吹屋顶瓦，
> 正打破我头。
> 我终不恨瓦，
> 此瓦不自由。①

这可表示古代人对于自由的意义，就是"自己作主"的意思。

二千多年有记载的历史，与三千多年所记载的历史，对于自由这种权力，自由这种意义，也可说明中国人对于自由的崇拜，与这种意义的推动。世界的自由主义运动也是爱自由、争取自由、崇拜自由。世界的历史中，对这一运动的努力与贡献，有早有晚，有多有少，但对此运动都有所贡献。中国对于言论自由、宗教自由、批评政府的自由，在历史上都有记载。

中国从古代以来都有信仰、思想、宗教等自由，但是坐监牢而牺牲生命以争取这些自由的人，也不知有多多少少。在中国古代，有一种很奇怪的制度，就是谏官制度，相当于现在的监察院。这种谏官制度，成立在中国政治思想、哲学思想之前。这种谏官为的是要监督政府、批评政府，都是冒了很大的危险，甚至坐监、牺牲生命。古时还有人借宗教来批评君主。在《孝经》

---

① 此处引文和原文有字面上的出入。王安石的原诗是："风吹瓦堕屋，正打破我头。瓦亦自破碎，岂但我血流。我终不嗔渠，此瓦不自由。……"（见《王安石集·拟寒山拾得二十首》之四）

中就有一章《谏诤章》，要人为"争臣""争子"。《孝经》本是教人以服从孝顺，但是君王父亲有错时，做臣子的不得不力争。古代这种谏官制度，可以说是自由主义的一种传统，就是批评政治的自由。此外，在中国古代还有一种史官，就是记载君王的行动，记载君王所行所为以留给千千万万年后的人知道。古代齐国有一个史官，为了记载事实写下"崔杼弑其君"，连父母均被君主所杀，但到了晋国，事实真相依然为史官写出，留传后世。所以，古代的史官，正如现在的记者，批评政治，使为政者有所畏惧，这却充分表示言论的自由。

以上所说的一种谏官御史，与史官制度，都可以说明在中国政治思想与哲学思想尚未成立时，就非常尊重批评自由与思想自由了。

中国思想的先锋老子与孔子，也可以说是自由主义者。老子说："民不畏死，奈何以死惧之？"孔子说："三军可夺帅也，匹夫不可夺志也。"老子所代表的"无为政治"，有人说这就是无政府主义，反对政府干涉人民，让人民自然发展，这与孔子所代表的思想都是自由主义者。孔子所说的中庸之道，实在是一个中间偏左的态度，这可从孔子批评当时为政的人的态度而知道。孔子当时提出"有教无类"，可解释为"有了教育就没有阶级，没有界限"。这与后来的科举制度，都能说明"教育的平等"。这种意见，都可以说是一种自由主义者的思想。

孟子说："民为贵，君为轻。"在二三千年前，这种思想能被提出，实在是一个重要的自由主义者的传统。孟子说："富贵不能淫，贫贱不能移，威武不能屈。"这是孟子给读书人一种宝贵的自由主义的精神。

在春秋时代，因为国家多，"自由"的思想与精神比较发达。秦朝统一以后，思想一尊。因为自由受到限制，追求自由的人，处于这"无所逃于天地之间"的环境中，要想自由实在困难，而依然有人在万难中不断追求。在东汉时，王充著过一部《论衡》，共八十篇，主要的用意可以一句说明——"疾虚妄"①。全书都以说老实话的态度，对当时儒教"灾异"迷信，予以严格的批评，对孔子与孟子都有所批评，可说是从帝国时代中开辟了自由批评的传统。再举一个例：在东汉到南北朝佛教极盛的时候，其中的一位君王梁武帝也迷信佛教。当时有个范缜，他著述几篇重要文章，其中一篇《神灭论》，就是驳斥当时盛行的灵魂不灭，认为"身体"与"灵魂"，有如"刀"之与"利"。假如刀不存在，则无所谓利不利。当时君王命七十位大学士反驳，君王自己也有反驳，他都不屈服，可说是一种思想自由的一个表现。再如唐朝的韩愈，他反抗当时疯狂的迷信，写了一篇《谏迎佛骨表》，痛骂当时举国为佛骨而疯狂的事，而被充军到东南边区。后又作《原道》，依然是反对佛教。在当时佛教如此极盛，他依然敢反对，这正是自由主义的精神。再以后如王阳明②的批评朱熹，批评政治，而受到很多苦痛。清朝有"颜李学派"③，

---

① "疾虚妄"：王充在《论衡》首章所言，其书为"疾虚妄，求实诚"（疾：[动词] 愤恨，如"疾恶如仇"）。
② 王阳明，名守仁，号阳明，明代理学家。
③ 颜李学派：清初由学者颜元与李塨所创学派，创该派标志"实学"，主张"实文、实行、实体、实用"，与清初官方提倡的宋明理学相对立。

反对当时皇帝提倡的"朱子①学派",都可以说明在一种极不自由的时代而争取思想自由的例子。

在中国这二千多年的政治思想史、哲学思想史、宗教思想史中,都可以说明中国自由思想的传统。

今天已经到了一个危险的时代,已经到了"自由"与"不自由"的斗争,"容忍"与"不容忍"的斗争,今天我就中国三千多年的历史,我们老祖宗为了争政治自由、思想自由、宗教自由、批评自由的传统,介绍给各位,今后我们应该如何的为这自由传统而努力。现在竟还有人说风凉话,说"自由"是有产阶级的奢侈品,人民并不需要自由。假如有一天我们都失去了"自由",到那时候每个人才真正会觉得自由不是奢侈品,而是必需品。

---

① 朱子,即朱熹,南宋理学家。

傅斯年简介

傅斯年（1896—1950），字孟真，山东聊城人，现代学者、国学大师。1916年考入北京大学本科国文系，师从胡适，在校时和罗家伦等人一起创办新潮社，出版《新潮》月刊。1919年"五四"期间，为北大"学运"领袖之一。后退出"学运"，留学欧洲，先后在英国爱丁堡大学、伦敦大学和德国柏林大学攻读学位。1926年，应广州中山大学之聘回国任该校教授、文学院院长兼中文系和历史系主任。1928年，受蔡元培之聘，筹建中央研究院历史语言研究所，任所长，并创办《历史语言研究所集刊》，任主编。1929年，随中央研究院历史语言研究所从广州迁至北京，兼任北京大学教授。1939年，兼任北京大学文科研究所所长，代理校长。一九四八年，当选为南京中央研究院院士。1949年，随中研院迁至台北，兼任台湾大学校长。1950年，在工作中突发脑溢血去世，享年五十四岁。其主要著作有《东北史纲》《性命古训辨证》《民族与古代中国》《古代文学史》，另有百余篇论文，重要的有《夷夏东西说》《论孔子学说所以适应于秦汉以来的社会的缘故》《评秦汉统一之由来和战国人对于世界之想象》等。2003年，湖南教育出版社出版《傅斯年全集》七卷。

中国学术思想界之基本误谬[1]

傅斯年

三年以前,英国杂志名《十九世纪与其后》(The Nineteenth Century and After)者,载一推论东方民性[2]之文,作者姓名与其标题,今俱不能记忆,末节厚非[3]东方文明,印吾心识上者,历久不灭。今举其词,大旨谓:

> 东方学术,病痾[4]生于根本;衡以[5]亚利安人[6]之文明,则前者为无机,后者为有机,前者为收敛,后者为进化。质言之,东方学术,自其胎性上言之,不能充量发展。倪喀郎

---

[1] 本文选自《傅斯年全集》第一卷,原载1918年4月15日《新青年》第四卷第四号和1918年10月15日《东方杂志》第十五卷第十期。本文所言中国学术思想界七种误谬,实质都源于中国传统文化,因而对学术思想界之责难,亦即对传统文化之批判。按作者之意,仅引入西方学术作为补充,其结果就是不伦不类,引入的西方学术也被本地的误谬所残害——这已为事实所证明;所以,关键是要彻底清除本地的误谬——唯有这样,西方学术才能真正"以为我用"。(按:和胡适一样,本文作者也被视为持"全盘西化论"——这很自然,因为他是胡适的高足和"战友"。)
[2] 民性:民族性、国民性。
[3] 厚非:严厉指责。
[4] 病痾[kē]:疾病(痾:病)。
[5] 衡以:较之于。
[6] 亚利安人:Aryans,通译"雅利安人",通常泛指西欧人。

(Chalons)之役①、都尔(Tours)之军②、条顿罗甸败北③,匈奴或大食胜者④,欧洲荣誉之历史,将随罗马帝国以覆亡。东方强族,纂承统绪⑤,断不能若日耳曼人仪型⑥先民,与之俱进。所谓近世文明者,永无望其出于亚细亚人⑦之手;世间之上,更不能有优于希腊、超于罗马之政化。故亚利安族战胜异族,文明之战胜野蛮也,适宜文明战胜不适文明也。

迻录⑧此言,以启斯篇⑨。当日拘于情感,深愤其狂悖⑩,及今思之,东方思想界病中根本之说,昭信不诬⑪。缩东方之范围,但就中国立论。西洋学术,何尝不多小误,要⑫不如中国之远离根本,弥漫皆是。在西洋,谬义日就减削,伐谬义之真理,日兴不已;在中国,则因仍往贯,未见斩除,就令稍有斩除,新误谬又将代兴于无穷。可知中国学术一切误谬之上,必有基本误

---

① 倪喀郎之役:Chalons通译"沙隆",法国一地名。公元四世纪,匈奴入侵欧洲,在此被罗马帝国和日耳曼军队击败,史称"沙隆战役"。
② 都尔之军:Tours通译图尔,法国一地名。罗马帝国时期,图尔为军事重镇,犹以"图尔军"著称。
③ 条顿罗甸败北:条顿人即日耳曼人一族,今德国人。罗甸:"罗马"的清代译名。中世纪早期,条顿蛮族入侵西罗马帝国,导致其灭亡。
④ 匈奴或大食胜者:大食〔yī〕即阿拉伯。中世纪后期,匈奴和阿拉伯帝国向西扩张,导致东罗马帝国灭亡。
⑤ 纂承统绪:承袭传统。
⑥ 仪型:楷模。此处是动词,意即"以……为楷模"。
⑦ 亚细亚人:通译"亚洲人"。Asia(亚洲),旧译"亚细亚"。
⑧ 迻录:转录(迻:同"移")。
⑨ 斯篇:本文(斯:此)。
⑩ 狂悖:狂妄。
⑪ 昭信不诬:确信不假。
⑫ 要:关键是。

谬为其创造者，凡一切误谬所由生成，实此基本误谬为之潜率①，而一切误谬不能日就减削，亦惟此基本误谬为之保持也。今欲起中国学术思想界于较高之境，惟有先除此谬，然后认此基本误谬以生一切误谬，可以"神遇而不以目视"；欲探西洋学术思想界之真域，亦惟有先除此谬，然后有以相容，不致隔越。欲知历来以及现在中国学术思想界之状况何苦，亦惟有深察此弊之安在，然后得其实相也。

至于此种误谬，果为何物，非作者之陋，所能尽量举答。故就一时觉察所及，说谈数端，与同趣者共商権焉。

一、中国学术，以学为单位者至少，以人为单位者转多。前者谓之科学，后者谓之家学；家学者，所以学人，非所以学学也。历来号称学派者，无虑数百，其名其实，皆以人为基本，绝少以学科之分别，而分宗派者。纵有以学科不同而立宗派，犹是以人为本，以学隶之，未尝以学为本，以人隶之。弟子之于师，私淑者之于前修②，必尽其师或前修之所学，求其具体。师所不学，弟子亦不学；师学数科，弟子亦学数科；师学文学，则但就师所习之文学而学之，师外之文学不学也；师学玄学，则但就师所习之玄学而学之，师外之玄学不学也。无论何种学派，数传之后，必至黯然寡色，枯槁以死；诚以人为单位之学术，人存学举，人亡学息，万不能孳衍发展，求其进步。学术所以能致其深微者，端在分疆之清、分疆严明，然后造诣有独至。西洋近代学

---

① 潜率［shuai］：潜在之统率。
② 前修：前贤（前辈学者）。

术，全以科学为单位，苟中国人本其学人之心以习之，必若枘凿①之不相容也。

二、中国学人，不认个性之存在，而以人为奴隶为其神圣之天职。每当辩论之会，辄引前代名家之言，以自矜重，以骇庸众，初②不顾事理相违、言不相涉。西洋学术发展至今日地位者，全在折中③于良心，胸中独制标准，而以妄信古人、依附前修为思想界莫大罪恶。中国历来学术思想界之主宰，概与此道相反，治理学则曰"纂承道统""辅翼圣哲"，治文学则曰"惧斯文之将坠，宣风声于不泯"，治朴学则曰"功莫大于存古"。是其所学之目的，全在理古，理古之外，更无取于开新；全在依人，依人之外，更无许乎独断。于是陈陈相因，非非相衍，谬种流传，于今不沫④。现于文学，则以仰纂古人为归宿；现于哲学，则以保持道统为职业；现于伦理，则忠为君奴、孝为亲奴、节为夫奴、亲亲为家族之奴。质而言之，中国学术思想界，不认有小己之存在，不许为个性之发展，但为地下陈死之人多造送葬之俑，更广为招致孝子贤孙，勉以"无改于父之道"。取物以譬之，犹之⑤地下之隧宫，亦犹之地上之享庙，阴气森森，毫无生

---

① 枘凿："方枘圆凿"的略语（枘：榫〔sǔn〕头。凿：榫眼），方榫头，圆榫眼，二者合不到一起。
② 初：根本。
③ 折中：取正，用为判断事物的准则。《楚辞·九章·惜诵》："令五帝以折中兮，戒六神与向服。"朱熹集注："折中，谓事理有不同者，执其两端而折其中，若《史记》所谓'六艺折中于夫子是也'。"
④ 沫：通"末"，终止。
⑤ 犹之：就如。

趣。导人于此黑暗世界，欲其自放光明，讵可①得耶？

三、中国学人，不认时间之存在，不察形势之转移。每立一说，必谓行于百世、通于古今；持论不同、望空而谈，思想不宜放之无涯之域。欲言之有当、思之由轨，理宜深察四周之情形，详审时代之关系；与事实好合无间，亲切著明，然后免于漫汗之谈，诏人而信己。故学说愈真实者，所施之范围愈狭，所合之时代愈短。中国学者，专以"被②之四海""放之古今"为贵，殊不知世上不能有此类广被久延之学说，更不知为此学说之人，导人浮浅、贻害无穷也。

四、中国学人，每不解计学③上分工原理（division of labor），"各思以其道易天下"。殊类学术，皆一群之中所不可少，交相为用，不容相非。自中国多数学人眼光中观之，惟有己之所肆，卓尔高标，自余④艺学，举无足采。宋儒谈伦理、清儒谈名物，以范围言，则不相侵凌，以关系言，则交互为用，宜乎各作各事，不相议讥；而世之号称汉学者，必斥宋学于学术之外，然后快意；为宋学者，反其道以待汉学；一若⑤世上学术，仅此一家，惟此一家可易天下者。分工之理不明，流毒无有际涯。举其荦著⑥者言之，则学人心境造成褊浅之量，不容殊己，贱视异学。庄子谓之"各思以其道易天下"，究之，天下终不可

---

① 讵〔jù〕可：岂可。
② 被〔pī〕：同"披"，覆盖。
③ 计学：旧指经济学。
④ 自余：其余。
⑤ 一若：似乎。
⑥ 荦著：显著。

易，而学术从此支离。此一端也。其才气大者，不知生有涯而知无涯，以为举天下之学术，皆吾分内所应知，"一事不知，以为深耻"。所学之范围愈广，所肄①之程度愈薄；求与日月合其明，其结果乃不能与爝火②争光。清代学者，每有此妄作。惠栋、钱大昕③诸人，造诣所及，诚不能泯灭，独其无书不读，无学不肄，真无意识之尤④。倘缩其范围，所发明⑤者必远倍于当日。此又一端也。凡此两者，一褊狭而一庞大，要⑥皆归于无当。不知分工之理，误之诚不浅也。

五、中国学人，好谈致用，其结果乃至一无所用。 学术之用，非必施于有政，然后谓之用。凡所以博物广闻，利用成器，启迪智慧，熔陶德性，学术之真用存焉。中国学人，每以此类之大用为无用，而别求其用于政治之中。举例言之，抽绎⑦封建之理，评其得失，固史学家当务之急，若求封建之行于后世，则谬安矣。发明古音，亦文学界之要举，若谓"圣人复起，必举今日之音反之醇古"，则不可通矣。历来所谓读书致用，每多此类拘滞⑧之谈。既强执不能用者而用之，其能用者，又无术以用之，亦终归于不能用。盖汗漫⑨之病，深入肌髓，一经论及致用之

---

① 肄[yì]：学、练。
② 爝[jué]火：《庄子·逍遥游》："日月出矣，而爝火不息；其于光也，不亦难乎！"成玄英疏："爝火，犹炬火也，亦小火也。"
③ 惠栋、钱大昕，均为清代汉学家，以博学著称。
④ 之尤：之极。
⑤ 发明：发现、明了。
⑥ 要：要点。
⑦ 抽绎[yì]：解释。
⑧ 拘滞：拘泥呆板。
⑨ 汗漫：渺无边际（汗：同"瀚"）。

方，便不剀切①，势必流入浮泛。他②姑不论，但就政学③言之。政学固全在乎致用者。历来谈政之士，多为庞大之词，绝少切时之论；宋之陈同甫、叶水心④，清之龚定盦、魏默深⑤，皆大言炎炎，凭空发抒，不问其果能见诸行事否也。今日最不可忽者：第一、宜知⑥学问之用，强半⑦在见于行事，而施于有政者尤稀；第二、宜于⑧致用之道，审之周详，勿复汗漫言之，变有用为无用也。

六、凡治学术，必有用以为学之器；学之得失，惟器之良劣足赖。 西洋近世学术，发展至今日地步者，诚以逻辑家言，诣精致远，学术思想界为其率导，乃不流于左道也。名家⑨之学，中土绝少，魏晋以后，全无言者；即当晚周之世⑩，名家当涂⑪，造诣所及，远不能比德于大秦⑫，更无论于近世欧洲。中国学术思想界之沉沦，此其一大原因。举事实以言之：墨家名学"本之于古者圣王之事"，而引古人之言以为重，逻辑所不许者。墨子

---

① 剀［kǎi］切：确切。
② 他：其他。
③ 政学：政治学。
④ 陈同甫，即陈亮，字同甫，南宋学者，学术以经世济用为本，王霸杂用，为永康学派的代表。叶水心，字正则，南宋永嘉学派的代表人物；永嘉学派又称"事功学派"，重视经史和政治制度研究。永嘉学派与陈亮的永康学派、吕祖谦的金华学派，统称为南宋浙东学派。
⑤ 龚定盦［ān］，即龚自珍，字定盦，晚清政学家。魏默深，即魏源，字默深，晚清政学家。
⑥ 宜知：应知。
⑦ 强半：大半。
⑧ 宜于：应于。
⑨ 名家：名学家。名学，即今逻辑学。
⑩ 晚周之世：即春秋战国时期。
⑪ 当涂：当道（涂：同"途"）。
⑫ 大秦：（旧称）罗马帝国。

立"辩"，意在信人，而间执反对者之口。故有取于此，立为"第一表"①，用于辩论则可，用于求真理之所在，真理或为往古所囿②。魏晋以后，印度因明之学③入中国，宜乎④为中国学术之助矣。然因明主旨，在护法，不在求知。所谓"世间相违""自杀相违"⑤者，逻辑不以为非，而因明悬为厉禁。旧义不许自破，世间不许相违，执此以求新知识，讵有得者？谈名学者，语焉不精，已至于此，若全不解名学之人，持论之无当，更无论矣。余尝谓中国学者之言，联想多而思想少，想象多而实验少，比喻多而推理少。持论之时，合于三段论法⑥者绝鲜，出之于比喻者转繁。比喻之在中国，自成一种推理方式。如曰"天无二日，民无二王"，前辞为前提，后辞为结论。比喻乃其前提，心中所欲言乃其结论。天之二日与民之二王，有何关系？说者之心，欲明无二王，而又无术以证之，遂取天之一日，以为譬况⑦，一若民之所以无二王者为天之无二日故也。此种"比代推

---

① "第一表"：墨家用语，见《墨子·非命上》："言必有三表。何谓三表？子墨子言曰：'有本之者，有原之者，有用之者。于何本之？上本之于古者圣王之事；于何原之？下原察百姓耳目之实；于何用之？废以为刑政，观其中国家百姓人民之利。此所谓言有三表也。'""第一表"即"有本之者"，即"本之于古者圣王之事"，也就是以"古者圣王之事"作为立论的"第一根据"。

② 囿：限制。

③ 因明之学：即因明学，佛教的逻辑论。

④ 宜乎：似乎。

⑤ "世间相违"：（佛学术语）因明三十三过中之一过。"世间"即常识，"相违"即不可；也就是，不可凭常识（理解佛义）。"自杀相违"：因明三十三过中之一过，意即"不可自杀"。

⑥ 三段论法：即逻辑推理法，"三段"即大前提、小前提和结论，如：人都会死（大前提），苏格拉底是人（小前提），所以苏格拉底会死（结论）。

⑦ 譬况：近似的事物。

理"，宜若①不出于学者之口，而晚周子家②持论，每有似此者。孟子与告子辩"生之为性"，代而取喻于"白羽""白雪"之"白"，径执"白"之不为"白"，以断"生"之不为"性"③，此其曲折旋转，虽与"天无二日"之直下④者不同，而其借成于比喻，并无二道。操此术以为推理之具，终古⑤与逻辑相违，学术思想更从何道以求发展。后代论玄学者、论文学者、论政治者，以至乎论艺术者，无不远离名学，任意牵合。词穷则断之以联想，而词不可尽⑥；续理⑦则济之以比喻，而理无际涯⑧。凡操觚之士⑨，洋洋洒洒，动成数千言者，皆应用此类全违名学之具，为其修学致思之术，以成其说，以立其身，以树其名。此真所谓"病疴生于心脾，厉气遍于骨髓"者，形容其心识思想界，直一不合实际、不成系统、汗漫支离、恍惚窈冥之浑沌体而已。

七、吾又见中国学术思想界中，实有一种无形而有形之空洞间架，到处应用。在政治上，固此空洞架子也；在学问上，犹此空洞架子也；在文章上，犹此空洞架子也；在宗教上，犹

---

① 宜若：似乎。
② 子家：诸子百家。
③ 见《孟子·告子上》："告子曰：'生之谓性。'孟子曰：'生之谓性也，犹白之谓白欤？'曰：'然。''白羽之白也，犹白雪之白，白雪之白，犹白玉之白欤？'曰：'然。''然则犬之性犹牛之性，牛之性犹人之性欤？'"
④ 直下：直接下结论。
⑤ 终古：久远。
⑥ 尽：达意。
⑦ 续理：推理。
⑧ 无际涯：没有定义。
⑨ 操觚[gū]之士：文人墨客（占人在木简上写字，"觚"即木简）。

此空洞架子也；在艺术上，犹此空洞架子也。于是千篇一面，一同而无不同；惟其到处可合，故无处能切合也。此病所中①，重形式而不管精神，有排场而不顾实在。中国人所想所行，皆此类矣。

上来所说，中国学术思想界根本上受病诸端，乃一时感觉所及，率尔写出，未遑②为系统之研究，举一遗万，在所不免。然余有敢于自信者，则此类病疴，确为中国学术界所具有，非余轻薄旧遗，醉心殊学，妄立恶名，以厚诬之者。余尤深察此种病魔之势力，实足以主宰思想界，而主宰之结果，则贻害于无穷。余尝谥③中国政治、宗教、学术、文学以恶号，闻者多怒其狂悖，就余良心裁判，虽不免措词稍激，要④非全无所谓。请道⑤其谥，兼陈指其旨，则"教皇政治""方士宗教""阴阳学术""偈咒⑥文学"是也。

何谓教皇政治？独夫⑦高居于上，用神秘之幻术自卫其身，而氓氓⑧者流，还以⑨神秘待之。政治神秘，如一词然⑩不可分

---

① 中 [zhòng]：（动词）得（如，中奖）。
② 未遑 [huáng]：无暇。
③ 谥 [shì]：给予已故帝王或大官以称号，即谥号。
④ 要：要点。
⑤ 请道：让我来说说。
⑥ 偈 [jì] 咒：偈与咒，远古祀神用语"祝、颂、偈、咒"中的两种，偈为取悦，咒为嫌恶。
⑦ 独夫：皇帝的鄙称。
⑧ 氓 [méng] 氓：芸芸众生。
⑨ 还 [huán] 以：报之以。
⑩ 如一词然：就如一个词（意谓政治即神秘，神秘即政治）。

解。曾无揭迷发覆①破此神秘，任其称天②而行，制人行为，兼梏人心理，如教皇然。于是一治一乱，互为因果，相衍于无穷，历史黯然寡色。自秦以还③，二千年间，尽可缩为一日也。

何谓方士宗教？中国宗教，原非一宗，然任执一派，无不含有方士（即今之道士）浑沌、支离、恶浊之气。佛教来自外国，宜与方士不侔④。学者所谈，固远非道士之义；而中流以下，社会所信仰之佛教，无不与方士教义相辅，臭味相杂。自普通社会观之，二教固无差别，但存名称之异；自学者断之，同为浑浑噩噩初民之宗教，教义互窃互杂，由来已久。今为之总称，惟有谥为方士之宗教，庶几名实相称也。

何谓阴阳学术？中国历来谈学术者，多含神秘之用。阴阳消息⑤之语，五行生克⑥之论，不绝于口。举其著者言之，郑玄为汉朝学术之代表，朱熹为宋朝学术之代表；郑氏深受《纬书》⑦之化，朱氏坚信邵雍⑧之言。自吾党⑨观之，谈学术至《京焦虞氏易说》《皇极经世》《潜虚》⑩诸书，可谓一文不值，全同梦

---

① 发覆：揭除蔽障。语出《庄子·田子方》："微夫子之发吾覆也，吾不知天地之大全也。"
② 称天：自称天子。
③ 以还 [huán]：以来。
④ 侔 [móu]：相等。
⑤ 阴阳消息：阴阳相消相息。
⑥ 五行生克：五行（金、木、水、火、土）相生相克。
⑦ 《纬书》：汉代的方士和儒生依托今文经义宣扬符箓、瑞应、占验之书。
⑧ 邵雍，北宋道家学者，著有《先天图》《皇极经世》等，称万物皆由"太极"演化而成。
⑨ 吾党：我们这派人（指倡新文化运动者）。
⑩ 《京焦虞氏易说》，西汉虞翻著；《皇极经世》，北宋邵雍著；《潜虚》，北宋司马光著。

呓。而历来学者，每于此大嚼不厌：哲学、伦理、政治（如"五帝德""三统循环"①之说是）、文学（如曾氏《古文四象》②是）及夫一切学术，皆与五行家言相为杂糅。于是堪舆、星命③之人，皆被学者儒士之号，而学者亦必用术士之具，以成其学术，以文其浅陋，以自致于无声无臭之境。世固有卓尔自立、不为世风所惑者，而历来相衍，惟阴阳之学术为盛也。

何谓偈咒文学？中国文人，每置文章根本之义于不论，但求之于语言文字之末；又不肯以切合人情之法求之，但出之以吊诡；骈文之晦涩者，声韵神情，更与和尚所诵偈辞咒语全无分别。为碑志者，末缀四言韵语。为赞颂者亦然，其四言之作法，真可谓与偈辞咒语异曲同工。又如当今某大名士之文，好为骈体，四字成言，字难意晦，生趣消乏，真偈咒之上选也。吾辈诚不宜执一派之文章，强加恶谥于中国文学；然中国文学中固有此一派，此一派又强有势力，则上荐高号，亦有由矣（又如孔子、老子、子思，世所谓圣大也，而《易系》《老子》《中庸》三书，文辞浑沌，一字可作数种解法。《易系》《中庸》姑不具论，《老子》之书，使后人每托之以自树义，汉之"黄老"托之；晋之"老庄"托之；方士托之，浮屠④亦托以为"化胡"之说⑤，

---

① "五帝德"：《大戴礼》的第六十二篇，记载宰我向孔子请教关于五帝事迹的对话，颂扬五帝（即黄帝、颛[zhuān]顼[xū]、帝喾[kù]、尧、舜）德才兼备。"三统循环"，西汉董仲舒所倡，认为天之道周而复始，黑、白、赤三绕循环往复。
② 《古文四象》：清人曾国藩编纂的古文选集。
③ 堪舆：即风水。星命：即算命。
④ 浮屠：即佛陀。
⑤ 西晋惠帝时，道教天师王浮作《老子化胡经》一卷，称老子入天竺变化为佛陀，教化胡人之事。后人陆续增广改编为十卷，成为道教徒攻击佛教的依据之一，借此提高道教地位于佛教之上。由此引起了道佛之间的激烈冲突，唐高宗、中宗都曾下令禁止。元世祖至元二十二年，下令焚毁，从此亡佚。

又有全不相干大野氏之子孙①,"戏"谥为"元玄皇帝"②。此固后人之不是,要③亦《老子》之文恍惚迷离、不可捉摸,有自取之咎也)。

凡此所说,焉能不穷丑相于万一?又有心中欲言、口中不能举者;举一反三,可以推知受病之深矣。今试问,果以何因受病至此?吾固将答曰:学术思想界中基本误谬运用潜行,陷于支离而不觉也。

今日修明④中国学术之急务,非收容西洋思想界之精神乎?中国与西人交通以来,中西学术,固交战矣;战争结果,西土学术胜,而中国学术败矣。然惑古⑤之徒,抱残守缺犹如彼,西来艺学,无济于中国又如此。推察其原,然后知中国思想界中基本误谬运用潜伏;本⑥此误谬而行之,自与西洋思想格格不入也。每见不求甚解之人,一方未能脱除中国思想界浑沌之劣质,一方勉强容纳西洋学说,而未能消化。二义相荡⑦,势必至不能自身成统系,但及恍惚迷离之境,未臻⑧亲切、著明之域。有所持论,论至中间,即不解所谓,但闻不相联属之西洋人名、学名,佶屈聱牙,自其口出,放之至于无穷,而辩论终归于无结果。此

---

① 大野氏之子孙:指唐朝皇帝(其先祖李虎称"大野氏",故有此说)。
② 唐高祖武德二年,普州人告善行于羊角山见一白衣父老呼其曰:"为我告唐天子言,为吾君即其祖也。"唐高祖因此立老子庙;后唐高宗又追尊老子为"元玄皇帝"。
③ 要:主要。
④ 修明:(动词)整治。
⑤ 惑古:溺古(惑:迷乱)。
⑥ 本:(动词)据。
⑦ 相荡:相推移,来回运动。《易·系辞上》:"是故刚柔相摩,八卦相汤。"韩康伯注:"相推汤也,言运化之推移。"
⑧ 臻:达到。

其致弊之由,岂非因中国思想界之病根入于肌髓,牢不可破?浑沌之性,偕之以具成;浮泛之论,因之以生衍。此病不除,无论抱残守缺,全无是处,即托身西洋学术,亦复百无一当。操中国思想界之基本误谬,以研西土近世之科学、哲学、文学,则西方学理,顿为东方误谬所同化。数年以来,甚嚣尘上之政论,无不借重于泰西①学者之言;严格衡之,自少数明达积学者外,能解西洋学说真趣者几希。是其所思、所言,与其所以誊诸简墨②者,犹是③帖括④之遗腔;策论⑤之思想,质而言之,犹是笼统之旧脑筋也。此笼统旧脑筋者,若干基本误谬活动之结果;凡此基本误谬,造成中国思想界之所以为中国思想界者也,亦所以区别中国思想界与西洋思想界者也。惟此基本误谬为中国思想界不良之特质,又为最有势力之特质,则欲澄清中国思想界,宜自去此基本误谬始。且惟此基本误谬分别中西思想界之根本精神,则欲收容西洋学术思想以为我用,宜先去此基本误谬,然后有以不相左⑥耳。

① 泰西:(旧称)西欧。
② 誊诸简墨:诉诸笔墨(誊:抄写。简:纸)。
③ 犹是:还是。
④ 帖括:迂腐而不切时用。《明史·熊廷弼传》:"疆场事,当听疆场自为之,何用拾帖括语,徒乱人意,一不从,辄怫然怒哉!"
⑤ 策论:原意是向朝廷献策,后引申为对时政的议论。
⑥ 相左:相违逆。

所谓"国医"[1]

傅斯年

中国现在最可耻、最可恨、最可使人断气的事……是所谓西医、中医之争。……日本的侵略[2]不得了，如我们有决心、有准备，加以极大之努力，而且善于利用局势，日本总有受教训之一日。只有中医、西医之争，真把中国人的劣根性暴露得无所不至！以开了四十年学校的结果，中医还成问题！受了新式教育的人，还在那里听中医的五行、六气等等胡说！自命为提倡近代化的人，还在那里以政治的或社会的力量作中医的护法者！这岂不是明显表示中国人的脑筋仿佛根本有问题？对于自己的身体与性命，还没有明了的见解与信心，何况其他。对于关系国民生命的大问题，还在那里妄逞

---

[1] 本文选自《傅斯年全集》第五卷，原载1934年3月5日《大公报》星期论文，又载1934年8月26日《独立评论》第115号。20世纪30年代曾有一次"中西医之争"，实质是"中西文化之争"的一部分：中医代表的是中国传统文化，西医代表的是西方现代文化。本文就是作者参与当时的"中西医之争"而作，表明他对中医的看法。他认为，中医是不科学的，继续保留中医，只会有害国民健康（有病看中医，往往被延误）；所以，政府应该逐步予以废止。不过，他并没有完全否定中药（按："医"和"药"是两个概念："医"是对病的诊断；"药"是对病的治疗）：有些中药有疗效是经验所得，和中医的阴阳五行之说没有任何关系。对这些中药，可以加以研究，但也要以现代医学的科学原理为依据。

[2] 本文写于1934年，正值日本侵略中国。

意气，不分是非，何况其他。对于极容易分辨的科学常识还在混沌的状态中，何况较繁复的事。到今天，还在那里争着中医、西医，岂不使全世界人觉得中国人另是人类之一种！办了四十年学校，不能脱离这个中世纪①的阶段，岂不使人觉得教育的前途仍是枉然！

中国人到了现在还信所谓中医者，大致有几个原因。最可恕的（第一个原因）是爱国心，可惜用的地方大错了。人们每每重视本地或本国对于一种学问或艺术之贡献，这本是一件普通的事，而且在略有节制的范围内，也是一件好事。因为这样才可以激励出其土、其国更多的贡献来。不过，所谓中医并非纯粹的汉土产品，这类的方技在唐时颇受印度及中亚的影响；在宋、元，更受阿拉伯人的影响。中医本来既无病理，又缺诊断，无非是一部"经验良方"。这些经验良方，不是一处来的。这类考据，此地无法谈，我只提醒一句，其实医学在现在并无所谓国界，虽德国、法国、英国、美国的风气各有小小不同，在基础上全无半点分别，这不是论诗宗、评画派一流的事。

第二个原因是头脑不清楚。对于一切东西，皆不深信，也皆不信，人云亦云，生病请医生全是试试看，恰如乡下老太婆生了病时拜一切神佛一般。这全是以做梦的状态对付死生的大事。

第三个原因是教育不好的结果。中国的教育中没有给人安置一个坚实的科学常识训练，故受此教育者后来糊涂如此。

我以为，目下政府及社会上人应该积极注意此事，想法子不再为所谓"国医"丢国家民族的丑了。即如数月前设置所谓中

---

① 中世纪：原指欧洲5世纪至15世纪的中古时期，因这一时期弥漫着宗教蒙昧气息，故在文艺复兴后被认为是黑暗时期，后被用来泛指一切原始愚昧时代。

医研究所之争，真是一件意气与无知之充分表演，不图①今日见此十一世纪的恶剧。又如近时几个监察委员弹劾中央医院的事，真正是件大笑话。中央医院究竟杀人不杀人，须待有资格的医士检定，岂是几个在事外监察委员所能凭空断定的。以非技术的国家官吏去判断纯粹技术的问题，监察员坐在家中做了监察吏，这要比《洗冤录》②所代表的文化还要退下几步。

以政治的立点论，中国此时医学卫生的状态有下列几件事急需要做。第一，应该多设几个训练在内地服务医生之学校。目下的有名医学校，国立的如上海医学院，私立的如北平协和医学校，所造出的医生很能适合近代医学所要求的高标准，但听说他们每每喜欢在大埠③作业，到内地去是很少的。所以内地至今等于没有真的医生，只靠几个教会的医院对付。这是不应该而且不得了的事。至于各省设的医学校，每每不能甚好，专靠他们也不是办法。现在应该集中力量，或就已有好的医学校中设农村服务医生一科，使他们在毕业后到内地，或者到内地乡村里办简单医学校去。听说南京中央医院有此类之计划，我希望它早能实现。第二，内地之需要公共卫生比需要医士还迫切。医士之训练不能速成，一时断难普及，不如先尽量讲究公共卫生，收效较快。况且中国是个世界上病菌最多的国家，各种疾疫并世无双，故死亡

---

① 不图：没想到。
② 《洗冤录》：南宋人宋慈所著，类似法医案例汇编。宋慈长期做刑狱，经常要验尸，此书就是他的经验积累。不过，用今天的眼光来看，因为缺乏解剖学常识，此书对尸检的说法大多属主观想象，甚至是荒唐的。譬如，他说："检妇人，无伤损处须看阴门，恐自此人刀于腹内。"——想想看，这可能吗？——作者原注
③ 大埠：大城市。

率在一切开化与未开化的人类之上。对付此情形之最有效方法，无过于防范于未病之先。以南京论，原来到了夏季、秋季伤寒、霍乱、疟疾之多，是大可使人吃惊的。几年以来，以卫生署及其附属机关之努力，特别是防疫注射之努力，这些病减少得多了。这样工作，比在南京多设几个医院的效力还重要。在中国的目下经济情形论，若干公共卫生的事业是难做的，然也不是一无可做的，其中也有若干不费钱只费力的。这里头的缓急与程序，要靠研究公共卫生的人的聪明，绝不是在中国乡村中无可为者。这件事要办好了，中国要少死许多人，即是节省了很大的国民经济之虚费。第三，要多多的训练些内地服务之看护。中国人太忽略看护对于疾病之重要了，以为万般的病都只要靠药治，因此死人不少。内地人之无看护知识，因而更需要能服务的看护，本是不待说的。不仅特有训练的看护应该更多，即一般的看护知识也应该灌输在国民教育之中。……第四，更多用的医药品应该由政府自己设厂制造，或促成中国工业家之制造。如吸水棉、纱带、酒精，果①一切仰给于②国外，在国民经济上看来，大不是了局③。医药品是最不能不用的洋货，若因医药事业之进步，这个贸易的漏洞太大了，决不是办法，所以政府及社会应该及早准备。第五，政府应该充分的推广生产节制。中国人口问题中的大毛病，第一是多产，第二是多死，这中间含有无数的浪费。果以医学卫生事业之进步，死亡率减少了，而生产率不减少，又不得了，所

---

① 果：如果。
② 仰给于：仰仗受之于。
③ 了局：了结之策。

以生产节制大与社会安定有关。不过，目下实行生产节制者，多为充分受教育之新家庭，此一个比较的能生长并能教育子女的社会阶级，偏偏节制生产，而无力多生偏要滥生者不受限制，岂非渐渐的使我们的人种退化？所以，政府应该对于一切患有花柳病、遗传性的精神病之人，及有遗传性的犯罪者，及绝不能自立者，利用最新发明的方法，使之不生育。近代国家的责任一天比一天大，做这样事若能做得妥当，不算是妄举。第六，政府应大量的奖励在中国的近代医学，此意待下次详说。

至于对付中医，似应取得逐步废止之政策。内地目下尚无医生，大埠的医生也不够用，而愚民之信此，如信占卜、相面、看风水一般，禁止之后使他手足无所措。或者免不了暂且保留此一个催眠术，同时却也不能不管理它。若干真正胡闹的事，不便使它再做了。以后因有训练医生人数之增加，逐步禁止这些"国医"。目下可以先把大埠的"国医"禁止了，至少加一个重税于那些大赚钱的国医，以取"寓禁于征"之作用。管理他们的衙门，当然是内政部礼俗司，而不该是卫生署，因为"医卜星相"① 照中国的"国粹"是在一块的。论到"国药"之研究，乃全是训练有学问的近代药学专家的事，医药之分析，及其病状效能之实验，决不是这些不解化学的"国医"所能知觉的。

我是宁死不请教中医的，因为我觉得若不如此，便对不住我所受的教育。盼望一切不甘居混沌的人，有是非之心的人，在这个地方不取模棱的态度。

---

① 医卜星相：医术、占卜术、占星术、相面术。

再论所谓"国医"[1]

傅斯年

八月五日我在《大公报·星期论文》一栏中发表了一篇文章,叫做"所谓'国医'",引起了一群"所谓'国医'"的攻击,并有几个南京的记者,在那里胡言乱语一阵,肆力作个人攻击。和国医谈科学,和如此一流的论者谈伦理,皆所谓对驴弹琴,白费精神,我所不取。然《大公报》上的两篇宣扬国医的文字由我引起,理宜再申说我的意思一下。且前一文中,我犹未尽之意,亦应再补充说几句。

前文中最使所谓"国医"们反感者,在乎我说"国医"中无病理、缺诊断,而与近代科学根本不相容。其实这是明摆着的事实,人人共见的,不待辩论,也不容辩论。其要强作辩论者,只得将病理、诊断作一曲的界说,或根本不了解这些名词的含

---

[1] 本文选自《傅斯年全集》第五卷,原载1934年8月26日、9月16日《独立评论》第115、118号。此文是因《所谓"国医"》一文发表后遭到攻击而作出的回应。在此文中,作者先是根据现代医学的四大基础学科——即解剖学、生理学、细菌学和药物学——详尽说明了他之所以认为中医不科学的理由;继而对攻击他的人加以批驳,进一步指明中医有悖科学,几近荒唐,绝不能成为全民医疗的一部分——"请政府与社会上人士想想,是否可以把人民的生命交付在此等人手中?"

义。所谓诊断者，除脉搏、呼吸、温度、血压、大小便、血液、内脏声音，各种普通考察外，每一症各有其详细诊断方法，而微菌①之检查，尤为全部传染性病之最要紧的诊断。诊断的器具本为国医大系中所无，而这些诊断的经程，除脉搏外，又皆国医所不知，或不确切。即脉搏一事，固是中医诊断之第一要义了，然其用此现象之意义，乃全然荒谬。试问手腕上的一条动脉，在不满二寸的距离中分做"寸、关、尺"，靠区区三个指头，看定心、肝、脾、肺、肾，这真是违背小学常识的说话。若有一位自居改良派的国医先生，如投函《大公报》的赵寒松先生，硬说这不是国医诊断的重要方法，则试问，国医舍此诊断柱石以外，还有什么更普通用的、更不含糊用的诊断方法？更试统计一下子，现在开业的国医，是不是还是人人用此为第一法？事实俱在，不容讳饰。且人群中最多的病，是有传染性的病。不能验微菌，且不知何所谓微菌的人，如何去诊断？呜呼，国医的诊断！近代医药之四大柱石，一解剖，二生理，三病菌学，四实验药物学（依发达之次序），而手术之能，用具之精，尤为旁面的要件。病理学非他，即此等基础学问之总汇，尤以生理知识最为基本。近代病理学之中央思想，乃谓人体既由细胞组成，而各部细胞相维，成就生命的作用，若其中一部分细胞起变化，无论由于生理的或病菌的，以致与其他部分不能相维时，则成疾病。此即所谓细胞论的病理学，此本是生理学进步之结果。若其中各部的病理，凡成一说总是由试验而成，历多年的求证反证，而得最后

---

① 微菌：细菌（bacteria）的旧译名。

之结果。到了现代，病理学已是一个实验的科学，并不是一些遗传的传说；已是全世界有训练的医生所共同贡献者（凭各种医学杂志以传达，以改进），并不是一类一方的卖药之人所凭以混生活之利器。至于咱们贵国的传统医学，还不曾进化到哈微氏（William Harvey 1578—1658）① 发现血液循环的地步，遑论②近代的生理学、微菌学、药物化学等所开的境界。若说所谓国医有病理学，则试问他们的病理学在哪里？如《巢氏病源》③ 等书之枝节破碎，算得上科学知识吗？若说那些五行、六气便算病理学，则凡有近代科学常识者，必当信政府不该容许社会上把人命托在这一辈人手中。故我之谓汉医④之无病理、无诊断，非一疑难之问题，而为明显的黑白事实。此中辩论，白费精神！国医先生若要护法，请他拿出来给人看看。

所谓国医与近代科学不相容，也是件明显的事实。近代科学分门别类，范围极大，但根本上是一件东西，其不相同处只在所治之材料有类别不同，故科学因材料而分工。其所以根本上是一件东西者，因为各种科学都站在一个立场，保持同样的纪律。几件显明的情形说：第一，所用名词不容有含混，一个名词只许代表一个质体，具有一种界说，而不许在用它时随时抑扬，凭心改动，尤不许它代表者本是一种不能捉摸的物件，如赵寒松君之论

---

① 哈微氏（William Harvey 1578—1658），通译"哈维"，即威廉·哈维，16世纪末、17世纪初英国医生，发现血液循环和心脏功能，奠定近代生理学基础。
② 遑［huáng］论：谈不上。
③ 《巢氏病源》：全称《巢氏病源补养宣导法》，清代廖平根据隋代巢元方等《诸病源候论》摘编而成的气功导引书。
④ 汉医：即中医或国医。

五行六气。第二，每立一语，必成一种"命题的含义"，即一种逻辑上可通、实质上有所托、其是非可得而试验或统计的语句，不容幻想、比喻在其中。因为幻想、比喻的是非，是不能辨证的。第三，每一理论，在能实验的科学，必须可以将其信否诉之于实验，听凭怀疑者用同样的科学训练证明之或反证之；在不能实验的科学，必须聚集逻辑的证据，顾到表面上相反的事实。故科学的事实皆为集众工作之结果，诉诸严整的实验之结论，而每一科学事实，又必与其他一切科学事实相因缘；世上无任何一种的独立的科学事实。第四，因为近代科学不能容纳幻论与空语（Verbalism）的，而是遵逻辑的程序，依实质作步程的，故在非纯粹叙述的科学中，能预定（Prediction）、能管理（Control），是其明显的本领。近代的医学是个集合多门的严整训练，为医学之基础者，是物理、化学、动植物、人体生理、人体解剖等等基础科学。习医者即以此等学问为医预科，到医本科时，所受训练，即是此等基础科学使用在医学各门之上者。本科完后，继以病床实习，又是医学各门之实地经验。故近代医学为汇集众科学之科学，近代医学训练为汇集众科学训练之训练。若将近代医学与所谓国医平等比衡，无异将近代物理与太极两仪的物理学平等比衡，亦无异将近代化学与方士之点金术平等比衡。持国医论者，自觉说否认者为"西医"，殊不知所否认者，并物理、化学、生物、解剖、生理皆在其内。若知近代科学本是一体，其门类之差只是分工，则当知所谓国医实无所容身于科学的天日之下。近代医学的系统是明摆着的，其中所含科目皆是些自然科学。若"国医"则试问它的系统是些什么？它的解剖是什么？

犹不知神经系。它的生理是什么？犹不知血液循环。它的病理是什么？犹不知微菌。它的物理是什么？阴阳、五行、六气！如此的一个系统——放宽来说，假如此地可用"系统"两个字——连玄学的系统也谈不到，因为玄学的系统，也有严整的训练的。只是一束不相干、一束矛盾，若承认如此的一个系统之有存在于科学的世间之价值，无异对物理、化学、动植物等等发生怀疑，而此等科学之立场之不容怀疑，乃是文明人类数千年慢慢进化、三百余年急剧进化①之结果，不容今天昏聩自大的中国人抹杀之也。

所谓国医与近代教育之不相容，同样是一件明显的事实。学校中的物理，是近代的物理，并不是亚里士多德的物理；学校中的生物是进化论立点上之动物学、物理学，并不是《本草》。学校中的知识训练，是应依逻辑的要求，在科学的系统中者，不应是些似解非解、枝节缺陷的杂乱之实。果然在学校中把物理、化学教得好，这类知识能入在受教者心中，使其能依此知识了解环境，自然不会再承认所谓六气有物理学的逻辑含义，即不会再信凭借此类玄谈的汉医。果然在学校中把生理卫生的大意彻底了解，自然要觉得中国传统医学论本体上是些无知妄作，闭眼胡说。松懈敷衍、不着实际生活之教育，制造出些思想不清澈、不能用所受知识于日常生活上的学生！故今日"国医"犹如许大之势力！"国医"之有势力，实在是三十年新教育失败之象征也。

《大公报》所载的两篇文字，一篇是八月十三日赵寒松君的

---

① 从古希腊至20世纪，数千年；从文艺复兴至20世纪，三百余年。

《评傅孟真①"所谓'国医'"》，这是一篇主张国医改良论者。又有八月十八日陈泽东君代表中医公会之投书②，这真是"儒医"的正统了。现在把陈君之文全抄在下边，请读者开开眼界。

论傅孟真侮辱国医文
——中医公会之投书

凡吾人有不知之事，不可谬指为非是。居不公之理，不可硬迫以强权，此天下古今之定理也。异哉！傅孟真之痛骂国医也。

当傅君投稿《大公报》，于八月五日披露之时，敝会全体激愤，即会拟一稿，亦以痛骂之辞驳之，除在敝会刊行《国医正言医报》第四期登载外，仍投函《大公报》，请予秉公登载。而《大公报》因敝稿以痛骂驳痛骂，辞涉激愤，未予登载。而敝会之公愤，又不能箝口使平，敝会不得不另投一稿，以学理辩论，以作缓冲之意，庶可达两全之谊焉。

溯吾国医药之学，创始于神农③，大成于岐黄④，又有秦张⑤诸圣继起，调摄护卫民生，以至于今，已将及六千年之久。吾国人数蕃庶⑥，甲于环球者，皆吾国医药维护之力

---

① 傅孟真，即傅斯年，字孟真。
② 投书：投父书信。
③ 神农，即传说中的第一位炎帝。传说"神农尝百草"，教人医疗与农耕。
④ 岐黄：岐伯、黄帝。相传黄帝和他的臣子岐伯都能治病，黄帝常与岐伯讨论医学，并以问答形式写成《黄帝内经》。
⑤ 秦张：秦越人（即扁鹊，传说中的战国时神医）和张仲景（东汉名医），被中医尊为"医圣"。
⑥ 蕃庶：众多。

也。神农以天地气化所生之药物，以补救人身感受天地气化之偏弊，乃尝药辨性，竟尝至鸩毒而殁①，其救世之热诚，亦良苦矣。神农殁，其子孙继位，传八世至榆罔②，其臣蚩尤③，精魔术，叛榆罔，榆罔不能制，国人大受蚩尤之屠戮。黄帝为西域诸侯起兵救民，灭蚩尤，臣民拥戴为帝，榆罔遂逊位焉。岐伯乃黄帝之师而臣者也，精于燮理阴阳之术，是哲学之极顶也；五运六气之法，即其所创著，系分配天地阴阳气化之发也。五运主天气而下降，六气主地气而上升，阴阳气化相合，得其平，则生万物而无病；阴阳气化不相合，即不得其平，则害万物而有病。天气属阳，故借木、火、土、金、水五行气之奇数分配；地气属阴，故借风、热、暑、湿、燥、寒六气之偶数分配。然有主客之别，主运主气，只管本年分配定位；而客运客气，随岁建干支为转移。所以预测气候与时令、疾病者也。

敝会同人，向本此法为治疗之秘诀，凡遇疫病流行之年，所治多愈。不知此秘诀者，所治多死，西医不知，故治瘟疫、伤寒、喉痧、母子血病、小儿惊风、大人半身不遂等病，举手便错，此皆不知气化之故也。况医家治病以治疗痊愈为真能，乃不知其原理，竟强诬为非是，不得实效之信仰，而运动伟人④，反压迫以强权，西医之能力亦不过如

---

① 殁［mò］：死。
② 榆罔，也称姜榆罔，传说中的最后一位炎帝。
③ 蚩［chī］尤，传说中的部落首领，与黄帝、炎帝并称为中华始祖，以在涿鹿之战中与黄帝交战而闻名。
④ 运动伟人：对傅斯年的讥称。傅斯年当年是"五四"运动学生领袖之一。

是。气化之秘诀,概不知也,如无气化,则万物皆不生,何况人乎?以上所言五行、六气之说,姑举其大略之纲领而言耳,其详细之法,尚非简文所能罄,至六气之作用,经赵寒松先生,于八月十三日登载《大公报》,兹不多赘。至本文所言吾国医药历史之说,皆典籍所较,凿凿有据。较之傅君所云,在唐时受印度中亚(中亚究是何处)的影响,在宋时又受阿拉伯的影响等等,神经错乱无据之言,不可同年语矣。且医圣之道,是济世之真法,凡吾国人,无论为医与否,皆当努力保护之,以期吾族人共享寿康之乐,乃为仁者之行也。彼忍心摧残铲除者,是废毁圣道,与吾族人为敌也。吁!其亦自知也哉。

天津市东门内中医公会陈泽东稿,八月十七日

读妙文至此,真叹为观止矣。我觉此文之立场远比赵君文为妥当,因为赵君作中医、西医之"截搭八股"①,强合不可合者,实不能自圆其说。此文赤裸裸的表演"国粹",毫不剽窃他所不懂得的近代医学名词,还不失自成一派。大凡以魔术为魔术之护法,以神秘论为神秘论之护法,以巫卫巫,可成一种"周始圈",自己快乐于其中,若以逻辑卫护神秘则授人以柄多矣,此我之佩服陈公也。我于此仅有两句话:其一,请政府与社会上人士想想,是否可以把人民的生命交付在此等人手中,此等理论表

---

① "截搭八股":也称"八股截搭题",原指科举试题之一(即从经书里截取片断,再将这些片断搭配成文),后引申为不合逻辑的牵强附会。

演是否即是我主张废中医的强固证明？其二，陈先生问中亚究是何处，敢敬告之约①：中亚者，东亚之西、西亚之东、南亚之北、北亚之南也。若问其地当"国粹地理"上"东胜神洲""西牛贺洲"之何地，只好请善于沟通西学、国粹之赵寒松先生作一截搭文字，鄙人愧不能也。

赵君的改良派文章分作三段，第三段是对我作个人攻击的，此等语调，值不得讨论。第一点是支持五行、六气论，第二点是说"国医"也有病理学。请先谈第一点。赵君说："金、木、水、火、土不过是代表心、肝、脾、肾五脏的一种符号而已。"这真是掩耳盗铃之欺人语！试看中国流传下来的医书，每谈到五行，还不是在那里高论"水性就下，火性炎上，相生相克"，等等。何曾不是就金、木、水、火、土五字做文章？虽以五行配五脏，何曾但拿五行作代名词来用？至于赵君论六气，更是移花接木的把戏，先把六气的名称写在上边，再混合些似了解似不了解的近代医学名词注在下边，更把桂枝汤、茯苓汤等等《汤头歌诀》加在底下。这个三段组织，全是不相衔接的。敢告赵君，近代解剖学是一个系统的学问，近代生理学也是一个系统的学问，其中的单个名词，若赵君所用之"神经""汗腺""动脉""贫血"等，若一旦为国医剽窃，离开他们的科学系统实无何等意义。敢问赵君，改良的中医是否预备全部的接受近代解剖学、生理学、微菌学？若然，中医之为中医还有几何？若不预备全部接受，而只在那里剽窃几个名词，这些系统科学中的名词如何在国

---

① 约：大约。

医系统中与其他名词与"哲理"合作？或者中医本不嫌"一束矛盾"，如道士之仿造一切教的经典一般。若果然，中医之为物更不必谈了。赵君又为六气作一洋八股的解释，杂汇新旧名词，然试以物理学的极浅常识论此六字，则知其并不成六个独立的物理质体："寒""暑"是温度，"湿""燥"是湿度（Humidity），"火"在此地只能是比喻，"风"是因气压差异所生之空气流动。人的身体当然受温度、湿度变化的影响，然此等及于身体之影响不是可以囫囵吞枣、东拉西扯讲的。中医用此六字，并不是专来考察温度、湿度对人身体之变化，而是将此六字偶定位六体，与身体上机关相配，布成《河图》《洛书》① 一般的阵势。至于内因的六气，尤为不通生理、荒谬绝伦之谈，结果说上些"内因的风，为神经发病的变态""寒为贫血的现症"等等怪话，不知习过生理学的人看过这样的用生理名词，如何发噱。现在把他最短的两段抄在下面：

> 火为极热，几至于燃烧之谓。例如汤火灼伤（按：此是用火的本义）或气候奇热，温度特高，触动人体内部的热，致生燥扰狂越的症候（按：此处又用火字作比喻了）。
>
> 寒为贫血的现症，以神经沉滞，动脉血行迟缓，全体微血管发生贫血，必至恶寒，全部贫血则通体恶寒，局部贫血则一部恶寒，是为虚寒。

---

① 《河图》《洛书》：传说中的天书。

其余内外十段都是同类的话。这样的把比喻与本体合为一谈，而胡乱用近代科学上的名词，恐怕只是脑筋中的一阵大混乱而已。这样的立场，还不如那位中医学会的论文。那些虽是神化，却是一派，这里的赵君是胡扯着说梦话。至于赵君的病理论，尤其高妙了！他说：

> 西医认病菌为致病之惟一原因，中医则除花柳、瘟疫、喉痧、白喉、霍乱、痢疾、鼠疫等病确有病菌的存在与传染而外，其余的外感时病与内伤杂病，则认定风、寒、暑、湿、燥、火六气为其致病的原因。

此处赵君所谓"西医认病菌为致病之惟一原因"一语中，"致"字后、"病"之前，应加"传染性"三字，否则根本无此"西医"。赵君所举花柳等病之"确有病菌"，不知中医向谁得此知识？此本小事，可以不论，论其大义。此处所举各种病症以外之病之有无病菌，不是辩论的题目，也不是想像的语言，而是显微镜下肉眼亲切看见的东西。到了今天，眼见的东西还成辩论，不正合我前一篇文为中华民族羞愧的感慨么？记得巴斯得①的一个传记上说，一些科学家在那里论发酵作用，一个说由于甲，一个说由于乙；巴斯得说，都不是，而是由于微菌。大家不以为然。他引这些人到他的实验室显微镜下一看，辩论就此结束了。

---

① 巴斯得，通译"巴斯德"，即路易斯·巴斯德，19世纪法国化学家、现代细菌学奠基人。

不过，巴氏持论于微菌学①未成立之先，中国人怀疑于微菌学在开化的世界上已成大学问之后！此外，赵君之说中医病理，只是引些书名，乞灵于中世纪的权威，而曰"考国医历代研究病理诊断药物的书，真是汗牛充栋"。其实，西洋的医书若自埃及、希腊算起，更是汗牛充栋。不过，这些都在近代医学的光天化日之下退位让贤，只保持"历史的兴趣"耳。近代的病理学是以生理学的中央思想为骨干，组合而成的一切系统知识，并不是支离破碎的一束。赵君既以为中医有病理学，复不能举其要义，只乞灵于书名，则亦不须辩解了。最后，赵君出一下策，引了一个日本人汤本求真②的两篇叙以自重，而曰"以上两段议论，是出于曾经毕业于西医专门学校并且曾经供职于医院自设门诊的西医"。须知天下妄人，何国蔑有③？若此言出于一个在医学界大有威权的人，犹可重视，今乃出于一个失职的普通医生④。其自序⑤曰：

　　长女以疫痢殇⑥，恨医之无术，中怀沮丧，涉月经时，精神几至溃乱（按：颇有自知之明），偶读先师和田启十郎⑦所著之《医界铁椎》（按：可见此君之汉医迷仍得之于汉医，非得之于近代医

---

① 微菌学：细菌学。
② 汤本求真，19世纪末、20世纪初日本医生，倡导"汉方医学"（即中医），著有《皇汉医学》等。
③ 蔑有：没有。语出《左传·昭公元年》："封疆之削，何国蔑有？"
④ 失职的普通医生：指汤本求真。
⑤ 其自序：指汤本求真《皇汉医学》自序。
⑥ 殇：夭折。
⑦ 田启十郎，先于汤本求真倡导汉医的日本医生。

学),始发愤学汉医。经十有八年,其间虽流转四方,穷困备至,未尝稍易其志。

国医学者乞灵于此,适见其学问上穷途之感耳。譬如那位照空法师①,固是说 abcd、白脸浅发的人,难道我们可以因为他剃发为秃,便说佛教之高妙已盛行于世?自己说不出道理来,而壮胆乞灵于古书之名、洋人之序。四百年前已有近代科学之前驱,斥之为"剧场偶像"②!

其实,与"国医"辩论"国医",既动了他们的"职业心座"(Professional Complex)③,又无法折衷④于逻辑,诉之于近代科学,本是极无聊的事,我也就此为止,且待申说较重要的几个意思。

所谓"国医"者,每每自诩治愈某某要人、某某名士,然后"交游攘臂而议于世"⑤。其尤荒谬者,乃谓⑥国医熟手,彼能治愈,问其治愈之法,则旧草帽一百顶也、女人的月经布也、大路上车辙下之土也……真能想入非非,无奇不有。我以为"治愈"一事,不是一件简单的事实,如引"治愈"为自己作支持,必须先分析所谓"治愈"究是如何情态。人体是一个极复杂的机器,而且他的机能又时时刻刻在变化中,故虽一件万分可靠的

---

① 照空法师,匈牙利人,1933 年在南京栖霞山剃度为僧,后入上海佛教会,号"照空法师"。
② 近代科学之前驱:指弗朗西斯·培根,16 世纪英国哲学家。"剧场偶像":培根在《新工具》一书中说到的几种"偶像"之一,意为因自我表现而陷入虚妄。
③ "职业心座"(Professional Complex):通译为"职业情结"。
④ 折衷:调和。
⑤ "交游攘臂而议于世":语出《战国策卷十三·齐策六》:"士民见公,如见父母,交游攘臂而议于世,功业可明矣。"
⑥ 谓:对……说。

对症药，其能治愈某一人的对症否，也并无百分之百的把握。近代医学"治愈"一概念是个统计学的名词。所谓治愈者，第一要问受治者在受此药治疗时已入于此病之第几阶段。第二要问自受此药治疗后治疗的过程如何，用药之继续如何增减，效果之表现如何形态。第三要问痊愈在何时，愈后是否过些时日又出现。如是治不愈的例子，更要分析此等不愈人之身体情形。至于在易生枝节的大病，应统计的事实更复杂。以上还单就病治疗之本身论，其实一个受治疗人之一般的身体情形，及其家庭的社会的经济的关系，尤与一病之治愈与否有关系。有如此复杂情形，"治愈"两个字不是简单容易说的，而医院对于治疗的效验不是可以不分析作报告的。所以，现在大规模的医院在组织医学组织，每每有统计专家在内，至于中央及地方的卫生衙署之必作精密统计，更是一个不待说的事实。"治愈"两个字，在科学的分解之下，说来甚难；在妄人，说来却极容易。

退一步论，纵使所谓国医曾经治愈这病、那病，我们也还要问那些没有治愈的在哪里呢？记得阁仿斯[①]的《科学原理》上引一段笑话，大致如下：一个教士引一个怀疑论者到教堂中看题名录，指着一部的题名录说："这都是在大海中遇到大风因祈祷而得救的。"怀疑论者反问道："那些固曾祈祷而不曾得救的又在哪里呢？"国医若再自诩他曾治愈这个那个，则当问之曰：不曾治愈的又有多少？而中国死亡率之大在一切开化的人类之上，又是谁之责任呢？

---

① 阁仿斯，通译"杰文斯"，即威廉姆·斯坦利·杰文斯（William Stanley Jevons），19世纪英国经济学家、逻辑学家，《科学原理》为其重要著作之一。

更有一种妄人，以为中国人口之号称四万万，占地上人口四分之一，是"国医"的成绩！这尤其是"目不识丁"的胡说了。人口繁殖律，在现在已经大致清楚，自马尔查斯①时已经提明，它是以几何级数排进的。假如"国医"能减少中国人的死亡率，在汉朝中国人已经可以繁殖满亚、欧、非洲了。诚然，中国人之不能无限繁衍，更有其他原因，内乱、外患、经济的制限，等等，然而国医何曾减少了中国人的死亡率？试一比较日本人在用汉医时代之死亡率和现在之死亡率，此种消息可自己明现了。

谈到"治愈"问题，又有一个自然事实，易为庸医所窃用——此却不分中医、西医——就是自身治愈之能力。人的身体自己治病的能力是很大的，越年少，这力量越大，所以许多疾病关于自身之机体者，一旦有了毛病，每每不是靠手术、医药治愈，而是靠营养调护得宜，自己的身体把它治愈。不特机体病每每自愈，即传染病（即有病菌者）也每每靠护持，不靠医药。例如肠窒扶斯②、肺炎，等等，至今未曾有简单有效的治疗药，得此病者总是靠护持得宜，待其自愈。近代医术之显真本事者，第一是手术，第二是杀菌，第三是对付传染病。一般内科症候之关于机体失常者，现在虽然机体有明了的诊断，却并不曾全有有效的治疗。近代医学是不欺人的，它不自诩天下的病它都能治。不若《伤寒论证》《外台秘要》③等等诞妄书，说得像是无病无药

---

① 马尔查斯，通译"马尔萨斯"，19世纪英国经济学家、人口论先驱。
② 肠窒扶斯［ileotyphus］：通译"肠伤寒"。
③ 《伤寒论证》：金代（12世纪）成无己著。《外台秘要》：唐代（8世纪）王焘著。

者然。此虽可适应愚夫、愚妇之心理，却不成其为实在的知识。

以上论中医之所谓把病治好，以下论中医之所谓改良。

凡是改良，必须可将良者改得上。蒿子可以接菊花，粗桃可以接美桃，因为在植物种别上他本是同科同目。我们并不能砍一个人头来接在木头的头上啊！西医之进步，到了现在，是系统的知识，不是零碎不相干的东西。他的病理论断与治疗是一贯的。若接受，只得全接受。若随便剽窃几件事，事情更糟。记得蒋梦麟先生告诉我一段他在中学时的故事：清末，他在南洋公学当学生时，有位中医的校医用改良新法，即用寒暑表①试验温度，但是此公不知杀菌——本来中医字典中没有病菌这个反国粹的名词——故由这个人口中取出，便直送在那个人口中；适逢白喉盛行时，他这学堂死的完全在一般市民死亡之上，于是一阵大紊乱，校医开除，学校放假！这固然是极端的例，然一个人剽窃自己所不了解的东西，正如请不知电流为何事的人来家安置墙上电网一般，其危险是不可形容的。即如赵寒松先生的洋化五行六气论，略解物理、化学、生理者，不知笑他要到如何田地。作洋化八股尚可，真正拿来病床实验，可就万分危险了。

敢问主张中医改良论者，对于中医的传统观念，如支离怪诞的脉气论，及阴阳六气论，是不是准备放弃？对于近代医学之生理、病理、微菌，各学问，是不是准备接受？这两个系统本是不相容的，既接受一面，自必放弃一面。若不接受近代的生理学、病理学、微菌学，只是口袋中怀着几个金鸡纳霜、阿司匹灵药

---

① 寒暑表：体温表。

饼①，算什么改良的中医？若接受了这些科学，则国粹的脉气论、六气论又将如何安插？中医之为中医又在哪里？

其实，改良中医的口号，还不是那些替中医担忧的人所发？行医的中医，在哪里改良过？近代医学的训练，每每要八九年的工夫（医预科四年，医本科四年，或五年），读上几部《内经》《本草》陈修②图书便开方子的中医，哪有闲工夫受近代医学的训练？近代医学并不曾学到一些，他更拿能取以改良中医？"改良中医"四个字简直没有逻辑的意义。

还有待申明的一义。有人常说，汉医的经验方剂中，也许不少可取以增加近代医学知识者。这是当然，不过这又不是中医所能办。即如提净的麻黄，这在"西医"中算是时髦的药了。但麻黄之提净，不是中医能办的，是陈克恢③先生做到的；其病床应用，是各医院试验经验得来的，远不如中国医书上所说之普遍而含糊。又如以海藻治瘰疬④，在中国医书上发见甚早，在西洋甚后（汪敬熙⑤先生告知我），但治瘰疬者是海藻中之碘，今用纯碘，海藻无须用了。这样的进步又不是不解化学的中医所能办的。研究中药，第一，要由胡先骕⑥先生一流的分类学家鉴定准了某个药草的种类；第二，要由赵石铭⑦先生一流生物化学家分

---

① 药饼：药片。
② 陈修：陈旧。
③ 陈克恢，中国现代药理学家。
④ 瘰疬：即颈淋巴结结核的俗称。
⑤ 汪敬熙，中国现代生理心理学家。
⑥ 胡先骕，中国现代植物学家和教育家。
⑦ 赵石铭，中国现代生物化学家。

解清楚了某个药草的成分；第三、再由实验药物学家取出一种药草之特有成分——即提净之精——试之于动物，试之于病床。传统中医之经验方剂中，若可增益近代医学知识者，所需手续当是如此的。这是全不与活着赚钱的"国医家"相干的。

以上但说①中医消极的无用，还未曾说到它的积极的害事。其实，责备中医——或西医——把人治死，都是过分看重医生的话。一个人是不容易治死的，无论根据西洋医方或遵古炮制。若说中医把人治死，除非此公是个好用砒霜、巴豆或大分量的方子的人。不过，聪明的中医决不走此太负责任的下策！请看历代医书中一味药的成分，真是每况愈小，由两而钱，由钱而分，医生的世故一天比一天深了，说不会动刀、不会注射的中医常治死人，真正太恭维他们了。他的大罪过只是白白耽误人的病，使可治之症成不可治，如最近刘半农②先生的例。因此，我在前登《大公报》的一文中，才提出政府的责任，即是逐步废止中医论。我所要谈的是政府的责任问题。现在全世界已开化的国家中，没有一个用钱在国民医药卫生上比中国在人口比例上更少的。这样不推广近代医药学及公共卫生的中国政府，真不成其为文明国的政府。然而，此一要点不曾引人注意，反引起些中医、西医优劣论。这本是同治、光绪间便应解决的问题，到现在还成问题，中国人太不长进了！

---

① 但说：只是说。
② 刘半农，中国新文化运动先驱、文学家、语言学家、教育家，得传染病而求治于中医，终使病情恶化而不可治，年仅44岁即与世长辞。

林语堂简介

林语堂（1895—1976），笔名，真名林和乐，福建龙溪人，现代作家、学者，尤于道家有深入研究，被认为是"新道家"的代表人物。早年留学美国、德国，获哈佛大学文学硕士学位、莱比锡大学语言学博士学位。1923年，获博士学位后回国，任北京大学教授、北京女子师范大学教务长和英文系主任。1924年后，为《语丝》主要撰稿人之一。1926年，到厦门大学任文学院院长。1932年，创办《论语》半月刊；1934年创办《人间世》；1935年又办《宇宙风》半月刊。1936年，举家迁往美国，开始长达三十年的海外生活，也是其英文写作的重要时期，其英文作品《吾国与吾民》（My Country and My People）、《生活的艺术》（The Importance of Living）和长篇小说《京华烟云》（Moment in Peking）使其于70年代初两次获得诺贝尔文学奖提名。其间，1945年，赴新加坡筹建南洋大学，并任校长。1966年七十一岁时，迁居台湾。第二年，受聘为香港中文大学研究教授。1975年，任国际笔会副会长。1976年，病逝于香港，享年八十一岁。除小说和散文作品外，其学术性著作有《语言学论丛》《中国文化精神》《孔子的智慧》《老子的智慧》《中国新闻舆论史》和《信仰之旅——论东西方的哲学与宗教》等。2011年，群言出版社出版《林语堂全集》二十六卷。

中国文化之精神[1]

——一九三二年春在牛津大学和平会演讲稿

林语堂

此篇原为对英人演讲,类多恭维东方文明之语。兹译成中文发表,保身之道即莫善于此,博国人之欢心。又当以此为上策,然一执笔,又有无限感想油然而生。(一)东方文明,余素抨击最烈,至今仍主张非根本改革国民懦弱委顿之根性,优柔寡断之风度,敷衍逶迤之哲学,而易以西方励进奋斗之精神不可。然一到国外,不期然引起心理作用,昔之

---

[1] 本文选自《林语堂全集》第十三卷《大荒集》(1934),原载《申报月刊》第一卷第一号。就如作者自言,本文是对外国人讲中国传统文化,故而有所掩饰,甚至有所溢美。但文中仍指出了中国传统文化的基本特征——世俗主义(Humanism)和"庸见之崇拜"("religion of commonsense")。所谓"世俗主义",就是中国人没有宗教信仰,也就是对人生没有终极理想(如基督教的"灵魂得救""重返天堂"等),而是以现世的功名利禄为追求目标,所以他崇拜的是自己的"庸见"("常识"),即按一般人的见识行事,讲求实际,或者说,别人怎么做,我也怎么做。基于此,按作者的意思,中国文化之精神就是平庸、保守和惰性——请不要以为这是在批评中国文化,他(对外国人)说,平庸、保守和惰性或许很有好处,至少能使人心平气和——就算是得过且过,也总能过下去。在过去的大部分时间里,世世代代中国人就是这么过的。至于将来的中国人是不是还要这么过下去,他在(为中国读者写的)前言里说:"愿读者对中国文化之弱点着想,毋徒以东方文明之继述者自负,中国始可有为。"——这才是他对传统文化的真实想法。

抨击者一变而为宣传者。宛然以我国之荣辱为个人之荣辱，处处愿为此东亚病夫作辩护，几沦为通常外交随员，事后思之，不觉一笑。（二）东方文明、东方艺术、东方哲学，本有极优异之点，故欧洲学者，竟有对中国文化引起浪漫的崇拜，而于中国美术尤甚。普通学者，于玩摩中国书画古玩之余，对于画中人物爱好之诚，或与欧西学者之思恋古代希腊文明同等。余在伦敦参观 Eumorphopulus① 私人收藏的中国瓷器，见一座定窑观音，亦神为之荡。中国之观音与西洋之马利亚（圣母），同为一种宗教艺术之中心对象，同为一民族艺术想象力之结晶，然平心而论，观音姿势之妍丽，褶纹之飘逸，态度之安详，神情之娴雅，色泽之可爱，私人认为在西洋最名贵的马利亚之上。吾知吾若生为欧人，对中国画中人物，亦必发生思恋。然一返国，则又起异样感触，始知东方美人，固一麻子也，远视固体态苗条，近睹则百孔千疮，此又一回国感想也。（三）中国今日政治经济工业学术，无一不落人后，而举国正如醉如痴，连年战乱，不恤民艰，强邻外侮之际，且不能释然私怨，岂非亡国之征？正因一般民众与官僚，缺乏彻底改过革命之决心，党国要人，或者正开口浮屠②，闭口孔孟，思想不清之国粹家，又从而附和之，正如富家之纨绔子弟，不思所以发挥光大祖宗企业，徒日数家珍以夸人。吾于此时，复作颂扬东方文明之语，岂非对读者下麻醉剂，为亡国者助声势乎？中国国民，固有优

---

① Eumorphopulus，译名"尤莫福普路斯"，英国收藏家。
② 浮屠：梵文（拉丁拼音）Buddha 的音译，亦译"佛陀""菩萨"等。

处，弱点亦多。若和平忍耐诸美德，本为东方精神所寄托，然今日环境不同，试问和平忍耐，足以救国乎，抑适足以为亡国之祸根乎？国人若不深省，中夜思过，换和平为抵抗，易忍耐为奋斗，而坐听国粹家之催眠，终必昏聩不省，寿终正寝。愿读者对中国文化之弱点着想，毋徒以东方文明之继述者自负，中国始可有为。

我未开讲之先，要先声明演讲之目的，并非自命为东方文明之教士，希望使牛津学者变为中国文化之信徒。惟有西方教士才有这种胆量，这种雄心。胆量与雄心，固非中国人之特长。必欲执一己之道，使异族同化，于情理上，殊欠通达，依中国观点而论，情理欠通达，即系未受教育。所以，鄙人此讲依旧是中国人冷淡的风光本色，绝对没有教士的热诚，既没有野心救诸位的灵魂，也没有战舰、大炮将诸位击到天堂去。诸位听完此篇所讲中国文化之精神后，就能明了此冷淡与缺乏热诚之原因了。

我认为，我们还有更高尚的目的，就是以研究态度，明了中国人心理及传统文化之精要。卡来尔①有名言说："凡伟大之艺术品，初见时必令人不十分舒适。"依卡氏的标准而论，则中国之"伟大"固无疑义。我们所讲某人伟大，即等于说我们对于某人根本不能明了，宛如黑人听教士讲道，越不懂，越赞叹教士之鸿博。中国文化，盲从赞颂者有之，一味诋毁者有之，事实上却大家看它如一闷葫芦，莫名其妙。因为中国文化数千年之发

---

① 卡来尔，通译"卡莱尔"，即托马斯·卡莱尔，19世纪英国历史学家、散文家，重要著作有《英雄与英雄崇拜》等。

展，几与西方完全隔绝，无论小大精粗，多与西方背道而驰。所以，西人之视中国如哑谜，并不足奇，但是私见以为，必欲不懂始称为伟大，则与其使中国被称为伟大，莫如使中国得外方之谅察。

我认为，如果我们了解中国文化之精神，中国并不难懂。一方面，我们不能发觉"支那崇拜者"梦中所见的美满境地，一方面也不至于发觉，如上海洋商所相信的中国民族只是土匪流氓，对于他们运输入口的西方文化与沙丁鱼之功德，不知感激涕零。此两种论调，都是起因于没有清楚的认识。实际上，我们要发觉中国民族为最近人情之民族，中国哲学为最近人情之哲学，中国人民，固有它的伟大，也有它的弱点，丝毫没有邈远玄虚难懂之处。中国民族之特征，在于执中，不在于偏倚；在于近人之常情，不在于玄虚的理想。中国民族，颇似女性，脚踏实地，善谋自存，好讲情理，而厌恶极端理论，凡事只凭天机本能，糊涂了事。凡此种种，与英国民性相同。西塞罗①曾说，理论一贯者，乃小人之美德。中英民族都是伟大的，理论一贯与否，与之无涉。所以，理论一贯之民族早已灭亡，中国却能糊涂过了四千年的历史；英国民族果能保存其著名"糊涂渡过难关"（Somehow muddle through）之本领，将来亦有四千年光耀历史无疑。中英民族性之根本相同，容后再讲。此刻所要指明者，只是说中国文化，本是以人情为前提的文化，并没有难懂之处。

倘使我们一检查中国民族，可发现以下优劣之点。在劣的方

---

① 西塞罗，古罗马政治家、雄辩家。

面，我们可以举出：政治之贪污、社会纪律之缺乏、科学工业之落后、思想与生活方面留存极幼稚野蛮的痕迹、缺乏团体组织团体治事的本领、好敷衍、不彻底之根性等。在优的方面，我们可以举出历史的悠久绵长、文化的一统、美术的发达（尤其是诗词、书画、建筑、瓷器）、种族上生机之强壮、耐劳、幽默、聪明、对女士之尊敬、热烈的爱好山水及一切自然景物、家庭上之亲谊，及对人生目的比较确切的认识。在中立的方面，我们可以举出守旧性、容忍性、和平主义及实际主义。此四者，本来都是健康的特征，但是守旧易致落后，容忍则易于妥协，和平主义或者是起源于体魄上的懒于奋斗，实际主义则凡事缺乏理想、缺乏热诚。统观上述，可见中国民族特征的性格大多属于阴的、静的、消极的，适宜一种和平坚忍的文化，而不适宜于进取外展的文化。此种民性，可用"老成温厚"四字包括起来。

在这些丛杂的民族性及文化特征之下，我们将何以发现此文化之精神可以贯穿一切、助我们了解此民族性之来源及文化精英所寄托？我想最简便的解释，在于中国的世俗主义，因为中国文化的精神，就是此世俗主义的精神。

世俗主义（Humanism）[①] 含义不少，讲解不一，但是中国的世俗主义（鄙人先立此新名词）却有很明确的含义。第一要责，就是对于人生目的与真义有公正的认识。第二，吾人的行为要纯然以此目的为指归。第三，达此目的之方法，在于明理，即所谓事理通达、心气和平（spirit of human reasonableness），即儒家中庸之

[①] 世俗主义（Humanism）：也译"人文主义"。

道，又可称为"庸见①的崇拜"（religion of commonsense）。

中国的世俗主义者，自信对于人生真义问题已得解决。自中国人的眼光看来，人生的真义，不在于死后来世，因此基督教所谓此生所以待毙，中国人不能了解；也不在于涅槃②，因为这太玄虚；也不在建树勋业，因为这太浮泛；也不在于"为进步而进步"，因为这是毫无意义的。所以，人生真义这个问题，久为西洋哲学宗教家的悬案，中国人以只求实际的头脑，却解决得十分明畅。其答案就是在于享受淳朴生活，尤其是家庭生活的快乐（如父母俱存、兄弟无故等），及在于五伦③的和睦。"暮从碧山下，山月随人归"；或是"云淡风轻近午天，傍花随柳过前村"。这样淡朴的快乐，自中国人看来，不仅是代表含有诗意之片刻心境，乃为人生追求幸福之目标。得达此境，一切泰然。这种人生理想并非如何高尚（参照罗斯福④所谓"殚精竭虑的一生"），也不能满足哲学家玄虚的追求，但是却来得十分实在。愚见这是一种异常简单的理想，因其异常简单，所以非中国人的实事求是的头脑想不出来，而且有时使我们惊诧，这样简单的答案，西洋人何以想不出来。鄙见中国与欧洲不同，即欧人多发明可享乐之事物，却较少有消受享乐的能力，而中国人在单纯的环境中，较有消受享乐之能力与决心。

此为中国文化之一大秘诀。因为中国人能明知足常乐的道

---

① 庸见：commonsense，通译"常识"。
② 涅槃：梵语 Nirvana 的音译，意为"灭度""寂灭"，超脱生死。
③ 五伦：五种人际关系，即君臣、父子、兄弟、夫妇、朋友。
④ 西奥多·罗斯福，美国第 26 任总统（1901—1908）。

理，又有今朝有酒今朝醉、处处想偷闲行乐的决心，所以中国人生活求安而不求进，既得目前可行之乐，即不复追求似有似无、疑实疑虚之功名事业。所以，中国的文化主静，与西人勇往直前跃跃欲试之精神大相径庭。主静者，其流弊在于颓丧潦倒。然兢兢业业、熙熙攘攘者，其病在于常患失眠。人生究竟几多日，何事果值得失眠乎？诗人所谓"共谁争岁月，赢得鬓边髯"。伍廷芳①使美②时，有美人对伍氏叙述某条铁道建成时，由费城到纽约可省下一点钟③，言下甚为得意，伍氏淡然问他："但是此一点钟省下来时，作何用处？"美人瞠目不能答复。伍氏答语最能表示中国世俗主义之论点，因为世俗主义处处要问明你的目的何在，何所为而然？这样的发问，常会发人深省的。譬如，英人每讲户外运动以求身体舒适（Keeping fit），英国有名的滑稽周报 *Punch* 却要发问"舒适做什么用"？（fit for what？）（原双关语意为"配做什么用"？）依我所知，这个问题此刻还没回答，且要得到圆满的回答，也要有待时日。厌世家曾经问过，假使我们都知道所干的事是为什么，世上还有人肯去干事吗？譬如，我们好讲妇女解放自由，而从未一问，自由去做甚④？中国的老先生坐在炉旁大椅上要不敬地回答，自由去婚嫁。这种世俗主义冷静的态度，每易煞人风景，减少女权运动者之热诚。同样的，我们每每提倡普及教育、平民识字，而未曾疑问，所谓教育普及者，是否要替

---

① 伍廷芳，中国早期外交官，曾任大清国驻美国公使。
② 使美：出使美国。
③ 一点钟：一小时。
④ 做甚：做什么。

《每日邮报》及 Beaverbrook① 的报纸多制造几个读者？自然，这种冷静的态度，易趋于守旧，但是中西文化精神不同之情形，确是如此。

其次，所谓世俗主义者，原可与宗教相对而言。世俗主义既认定人生目的在于今世的安福，则对于一切不相干问题一概毅然置之不理。宗教之信条也，玄学的推敲，都摈弃不谈，因为视为不足谈。故中国哲学始终限于行为的伦理问题。鬼神之事，若有若无，简直不值得研究；形而上学的哑谜，更是不屑过问。孔子早有"未知生，焉知死"之名言，诚以生之未能，遑②论及死。我此次居留纽约，曾有牛津毕业之一位教师质问我，谓最近天文学说推测，经过几百万年之后太阳渐减，地球上生物必歼灭无遗，如此岂非使我们益发感到灵魂不朽之重要；我告诉他，老实说我个人一点也不着急。如果地球能再存在五十万年，我个人已经十分满足。人类生活若能再生存五十万年，已经足够我们享用。其余，都是形而上学无谓的烦恼。况且一人的灵魂也可以生存五十万年，尚且不肯甘休，未免夜郎自大。所以，牛津毕业生之焦虑，实足代表日耳曼族的心性，犹如个人之置五十万年外事物于不顾，亦足代表中国人的心性。所以，我们可以断言，中国人不会做好的基督徒，要做基督徒便应入教友派（Quakers），因为教友派的道理，纯以身体力行为出发点，一切教条虚文，尽行废除，如废洗礼、废教士制等。佛教之渐行中国，结果最大的影

---

① Beaverbrook，比弗布鲁克勋爵，20 世纪初英国裔加拿大报业大亨。
② 遑 [huáng]：何须。

响还是宋儒修身的理学。

世俗主义的发端，在于明理。所谓明理，非仅指理论之理，乃情理之理，以情与理相调和。情理二字与理论不同，情理是容忍的、执中的、凭常识的、论实际的，与英文 commonsense（常理）含义与作用极近。理论是求彻底的、趋极端的、凭专家学识的、尚理想的。讲情理者，其归结就是中庸之道。此"庸"字虽解为"不易"①，实则与 commonsense 之 common 原义相同。中庸之道，实则庸人之道；学者、专家所失，庸人每得之。执理论者必趋一端，而离实际；庸人则不然，凭直觉以断事之是非。事理本是连续的、整个的，一经逻辑家之分析，乃成片断的，分甲乙丙丁等方面，而事理之是非已失其固有之面目。惟庸人综观一切而下以评判，虽不中②，已去实际不远。

中庸之道既以明理为发端，所以绝对没有玄学色彩，不像西洋基督教把整个道学以一般神话为基础（按《创世记》第一章记，始祖亚当吃苹果犯罪，以致人类于万劫不复，故有耶稣钉十字架赎罪之必要。假使亚当当日不吃苹果，人类即不堕落，人类无罪，赎之谓何、耶稣降世，可一切推翻。此全部耶稣教义基础，系于一个苹果之有无。保罗神学③之理论基础如此，不亦危乎？）。世俗主义的理想在于养成通达事理之人士，凡事以近情近理为目的，故贵中和而恶偏倚、恶执一、恶狡猾、恶极端理论。罗素曾言："中国人于美术上力求细腻，于生活上力求近情。"（"In art they aim at being exquisite, and in life at being reasonable." 见《论东

---

① 不易：不变。
② 中：（动词）正对上。
③ 保罗神学：由使徒保罗创立的基督教神学。

西文明之比较》一文)。在英文中,所谓 to be reasonable 即等于"毋苛求""毋迫人太甚"。对人说"你也得近情些",即说"勿为己甚"。所以,近情,即承认人之常情,每多弱点,推己及人,则凡事宽恕、容忍,而易趋于妥洽①。妥洽就是中庸。尧训舜"允执其中"②,孟子曰"汤执中"③,《礼记》曰"执其两端,用其中于民",用白话解释就是这边听听,那边听听,结果打个对折,如此则一切一贯的理论都谈不到。譬如,父亲要送儿子入大学,不知牛津好,还是剑桥好,结果送他到伯明翰。所以,儿子由伦敦出发,车开出来,不肯东转剑桥,也不肯西转牛津,便只好一直向北坐到伯明翰。那条伯明翰的路,便是中庸之大道。虽然讲学不如牛津与剑桥,却可免伤牛津、剑桥双方的好感。明这条中庸主义的作用,就可以明中国历年来政治及一切改革的历史。季文子三思④而后行,孔子评以"再思⑤可矣",也正是这个中和的意思,再三思维,便要想入非非。可见中国人连用脑都不肯过度。故如西洋作家,每喜立一说,而以此一说解释一切事实。例如亨利第八⑥之娶西班牙加特琳公主⑦,Froude⑧说全出于政治作用,Bishop Creighton⑨偏说全出于色欲的动机。实则依庸人评

---

① 妥洽:稳妥合适。
② 见《论语·尧曰》:"咨尔舜,天之历数在尔躬,允执其中。"
③ 见《孟子·离娄》:"禹恶旨酒而好善言。汤执中,立贤无方。"
④ 三思:想三次。
⑤ 再思:想两次。
⑥ 亨利第八,通译"亨利八世",英格兰都铎王朝第二任国王(1509年至1547年在位)。
⑦ 加特琳公主,通译凯瑟琳公主。
⑧ James Anthony Froude,詹姆斯·安东尼·弗洛德,19世纪英国历史学家、传记作家。
⑨ Bishop Creighton,克莱顿主教。

判，打个对折，两种动机都有，大概较符实际。又如犯人行凶，西方学者倡遗传论者，则谓都是先天不足；倡环境论者，又谓一切都是后天不足。在我们庸人的眼光，打个对折，岂非简简单单先天、后天责任各负一半？中国学者则少有此种极端的论调。如Picasso（毕加索）拿Cézanne（塞尚）一句本来有理的话，说一切物体都是三角形、圆锥形、立方体所拼成，而把这句话推至极端，创造立体画一派，在中国人是万不会有的。因为这样类推至尽，便是欠庸见（commonsense）。

因为中国人主张中庸，所以恶趋极端，因为恶趋极端，所以不信一切机械式的法律制度。凡是制度，都是机械的、不徇私的、不讲情的，一徇私讲情，则不成其为制度。但是，这种铁面无私的制度与中国人的脾气最不相合。所以，历史上，法治在中国是失败的。法治学说，中国古已有之，但是总得不到民众的欢迎。商鞅变法，蓄怨寡恩，而卒车裂身殉。秦始皇用李斯学说，造出一种严明的法治，得行于羌夷①势力的秦国，军事政制，纪纲整饬，秦以富强，但是到了秦强而有天下，要把这法治制度行于中国百姓，便于二三十年中全盘失败。万里长城，非始皇的法令筑不起来，但是长城虽筑起来，却已种下他亡国的祸苗了。这些都是中国人恶法治、法治在中国失败的明证，因为绳法不能徇情，徇情则无以立法。所以，儒家倡尚贤之道，而易以人治。人治则情理并用，恩法兼施，有经有权，凡事可以"通融""接洽""讨情""敷衍"，虽然远不及西洋的法治制度，但是因为这

---

① 羌夷：中国古时对西北蛮族部落的总称。

种人治适宜于好放任自由个人主义的中国民族，而合于中国世俗主义的理论，所以二千年来一直沿用下来，至于今日，这种通融、接洽、讨情、敷衍，还是实行法治的最大障碍。

　　但是，这种世俗主义虽然使中国不能演出①西方式的法治制度，在另一方面却产出一种比较和平容忍的文化。在这种文化之下，个性发展比较自由，而西方文化的硬性发展与武力侵略，比较受中和的道理所抑制。这种文化是和平的，因为理性的发达与好勇斗狠是不相容的。好讲理的人，即不好诉诸武力，凡事趋于妥协，其弊在怯。中国互相纷争时，每以"不讲理"责对方，盖默认凡受教育之人都应讲理，虽然有时请人讲理者是因为拳头小之故。英国公学，学生就有决斗的习惯，胜者得意，负者以后只好谦让一点，俨然承认强权即公理，此中国人所最难了解者。即决斗之后，中外亦有不同，西人总是来得干脆，行其素来彻底主义；中国人却不然，因为理性过于发达，打败的军人，不但不枭首示众，反由胜者由国库中支出十万元买头等舱位，将败者放洋游历，并给以相当名目，不是调查卫生，便是考察教育。此为欧西各国所必无之事。所以如此者，正因理性发达之军人深知天道好还，世事沧桑，胜者欲留后日合作的地步。败者亦自忍辱负重，预做游历归来亲善携手的打算，若此的事理通达，若此的心气和平，固世界绝无仅有也。所以，少知书识字的中国人，认为凡锋芒太露，或对敌方"不留余地"者为欠涵养，谓之不祥。所以，凡尔赛条约，依中国士人的眼光看来便是欠涵养；法人今

---

①　演出：演绎出。

日之所以坐卧不安时做噩梦者①，正因定凡尔赛条约时没有中国人的明理之故②。

但是，我必须指出，中国人的讲理性，与希腊人之"温和明达"（sweetness and light）及西方任何民族不同。中国人之理性，并没有那么神化，只是庸见之崇拜（religion of commonsense）而已。自然，曾参③之中庸与亚里士多德之中庸，立旨大同小异；但是，希腊的思想风格与西欧的思想风格极相类似，而中国的思想却与希腊的思想大不相同。希腊人的思想是逻辑的、分析的，中国人的思想是直觉的、组合的。庸见之崇拜，与逻辑理论极不相容，其直觉思想，颇与玄性近似。直觉向来称为女人的专利，是否因为女性短于理论，不得而知。女性直觉是否可靠，也是疑问，不然，何以还有多数老年的从前贵妇，还在蒙地卡罗④赌场上摸摸袋里一二法郎，碰碰造化⑤？但是，中国人的思想与女性尚有其他相同之点。女人善谋自存，中国人亦然。女人实际主义，中国人亦然。女人有论人不论事的逻辑，中国人亦然。比方有一位虫鱼学教授，由女人介绍起来，不是"虫鱼学教授"，却是"从前我在纽约时死在印度的哈利逊上校的外甥"。同样的，中国的推事⑥头脑中的法律，并不是一种抽象的法制，而是行之

---

① 即指二战前纳粹德国对法国的威胁。
② 凡尔赛条约是一战结束后战胜国法国和战败国德国签订的条约，对德国作了种种苛刻的限制，致使德国人感到屈辱，20年后拥护纳粹上台，并发动战争施以报复。
③ 曾参，人称"曾子"，孔子的正统传人，编《论语》、著《大学》、写《孝经》、著《曾子》，被后世尊奉为"宗圣"。
④ 蒙地卡罗，通译"蒙特卡罗"，法国赌城。
⑤ 造化：原意为创造演化，引申为命运，又引申为运气。
⑥ 推事：法官。

于某黄上校或某部郭军长的未决的疑问。所以,遇见法律不幸与黄上校冲突时,总是法律吃亏。女人见法律与她的夫婿冲突时,也是多半叫法律吃亏。

在欧洲各国中,我认为英国与中国民性最近,如相信庸见、讲求实际等。但是,英国人比中国人相信系统制度,兼且在制度上有特殊的成绩,如英国的银行制度、保险制度、邮务制度,甚至香槟、跑马的制度。若爱尔兰的大香槟,不用叫中国人去检勘票号(count the counterfoils),就是奖金都送给他,也检不出来。至于政治社会上,英国人向来的确是以超逸①逻辑、凭恃庸见、只求实际著名。相传英人能在空中踏一条虹,安然度过。譬如,剜肉医疮式补缀集成的英人杰作——英国的宪法——谁也不敢不佩服,谁都承认它只是捉襟见肘、顾前不顾后的补缀工作,但是实际上,它能保障英人的生命自由,并且使英人享受比法国、美国较实在的民治。我们既在此地,我也可以顺便提醒诸位,牛津大学是一种不近情理的凑集组合历史演变下来的东西,但是同时我们不能不承认它是世界最完善、最理想的学府之一。但是在此地,我们已经看出中英民性的不同,因为必有相当的制度组织,这种的伟大创设才能在几百年中继续演化出来。中国却缺乏这种对制度组织的相信。我深信,中国人若能从英人学点制度的信仰与组织的能力,而英人若从华人学点及时行乐的决心与赏玩山水的雅趣,两方都可获益不浅。

---

① 超逸:超越。

中国传统社会与政治①

林语堂

一、公共精神的缺乏

中华民族是一个由自私自利者所组成的民族，他们只关心自己的家庭，不关心社会，而这种家庭意识，又不过是较大范围内的自私自利。很奇怪，"社会"一词所代表的观念在中国人的思想中并不存在。在儒家的社会与政治哲学中，我们看到了由"家"向"国"的直接过渡，这是人类组织形式的两个连续阶段，正如古语所云："修身、齐家、治国、平天下。"最接近于"社会"这个观念的词是"国家"，即"国——家"，这与中国人

---

① 本文节选自《林语堂全集》第二十卷《吾国与吾民》(1935) 第六章，题目系编者所加。本文论中国传统社会与政治，也就是论中国的传统文化，因为从广义上讲，社会与政治不仅是文化的一部分，而且是最重要的组成部分。本文从9个方面予以论述，中国传统文化的种种弊端被一一揭示。就中国传统社会来说，最大的弊端是民众缺乏社会意识（文中称为"公共精神"）；就中国传统政治来说，最大的弊端是家长制（文中称为"贤能政府"）。这两种弊端是互为因果的：正因为"贤能政府"什么都管，民众也就不需要有"公共精神"；正因为民众缺乏"公共精神"，任何事情都只能由"贤能政府"包办。这是个难解的死结，至今仍在很大程度上困扰着这个国家，尽管表面上它已经不再是传统社会和传统政治了，但传统仍在继续。

组成抽象名词的方法是一致的。

"公共精神"是一个新名词，正如"公民意识""社会服务"等名词一样。在中国没有这类东西。当然，有"社会事务"这个词，比如婚礼、丧礼、生日庆祝、佛教仪式，以及一年一度的节日等。然而，英美社会生活中某些不可缺少的组成部分，比如体育运动、政治、宗教都是中国社会明显缺乏的。中国没有教会，没有教会团体。中国人避免谈论政治，好像这也是一种虔诚的宗教信仰。他们不投票选举，也没有俱乐部、会所之类的地方来辩论政治。他们并不着迷于把人们紧紧绑在一块的体育运动，而这却是英美社会生活的本质。当然，他们也玩游戏，但这些游戏却适宜于中国人自私自利的特点。中国游戏并不像板球那样将游戏者分成两组，相互争夺。协力配合这样的事鲜为人知。在中国人孤僻的游戏中，参加者自己为一方。中国人喜欢扑克，而不喜欢桥牌。他们一直在玩麻将，而麻将则更像扑克，而不像桥牌。在这种"麻将"哲学中，或许可以看到中国人自私自利的特点。

中国人的自私自利在中国的新闻系统中可见一斑。中国人办报纸就像他们玩麻将。我曾经见到过中国人是如何编辑他们的日报的。这里，总编的职责仅仅是写社论，专门负责国内消息的人有自己的版面，负责国际新闻的人有自己的版面，专管城市新闻的人也有自己的地盘。这四个人在管理各自的部门时就像那麻将桌上的四个游戏者，每个人都在猜测其他人手里有什么牌。每个人都试图凑齐自己的一副牌，而把那些没有用处的竹子[①]扔出去

---

① 竹子：指麻将牌（过去麻将牌都用竹子做成）。

供别人选择。如果国内新闻有富裕，其内容则可以很方便地流向城市新闻版，这是无需向读者说明的。如果城市新闻版也已过分拥挤，则可以转向凶杀、火灾版。没有必要区分什么是头版新闻。没有选择，没有配合，也没有陪衬。每个编辑都可以在他认为适当的时候打住，一切从简。加之编辑和读者都是天生的自私自利者，发表新闻是编辑的事，而寻找新闻却是读者的事，互不干涉。这是中国一些最古老、最庞大、发行量最大的报纸迄今为止仍在奉行着的编辑方针与编辑技巧。

如果你问为什么没有合作，答曰：因为没有社会头脑。如果总编辑试图进行某些改革，而将阻碍改革的城市版编辑辞掉，那么他就违犯了中国家庭制度的原则：他为什么要干涉别人的事务？他是想把那位编辑逐出报社，砸掉他的饭碗，使所有靠他生活的人都挨饿吗？如果这位城市新闻版的编辑的妻子是报纸所有者的侄女，总编能将他解雇吗？如果他还有一点中国人的社会意识，他就不会这样做。然而，如果他刚刚从美国密苏里新闻专科学校留学归来，那么他马上就得从总编的位子上退下来，另外一位知道如何用中国方式办事的人将接替他。旧的情形将继续，读者们将搜寻自己想看的消息，报纸仍将扩大它的发行量，仍将大赚其钱。

这就是在中国人所有社会交际活动背后所隐藏着的心理体系。找到更多这样的例子并非难事。这些例子都说明中国人缺乏社会头脑，而这一点尤使二十世纪的西方人感到困惑。我讲二十世纪的西方人，因为他曾接受过十九世纪人本主义的恩惠，有较宽阔的社会观。这里有一个典型的使人困惑的例子，它真正代表了中国人对社会工作的观念。我想引用《论语》半月刊（中国一种无意识幽默杂志）中一位地方军阀关于群众教育运动的讲话。青年人受到美国人社会服务热忱的感染，组织了一场"扫盲"运动。于是，这位将军在讲话中说，学生应该读书，不要干涉公共事务："人家做人家的事，吃人家的饭，你要打倒人家。"这种很有说服力的论点是，文盲们并没有干涉你的事务，你们为什么要去干涉他们呢？这些话简短有力，就事论事，因为它们是直接地、毫不掩饰地发自讲话者内心的话。对中国人来讲，社会工作看起来总是在"管别人的闲事"。一个热心于社会改革或者说是热心于任何一项公共事务的人，看起来总是有点滑稽可笑。我们给他的诚意打折扣，不能理解他。他这样不厌其烦地做这些工作，目的何在？他想成名吗？他为什么不效忠于自己的家庭，设法升官发财，首先帮助一下自己的家人？我们的结论是，他太年轻，或者说，他是一个异乎寻常的怪人。

中国历史上总是有一些这样异乎寻常的人，他们被称为"豪侠"，但他们都属于土匪或流浪者阶层，没有结过婚，是些四处漂泊的光棍，随时准备跳进水里抢救一个素不相识、即将溺死的孩子。结过婚的中国男子一般不做这种事。不过，也有例外，结果死后一文不名，使老婆孩子吃尽了苦头。我们敬佩他们，热爱他们，但我们不希望家里有这样的人。当我们看到一个男孩有太多的公共精神以致使自己陷入那种窘境时，我们会大胆地预见这个男孩将是他父母的灾星。如果我们能尽早地阻止他，自然是再好不过的了。如果不能，他就会被送进监狱，从而使全家都跟着遭殃。当然，事情并不总是那么糟。如果我们不能阻止他，他可能会离家出走，加入那些有公共精神的土匪或强盗中去。所以，我们把他们称作"离经叛道的人"。

中国人为什么如此缺乏公共精神呢？实际上，中国人并不是基督教传教士们想象的沉浸在罪恶之中的异教徒，尽管"异教徒"这个名词，以基督教蔑视和批判的力量，似乎非常适合于中国人。如果传教士们能设法理解他们，追根溯源，他们的看法可能会转变一些。因为在这种现象的背后，是一种不同于基督教的社会哲学。这种区别是观点的区别。现代最有教养的中国人仍然不能理解，为什么西方妇女会去组织什么"防止虐待动物协会"？为什么去管狗的事，而不待在家里照看自己的孩子？我们的结论是：这些妇女没有孩子，所以没有什么更有益的事情可做。这种推断也许往往是正确的，我们面前的矛盾是家庭观念和社会观念之间的矛盾。如果我们继续深究，会发现家庭观念无时无刻不在起着作用。

家庭制度是中国社会的根基，由此而生发出各种社会特点。这个家庭制度以及乡村制度——家庭制度的更高一级阶段——可以用来解释中国社会中的所有问题。面子、人情、特权、感恩、谦恭、官吏的腐败，公共机构、学校、行会、慈善事业、好客、正义，以及整个的国家机构，都源于家庭和乡村制度，都借用这些制度的要旨及其外部结构，都在这些制度中发现了可以用来解释自己特点的有启发性的理由。从家庭制度中生发出家庭观念，从家庭观念中生发出一定的社会行为规范。研究一下这些问题，观察一下作为社会的人如何在缺乏社会头脑的情况下行动，是很有意思的。

二、家庭制度

中国以前并没有"家庭制度"这样的社会学名词,我们只知道家庭是"国家的基础",或者说,是人类社会的基础。这种制度给我们所有的社会生活增添了色彩。这种制度是与个人有关的,正如我们有关政府的观念一样,是带有个人感情色彩的。这种制度给我们的孩子们上的第一课,就是人与人之间的社会责任,相互调整的必要,自制、谦恭,明确的义务感,对父母感恩图报和对师长谦逊尊敬。这种制度几乎取代了宗教的地位,给人一种社会生存与家族延续的感觉,从而满足人们永生不灭的愿望。通过对祖先的崇拜,这种制度使得人们永生的愿望看起来是那么切实,那么生动。这种制度培养了家族的荣耀感,就是在西方也很容易就能看到的那种荣耀感。

这种制度甚至还可以涉足于个人非常具体的事务。它从我们手中夺去了缔结婚姻的权利,把这种权利给了我们的父母;它让我们与"媳妇"结婚而不是与妻子结婚;它使我们的老婆生"孙子"而不是生儿子;它还百倍地增加了新娘的义务;它使年轻人感到,如果大白天将自己的房门关起来是非礼行为,使英文中的"Privacy"(独处、私事、秘密、隐私)这个词在汉语中失去存在的可能性。它像收音机那样迫使我们习惯于喧闹的婚姻、喧闹的葬礼、喧闹的晚饭、喧闹的睡眠;它像收音机那样麻痹了我们的神经,发展了我们温和的脾性。西方人就像一个未婚的姑娘,只要照看好自己就可以了,所以她总可以打扮得整洁一些,而中国人则像大家庭中的媳妇，有数不清的家务在等她去做。于是，这种制度在我们心中从小就培养了一种冷静感，使年轻人循规蹈矩、恪守本分。它为我们的孩子提供了过多的保护。很奇怪，很少有孩子造反与出逃。在以父母为中心的独裁家庭中，这种制度使年轻人失去了事业心、胆量与独创精神。笔者认为，这是家庭制度在中国人性格形成中最具灾难性的影响。父母的葬礼使文人学士在三年之内不能参加科举考试，这也是内阁成员辞职的一个绝好理由。

家庭伦理甚至涉足我们的旅行与运动。《孝经》（从前的学童都要背诵的）中发展了一种理论，即"身体发肤，受之父母，不敢毁伤"。孔子的门徒曾子临终前说："启予足，启予手。"即要人们检查他的手足，没有任何损伤，可以完整地交回给自己的祖先。这与宗教感情已相差无几。家庭伦理限制了我们的旅游，孔子说："父母在，不远游，游必有方。"① 于是，最佳形式的游历，亦即漫无目的、不期望达到任何特定地点的旅游，从理论上讲是不可能有的。孝子"不爬高，不涉险"。所以，在阿尔卑斯俱乐部里，没有一个孝子。

总之，家庭制度恰好是自私自利的反动。它拉着人后退，正如赛马的职业骑师用缰绳把那向前猛冲的阿拉伯马拉回来一样。如果这是个优秀骑士，他就能帮助这匹马赢得这场比赛。然而，有时骑士并不那么优秀，有时阻止赛马向前奔跑的也不是骑士，而是一辆不中用的货车。如此，中国社会就不需要良种的阿拉伯马了。最好的证明就是我们的确没有良种马。我们把它们谋杀刺

---

① 引自《论语·里仁》。游必有方：出游必告知去处。

死，赶进山林，或送进精神病医院去了。我们需要的只是从容不迫、沉重缓慢地拉车的马。这样的马，我们有许许多多。

社会等级观念，人们也通常这样称呼儒教，是支配着家庭制度的社会哲学。正是这种观念，在维持着中国的社会秩序。这也是社会结构与社会控制的原则。它的中心思想是等级，也即"名分"。它给予每一个男人、女人以一定的社会地位，与世俗主义"凡事各得其所"的理想一致。"名"即"名称""名义"；"分"即"本分""义务"。儒教实际上被称为"名教"。一个名，就是一个头衔，给予某人在社会上以特定的地位，并明确了他与别人的关系。没有名，没有一个特定的社会关系，人们就不知道自己的"分"，或者说，在这种关系中自己的责任；所以，他就不知道如何控制自己的行为。儒家的观点认为，如果每个人都知道自己的地位，并使自己的行为与自己的地位相称，社会秩序就有了保障。"五伦"中的四项关系都与家庭有关。这五大伦理关系是：君臣关系、父子关系、夫妇关系、兄弟关系和朋友关系。这最后一项的朋友关系，可以说，是和家庭一致的，因为朋友是可以包括在家庭圈子里的人——"家里的朋友"。于是，家庭就成了所有道德行为的出发点。

平心而论，孔子从来没有试图让家庭意识取代社会或国家意识，并使之成为一种扩大了的自私自利——这个结果，他老人家并未能预见到，尽管他有那么多实用的智慧。家庭制度的罪恶，在韩非子①的时代（公元前三世纪末）就已经很明显。我认为，韩非

---

① 韩非子，战国时韩国公子，师从荀子，后将荀子的重"礼"，推演为重"法"，成为法家代表。

子是当时最伟大的政治思想家。他在著作中所描述的当时的政治状况，与现代中国的情形相比较别无二致。比如裙带关系、徇私舞弊、损公肥私、政治家建立豪华的别墅、对犯渎职等罪行的官吏没有任何惩罚、缺乏公民意识，以及普遍缺乏社会意识。这些问题，韩非子早已全部阐明。所以，他主张出路在于法治的政府。他自己的结局，却像苏格拉底那样，被迫服毒自杀了。

然而，至少在理论上，孔子并没有认为家庭意识应该蜕化为一种扩大了的自私自利，从而把社会的完整丧失殆尽。在其道德系统中，他确实允许一定量的超家庭的仁爱；他认为家庭的道德教育是全社会道德教育的基础，并且认为通过全社会的道德教育，应该出现一个民众生活幸福和谐的社会。只有这样，才能真正理解为什么"忠孝"被放在道德之首，并得到如此特别的强调。甚至中文中代表"文化"或"宗教"的"教"字，也是从"孝"演变而来的，即"孝"字加一表示使役的偏旁"攵"，意思是"使孝"。《孝经》是这样解释"孝"的：

> 子曰："君子之教以孝也，非家至而日见之也。教以孝，所以敬天下之为人父者也。教以悌，所以敬天下之为人兄者也。教以臣，所以敬天下之为人君者也。"①

---

① 大意是："孔子说：'君子教人以行孝道，并不是挨家挨户去推行，也不是天天当面去教导。君子教人行孝道，是让天下为父亲的人都能得到尊敬。教人以为弟之道，是让天下为兄长的人都能受到尊敬。教人以为臣之道，是让天下为君主的能受到尊敬。'"

孔子还说：

> 爱亲者，不致恶于人；敬亲者，不敢慢于人。①

所以，他就可以对门徒曾子说：

> 夫孝，德之本也，教之所由生也。复坐，吾语汝，身体发肤，受之父母，不敢毁伤，孝之始也。立身行道，扬名于后世，以显父母，孝之终也。夫孝，始于事亲，中于事君，终于立身。②

所有的道德哲学，在社会上都是基于一种模仿的理论，在教育上则基于一种习惯的理论。社会教育的方法和途径是从小建立正确的思想态度，这自然是从家庭开始的。这一切都没有什么错，唯一的弱点是将政治与道德混为一谈，结果对家庭来说是比较满意的，而对国家来讲则是灾难性的。

家庭制度作为一种社会制度，是前后一贯的，它坚信一个由好兄弟、好朋友组成的国家一定是个好国家。然而，在现代人看来，儒学在社会关系中忽略了每个人对自己不相识的人所应有的

---

① 大意是："爱戴自己的父母，就不会嫌恶他人（的父母）；尊敬自己的父母，就不敢怠慢他人（的父母）。"

② 大意是："这就是孝，它是一切德行的根本，也是教化产生的根源。你回原来位置坐下，我告诉你，人的身体四肢、毛发皮肤，都是父母赋予的，不敢予以损毁伤残，这是孝的开始。人在世上遵循仁义道德，有所建树，显扬名声于后世，从而使父母显赫荣耀，这是孝的终极目标。所谓孝，最初是从侍奉父母开始，然后效力于国君，最终建功立业，功成名就。"

社会职责,这种忽略的灾难性是严重的。撒马利亚人乐善好施的品德①,在中国鲜为人知,实际上受到人们冷落。从理论上讲,这种品德已经体现在"互惠主义"中了。孔子说,仁者"己欲达而达人,己欲立而立人";然而,这种与"他人"的关系并未包括在五种最重要的关系中,没有详细给予说明。家庭与朋友一起组成了一座有围墙的城堡,城内是最大限度的共产主义大协作,相互帮助;对城外的世界,则采取一种冷漠无情、一致对抗的态度。结果正如人们所见到的那样,家庭成了有围墙的城堡,城墙之外的任何东西都可以是合法的掠夺物。

三、徇私舞弊和礼俗

的确,中国的任何一个家庭都是一个共产主义的单位,以"各尽所能,各取所需"的原则指导着自己的各项活动。互相帮助发展到了一种很高的程度。一种道德义务和家庭责任荣誉感促使他们要相互提携。有时,某位兄长要远涉重洋去帮助一位破了

---

① 见《圣经·新约·路加福音》第十章:"有一个律法师,起来试探耶稣说:'夫子,我该做什么才可以承受永生。'耶稣对他说:'律法上写的是什么?你念的是怎样呢?'他回答说:'你要尽心、尽性、尽力、尽意,爱主,你的神。又要爱邻舍如同自己。'耶稣说:'你回答的是。你这样行,就必得永生。'那人要显明自己有理,就对耶稣说:'谁是我的邻舍呢?'耶稣回答说:'有一个人从耶路撒冷下耶利哥去,落在强盗手中,他们剥去他的衣裳,把他打个半死,就丢下他走了。偶然有一个祭司,从这条路下来。看见他就从那边过去了。又有一个利未人,来到这地方,看见他,也照样从那边过去了。唯有一个撒玛利亚人,行路来到那里。看见他就动了慈心,上前用油和酒倒在他的伤处,包裹好了,扶他骑上自己的牲口,带到店里去照应他。第二天拿出二钱银子来,交给店主说,你且照应他。此外所花费的,我回来必还你。你想这三个人,哪一个是落在强盗手中的邻舍呢?'他说:'是怜悯他的。'耶稣说:'你去照样行吧。'"

产的弟弟恢复名誉。地位较高、事业较成功的家庭成员，即使不负担全部家用，通常也要承担其中的大部。一个人供养自己的侄子和外甥上学是常见的事，不需要特别赞扬。一个成功者，如果他是一个官吏，往往把最好的差事分配给自己的亲戚。如果当时没有一个现成的职务，他会制造一个闲职出来。这种挂闲职领干薪主义和裙带关系逐渐得到了发展。加上经济的压力，它就成了一种不可抗拒的力量，来破坏任何政治改革运动，而不是被改革运动摧毁。这种力量如此之大，任何不屈不挠的改革势力，不管其用意多么崇高，最终都会被证明是失败的。

从温和一些的观点看，裙带关系并不比其他各种形式的徇私偏袒更坏。一位部长不仅要把自己的侄子、外甥安插在部里，还要将部里其他高级官员的侄子、外甥安插进来。还有一些官员地位确实高一些，并且给他写了推荐信。除了那些挂名职务及"顾问职务"之外，还能将他们放在哪里呢？经济压力及膨胀的人口的压力是如此之大，有如此多的受过教育的人能写文章，却不会修理汽化器或组装收音机，以至每当一个新的公共机构的建立，或新官吏任职，头头们总会收到成百上千封推荐信。于是，很自然，这种慈善与宽厚就从家庭开始了。因为家庭制度应该被中国人看作是中国人与失业斗争的传统保险制度。每个家庭都要照管自己家里的失业者，供给他们吃喝，之后的第二步就应该帮他寻觅一份差事。这种方法比慈善事业要好一些，因为它教给了那些不太幸运的人以一种独立感，获得这种帮助的家庭成员也会转而帮助家庭中的其他成员。再者，那位掠夺了国家资财以肥自己的部长，他或许是为这一代，或许在为下面的三代、四代人聚集了五十万或一千多万美元。他只不过是想光宗耀祖，做一个体面的家庭成员（我只想举几个死人的例子：王占元将军，湖北省长，有约三千万美元资产；吴俊升将军，黑龙江督军，更为富有，有大片的不动产，财富无以计数。只有上帝才知道热河的汤玉麟有多少财产，他现在还活着）。贪污受贿、敲诈勒索，对公众可能是罪恶，然而对家庭总是美德。因为所有的中国人基本上都是不错的"好"人，所以正如辜鸿铭①所说，在汉语语法中，最常见的动词变化形式是"敲诈"的几种形式："我敲诈，你敲诈，他敲诈；我们敲诈，你们敲诈，他们敲诈。"这是一个规范变化动词，没有任何特殊变化。

所以，尽管看起来很奇怪，然而中国式的共产主义孕育了中国式的自私自利。家庭内部的协作导致了带有某种利他主义色彩的普遍盗窃癖。盗窃癖可以和个人极端诚实的品德并行不悖，甚至与慈善心肠并行不悖。这一点，就是在西方也并不奇怪。那些社会支柱们，在中国，他们是在日报上抛头露面最多的人，他们经常很慷慨地捐赠一万美元给大学或医院，其实这些人不过是将从民众身上掠夺来的钱财再退回给民众罢了。在这一点上，东西方是那样惊奇地一致。区别只是，在西方，他们总是害怕被揭露，然而在东方，这些事情被认为是天经地义的。哈定②政府的极端腐败，最后导致了一位官员被送上法庭。尽管这对那位官员很不公正，然而看起来，人们还是认为贪污受贿是不公正的事。在中国，虽然一个人可以因偷窃一个钱包而被捕，但他不会因为盗窃国家资财而被抓起来。甚至北平故宫博物院的无价国宝遭到

---

① 辜鸿铭，字汤生，号立诚，近代学者，有"怪杰"之称。
② 哈定（Warren C. Hassling），美国第20任总统（1921—1923）。

有关的官员的偷窃，事情败露后，罪犯也没有受到惩罚。因为我们对政治腐败有一种"需要"，于是从逻辑上就必然会产生一种"贤能政府"理论（见下面第九节）。孔子要我们接受仁人之治，我们也确实把他们当作仁人君子。他们可以不做预算，不报告支出情况，做事不需要民众的立法许可，犯罪之后不需要进监狱；结果是，他们的道德天赋与他们的职位之便太不相称。所以，他们中的许多人就不免干些鸡鸣狗盗的勾当。

中国式"民主"的可爱之处在于，以这种手段巧取豪夺的钱财，总是又渗漏回到民众手中，不是通过向大学捐款，就是去资助那些依靠他或者侍奉他的人，包括他家里的仆人。那个"敲诈"他的仆人，只不过是在帮助他把钱还给民众。仆人这样做，感到问心无愧。仆人背后也有一大堆家庭问题，与主人的家庭问题虽然范围不同，性质却无二致。

除了已经谈过的裙带关系和社会腐败之外，家庭制度还造成了其他一些社会问题。这也许可以总结为，缺乏社会纪律的家庭制度使所有社会组织形式都归于失败；比如，它通过裙带关系使国家的行政机构失去功能；它使"各人自扫门前雪，莫管他人瓦上霜"。这倒也不坏，坏就坏在人们把自己家的垃圾倒在了邻居的门前。

最好的例子，就是中国人的所谓谦恭有礼。这一点常被误解。中国人的谦恭有礼，并不是爱默生①的定义，所谓"做事情令人愉悦的方式"。这在很大程度上要取决于你在和谁打交道。他是你家的人，还是你家的朋友？中国人对家庭及朋友圈子以外

---

① 爱默生（Ralph Waldo Emerson），19世纪美国哲学家、散文家、诗人。

的人,那种礼貌态度正与英国人对其殖民地内其他种族的人的态度一样。一位英国人对我说:"我们有一个优点,就是我们对自己人并不傲慢。"这对英国人来说,似乎也足够了,因为他们"自己"就与社会等同了。中国人对朋友、对熟人并没有什么无礼举动,然而对既非朋友、又非熟人的人,则不然。中国人作为一个社会存在,对自己的同胞采取明显的敌对态度,不管是和自己同乘一辆电车的乘客,还是和自己一起排队买戏票的人。

一次,在内地的某个汽车站。天下着雨,我看到有一位乘客经过一番拼抢之后,找到了一个座位,可这座位却是司机的。车站的管理员请他让开,他执意不肯。他要是有一点"社会意识",也会感觉到,如果没有司机,车里的人谁也回不了家。然而,他连这一点社会意识的火星儿都没有。但是,我们如果进一步想,难道应该责怪他吗?为什么那么多乘客,只有一辆汽车?地方军事长官把其他的车辆都征用做军事运输去了。那位地方长官的社会意识哪里去了呢?在这种系统失灵的情况下,人们被迫进行拼抢。大家都滞留在离家三十英里以外的路上,天下着雨,人人都想尽快回家。在这种情况下,如果那位占据了司机位置的人自动放弃座位,结果会是怎样?这种情况很典型,它表明了农民式的礼貌和速度时代的不协调,证明了政治上的腐败在促使个人为生计不得不拼死争夺,表明了建立在一种新的社会意识上的习惯的缺乏,而这种意识是需要时间才能建立的。

这种社会意识的缺乏,结果使所有的公共汽车公司都赔钱,所有的矿产公司都倒闭。这种社会意识的缺乏,也可见于其他许多方面,比如对图书馆规章制度的遵守,以及对国家法令的实行等问题上。大官们破坏大法律,小官们破坏小法律,于是社会纪律极端松弛,人们对社会规章制度普遍漠视。

事实是,家庭制度在阻碍着极端自私自利向一种新型社会意识的转变。在西方,社会意识是全社会的意识,而不只是家庭意识。中国社会则被切成小的家庭单位,家庭内部存在着最大的共产主义大协作,然而在家庭与家庭之间,却不存在任何真正的联系,只有国家似乎才将他们联系在一起。然而,由于中国长期以来一直独立于世界之外,没有受过大的挑战,所以这种国家观念,或称民族主义,也没有得到很大的发展。这里,家庭意识代替了西方人的社会意识和国家意识。某种形式的民族主义确实在发展着,但是欧美人士无须惊慌,所谓"黄祸"可能会来自日本,但不会来自中国。在我们的本能深处,我们宁可为自己的家庭去死,不会为国家去死。没有一个人想为世界去死。日本军事集团宣传的所谓一个民族应该扩张自己的势力,以给亚洲及世界带来"和平与融洽",这种宣传对中国人没有任何效果。我们对其中的道理奇怪地、极端地、异教徒般地表示麻木不仁。我们对这些呼吁的回答是:"你想干什么?"我们不会去拯救世界。在现代中国的国际关系史上,外国挑衅行为已多得足以激励中国人,使他们团结成为一个整体。但是,令人惊讶的是,我们如此成功地抵御了这些影响和挑衅。

纵观整个国家的状况,我们似乎可以确定,我们会像以前那样继续生存下去。一九三五年在日本和中国旅行过的人,可以尽可能地在这几方面作一个比较。日本人每天忙忙碌碌,总是在电车、火车里读着一张报纸,一副固执的神情、坚定的下巴、眉梢上挂着民族灾难即将到来的阴云，坚信在下次的大决战中，日本要么摧毁整个世界，要么被世界摧毁，并在为这天作着准备。而中国人则穿着长袍大褂，宁静安详、心满意足、逍遥自在、无忧无虑，似乎没有什么东西可以使他从梦中醒来。你在中国人家中作客、在中国餐馆用膳、在中国街道上散步，不可能觉得民族灾难或世界灾难即将降临①。中国人谈到自己的国家时总是说它像"一盘散沙"，这每一颗沙子并不代表每一个人，而代表每一个家庭。另一方面，日本民族是（从语法上讲，我们说中华民族"are"——复数的"是"，而日本民族"is"——单数的"是"）像一块花岗岩一样结合在一起的。这也许是一件好事，下次世界大爆炸可能会摧毁这块花岗岩，但是顶多不过能吹散这些沙子。沙子还是沙子。

四、特权与平等

　　社会等级观念，或称"人人各得其所"的理想，以一种奇怪的方式将平等的观念阉割了。认识到这一点，对于理解中国人的社会行为的精神，好的也罢，坏的也罢，都很重要。中国文人学者的脾性，是要强调各种各样的区别，如男女之别（如前所述，导致了对妇女的幽禁）、统治者与被统治者之别、青年人与老年人之别，等等。儒道总以为自己所给予的是文明的影响，所以儒家到处传播这种区别，到处建立社会等级和社会秩序。他们期望用一种道德的力量把社会绑在一起，向统治者宣传仁慈善

---

① 本文写于二战前夕，故有此说。

行,向被统治者宣传恭顺服从;老年人要慈祥和蔼,青年人要尊敬老人;哥哥要"友与兄弟",弟弟要谦恭。这里强调的并非社会平等,而是严格的等级之别,或称有等级的平等。汉语中,"五伦"的"伦"字,意谓阶层内的平等。

这样一个社会,并不是没有其迷人与美好之处的。比如,尊敬老人就一直令人感动不已。罗斯(A.E.Ross)教授曾经指出,中国的老人给人印象最深,他们比西方的老年人要高贵,看上去更体面。西方的老人则被迫感到他们在各方面都已经度过了自己最有用的时期,现在正由孩子们无偿地供养,似乎他们在壮年时并没有尽了抚养儿女的职责!西方的另一些老人则不断向人们呼喊,说他们在精神上还很年轻,结果使自己看起来更滑稽可笑。没有一个有教养的中国人会无缘无故去惹恼一位老人,正如没有一个有教养的西方人会故意激怒一位女士。这些细微的感情现在已经丧失掉了一些,但在大部分中国家庭中还依然存在。这就是为何老年人总是那么清静和悠闲的原因。中国是唯一能使老人获得清静悠闲的国家,我相信这种对老年人的普遍尊敬,比世界上盛行的老年救济金要好一千倍。

另一方面,这种等级理论却带来了特权,对那些可以享受特权的阶层,以及羡慕这些特权阶层的人们不无魅力,直到今天都是如此。尊敬老人无疑是好事,然而尊敬学者与官员却既是好事,又是坏事。社会对"状元"(科举考试的第一名)的拥戴和欢呼,使每一个母亲都动心。你看他骑着高头大马,作为全国第一,也是最聪明的学者,在街上走过,真正是一个名副其实的迷人王子。作为头名状元,他应该是很帅气的,这一点也很重要。

这就是作为一名卓越的学者所得到的荣耀，一个中国官员所得到的荣耀。他每次外出，都有人为之鸣锣，宣告他驾到；衙役们在前面开道，将过路人逐向两边，像扫垃圾一样。这些衙役也总是分享着王子的权力与荣耀。他们就是偶尔打伤甚至杀死一两个人，又有何妨！

每每阅读中国的古典小说，我们总会看到这样的情景。实际上，我们并不称之为权力或荣耀。我们叫"气焰"，就像熊熊烈火，炙手可热。衙役唯一的忧虑是担心碰上另一班属于更高一级官员的衙役（这就是等级观念的妙用），这样他们的"气焰"就会降温。他们也可能忧虑由于不知情而杀死或打伤一个属于更高一级官吏家里的衙役。这时，他们会喊："小的该死！小的该死！"事实上，他们也可能被主人送到那更高一级官吏的手中，任他给予任何他认为合适的刑罚，包括鞭打、监禁，合法不合法全然无所谓。

这样的特权总是那么令人振奋，那么迷人，怪不得那些现代官僚即使被撤职，也不愿放弃这些特权。没有一个享受着这种特权的人，不感到自己非常荣幸，非常满意。把这些现代官僚称为"公仆"，简直是对民主的莫大污辱！他们在自己的通电中可能会使用这个名词，但他们在心里却痛恨它。一九三四年，曾经有一位高级官员的司机不听交通灯指挥，在一个拥挤的路口横冲直撞。一个警察企图阻止他，他便拔出手枪把警察的手臂打伤。这就是他的官火燃烧的熊熊火焰。是的，特权这个东西确实不错，官火今天仍在熊熊燃烧。

所以，特权正是平等的对立面。官员们正是民主的天敌。只有等官员们愿意限制自己阶级的特权，享受少一些的行动自由，到法庭上去回答别人对他的控告，只有等到这天，中国才有可能在一夜之间变成真正的民主国家。然而，现在还不是。因为如果百姓要自由的话，官僚军阀们还能有自由吗？如果百姓享有人身自由不得侵犯的权利，官僚们不就失去逮捕编辑、关闭报社、把别人的头砍掉以治自己头疼病的自由了吗？（我的家乡福建漳州的张毅将军，就是这样做的。我公布了他的大名，因为他已死了。）每当民众对他们的统治者表示不满，或者年轻人对父母提出异议时，我们就喊："反了！反了！"意思是说天和地都倒个儿了，世界的末日到了。

这种观念深深地扎根在中国人的头脑中，这种邪恶也不是局限于官员身上，而是像一棵大榕树一样，用巨大的树荫笼罩在所有人身上。我们中国人并不和这棵大榕树作斗争，而是设法钻到大榕树的树荫下去。我们不像美国人那样弹劾官员，或者像布尔什维克那样，把富人的房子付之一炬。我们设法去做他们的守门人，享受他们的庇护。

五、社会等级

问题似乎已经很清楚，在中国，实际上只有两个社会阶级：一个是衙门阶级，他们远在欧洲人还没有来到中国之前就享受着治外法权①，也不用领事裁判②；另一个是非衙门阶级，他们要纳税、要循规蹈矩。讲的稍微残酷一些，中国只有两种狗，即在

---

① 治外法权：外国人免受当地司法管辖的豁免权。
② 领事裁判：治外法权的补充，即某外国人在当地的行为是否有罪，由其国家驻当地的领事裁定。

赛跑中跑在前面的狗和落在后面的狗——当然，他们也经常调换位置。中国人以自己乐观的宿命论，高尚地、完美地忍受着这种安排。在中国，没有固定的社会阶层，只有不同的家庭。他们随着命运的沉浮而沉浮：有幸运的衙门家庭，也有不幸的衙门家庭，后者的儿子没有在衙门中任职，女儿也没有嫁入衙门家庭。实际上，没有一个家庭是没有什么联系的。很少有一个中国人的家庭不会通过婚姻，或通过熟人找到一个远房堂兄，该堂兄又认识一位张先生的三公子的老师，或这位张先生的媳妇是某官太太的妹妹。这个关系在有官司要打的时候，是极有重要价值的。

衙门家庭同样可以比做榕树，它们盘根错节，相互纠结在一起；而整个中国官僚阶层，就像是一大片榕树林。经过相互调整，这些榕树都在太阳底下争到了一块地盘，相互和平共处。有一些树所处的位置较其他为好，他们就相互维护而保住自己的位置。正如当代中国流行的俗语所说，"官官相护"。普通民众就是土地，供给这些大树以营养，使他们成长。正如孟子在为仁人与普通人的区别辩护时所说，"无君子，莫治野人；无野人，莫养君子"①。一次，齐王问孔子治国之道，孔子授之以社会等级观念，齐王大呼："善哉，信如君不君，臣不臣，父不父，子不子，虽有粟，吾得而食诸？"② 于是，这些榕树在阳光的照耀下，

---

① 引自《孟子·滕文公上》，大意是："没有君子（上等人）就治理不了众人（下等人）；没有众人就不需要君子。"
② 引自《论语·颜渊》，完整的段落是："齐景公问政于孔子。孔子对曰：'君君，臣臣，父父，子子。'公曰：'善哉！信如君不君，臣不臣，父不父，子不子，虽有粟，吾得而食诸？'"大意是："齐景公问孔子怎样治理国家。孔子回答说：'君就是君，臣就是臣，父就是父，子就是子。'齐景公说：'是啊！假如君不是君，臣不是臣，父不是父，子不是子，虽有粟米，我吃得到吗？'"

吮吸着大地的乳汁，茁壮地成长着，有一些树长得更健壮一些，它们从大地吮吸了更多的乳汁，那些在大树下乘凉并感叹于树上绿叶的人们，并不知道这是大地的功劳。

然而，官僚们对此都非常清楚。那些在北平①等待分配地方行政官职的人从内心里，从与别人的谈话中，都知道哪些地方"肥"，哪些地方"瘠"。他们也用华丽的辞藻谈论什么国民预算，其实就是"民脂民膏"。如果榨取民脂民膏也算一门科学，那它在方法的多样化与独创性方面完全可以和有机化学媲美。一个好的化学家可以把甜菜根炼成糖，一个更优秀的化学家可以从空气中提取氮来制造化肥。中国官僚们的本领，和化学家相比毫不逊色。

这种官僚制度的唯一可取之处是使中国没有形成世袭制度与贵族阶层。衙门阶级并不像欧洲的贵族那样是可以世袭的，人们不可能认定哪些人就永远是衙门阶级。没有哪个中国家庭可以像某些法国贵族或者奥地利的哈伯斯堡家族②那样，骄傲地说自己的祖先在过去的百年中从未做过体力活。孔子的后裔除外，他们在过去的两千年中都未曾辛苦劳作。满族军队在一六四九年征服中国后，其后裔在过去三百年间也可以说是没有做过工，务过农；现在满族王朝已被推翻，他们仍然拒绝劳动——我指的是他们中的大多数人。这是一个非常有意思的例子，可供社会学家去研究，看一个阶层的人在被全国民众奉养了三个世纪之后，会产生什么变化。可以说，他们是中国真正的"有闲阶级"。但他们

---

① 北平：北京的旧称。
② 哈伯斯堡家族，欧洲著名贵族，于1270—1318年间统治奥地利。

是例外，在衙门阶级与非衙门阶级之间，通常并没有一个明确的界线。

是家庭，而不是任何的世袭阶层，构成了社会单位。这些家庭万花筒般的上下沉浮。每个已过不惑之年的人，都曾亲眼看到过一些家庭发迹，一些家庭衰败。社会平等在西方或者在中国都不是由宪法保障的，而是像人们所说，是由我们的败家子来维系。因为有许多败家子的挥霍，使得一个富裕家庭不可能永远富裕。他们就这样成了社会平等的保障。加上科举制度，使得来自底层而有能力、有雄心的人得以升迁。除了乞丐与妓女的儿子，任何人都可以参加科举考试。教育还没有昂贵到只有富家子弟才能上得起学的地步。如果做学问是有才能的人的特权，那么这种特权永远也不属于富人。没有人会因为贫穷而在学术生涯中严重受挫。从这个意义上讲，我们可以说，机会对任何人都是均等的。

中国人把社会分为四等，依次为：士、农、工、商。在中国这样一个长期的原始农业社会中，这种等级划分基本上是合理的。等级之间没有敌对情绪，因为没有这种必要。等级之间的交往，除掉我们已经提到过的衙门阶级以外，并没有被"阶级感情"和势利观念所阻断。这种社会等级关系最好的时候，一个富商或者高官显贵可能会请一位樵夫到自己府上喝一杯茶，并且亲切友好地闲谈一阵。而且，较之于英国庄园主和农夫之间的谈话，他们的闲谈可能还要随便。农民、工匠、商人，都是大地乳液的一部分，所以他们都是谦恭、安静、自尊的公民。根据儒家的理论，农民被排在这三个等级的首位，因为粮食意识很强的中国人总是很清楚每粒谷子的来源,他们对之感激不尽。农民、工匠和商人,都把读书人看作是一个应该享有特权和其他待遇的人。鉴于汉语书面语很难学会,这种对读书的尊敬是发自他们内心的。

六、阳性的三位一体:官、绅、富

然而,这些读书人值得尊敬吗?脑力劳动明显比体力劳动高级,这种不平等似乎非常自然。人类能够征服动物界,是因为人类大脑的高度发达。人类智力的发展,证实了人类有能力控制动物界。然而,人们当然可以质问,从动物的立场上看,人类是否有权毁掉狮子、老虎赖以生存的山林,使野牛失去它们的大草原?狗可能也会同意人类有这种权利,然而狼却可能表示反对。人类仅仅是用自己更大的狡猾证明自己的权利。中国的读书人也是这样做的。只有他们才知道知识的宝藏,只有他们才知道历史和法律,只有他们才知道怎样就可以通过巧妙地玩弄法律信仰中一个辞藻,将一个人置于死地。学问是如此复杂,尊敬有学问的人也就是很自然的了。这些人构成了中国所谓的"上流"阶层。我们再用森林作比喻。这些上流阶层是寄生虫,他们有办法毫不费力地爬到最高的树上去。中国所有的榕树都被这样的寄生虫包围着。换句话说,他们能爬到树上,悄悄地说一句好听的话,就可以吸吮大地的乳汁,顺便把一张委任状塞进兜里。更有甚者,他们经常还负有通过榕树吸干大地乳汁的责任。

这就是所谓的"包税制"①。这种制度正在破坏民众的财政以及国家的岁入。这些税收专利权是本地的乡绅土豪的衣食父母，一种从民国建立以来就愈演愈烈的罪恶。事实上，用三千元从市政府那里买来的包税权，一年就可以赚回两至三倍的钱。大地的乳汁被用来滋养那些寄生虫。可悲的是，民众被愚弄，政府及社会也没有得到任何好处。这一切，只不过是养肥了寄生虫们自己的家庭。

然而，这些寄生虫在各地盘根错节，任何新的政权都必须与他们协作共事，通过他们行使职权。他们在自己的圈子中分派屠宰税、卖淫税与赌博税。从自己投资最多的行当中，他们自然期望得到最大的酬报。实践证明，这种"最大的酬报"对民众是灾难性的。他们的贪婪是无止境的。你不可能对他们的"最大利益"下任何定义，因为这些土豪与官府衙门保持着正式或非正式的联系。某个土豪可能会拜访某个官员，一边喝一口龙井茶，一边感叹说："啊！你想一想，每县至少有一千五百个猪槽，每十个县就有一万五千个猪槽。一个槽收税一块钱，就可以净赚一个相当可观的数目，相当可观啊！"又一口龙井茶又喝下去了。多次这样的感叹与远见的闪光之后，那位官员真正开始学习榨取民脂民膏的艺术了。他从内心里感激这位土豪，同时为自己的无知感到有些惭愧。于是，他在"世道"上逐渐成熟起来，在猪槽税之后，他又发现了棺材税；之后，又发现了花轿税……

---

① 包税制：即间接税收制，国家或官府不直接按规定税率向纳税人征税，而是采取招标承包方式，将某一种要征收的税款数额包给富豪私商，由承包人运用官府授给的征税权自行确定征收办法，向纳税人收税。

在我心目中,中国的读书人好像经常和中国画中的白鹤联系在一起。白鹤是那么纯洁,那么清白,那么超然。这就是它们为什么能代表道家隐者的原因:道人们是骑在它们的背上飞上天空的。人们可能以为白鹤是靠吃天空中的什么东西为生的。实际上,它们吃的是青蛙和蚯蚓。只要它们的羽毛是如此洁白光滑,它们的脚步是如此庄重,就是吃些青蛙、蚯蚓之类,又有什么关系?问题是,它们一定要吃点什么。上流社会那些绅士们懂得生活中所有的乐事。他们要生活。为了生活,他们必须有钱。

他们对钱的嗜好,迫使他们与富人打交道。这里,我们接触到了中国真正的不平等,经济上的不平等。在中国的城镇,总是有一个阳性的三位一体:官、绅、富,以及阴性的三位一体:面、命、恩。阳性的三位一体通常是在一起共事的,一个好的行政长官要开出自己的一条路来,就得越过士绅与富豪直接与民众取得联系。有许多这样的长官,但是他们的境况很艰难。他们需要亲理政务。袁枚①就是其中之一,当然还可以举出许多。他们对民众是有好处的,但这种好处却是时有时无的。

七、阴性的三位一体:面、命、恩

社会等级观念与等级内平等的观念,导致了中国某些社会行为规范的产生。这就是三个不变的中国法则,比罗马天主教的教义还要永恒,比美国的宪法还要权威。它们是统治中国的三位女

---

① 袁枚,字子才,号简斋,清代文人,乾隆四年进士,历任溧水、江宁等县知县,有政绩,四十岁即告归。

神,名字是:面子、命运和恩惠。这三位姐妹过去统治着中国,现在也如此。唯一真正值得一试的革命,是反对阴性三位一体的革命。问题是,这三位女人是那样斯文,那样迷人。她们使我们的祭司堕落,向我们的统治者献媚、保护强者、引诱富豪、麻醉穷人、贿赂有雄心壮志的人、腐蚀革命阵营。她们使司法机构瘫痪,使宪法失效。她们讥笑民主、蔑视法律、拿民众的权利开玩笑;她们践踏所有的交通规则、俱乐部规则,甚至民众的家庭。如果她们是独裁的君主,长得很丑,就像狂怒的复仇女神,那么她们的统治就不可能长久。然而,她们的声音是那么温柔,办法是那么和缓;她们的脚步轻轻地走在法庭之上,指头在静静地、娴巧地移动,让正义的机器停止运转;与此同时,另一只手却在抚摸着法官的面颊。是的,崇拜这三位邪恶的女性会给人带来异常的舒适。因为这个原因,她们的统治还会在中国延续一些时候。

为了理解恩惠的含义,有必要了解中国人多少年来美好而原始的质朴生活。中国人的社会理想一直是"寡政权,省刑罚"。个人的、世俗主义的色彩总是会染在中国人的法律和政府的躯体之上。中国人对法律、律师,以及高度理性化的社会,一概持怀疑态度。他们的理想是生活在懒散的和平与闲适中,并保持一定程度的原始的质朴。在这种气氛中,恩惠出现了;在这种气氛中,古老中国最美丽的品德出现了——感恩,也即恩惠的另一面。这种感恩戴德之情,在中国普通人的心目中,尤其是在农民中,非常流行。一位受你恩惠的农民,会一辈子记得你,记得你的恩惠。他还很可能在家里为你竖一块木牌子敬仰你,或者为你

"赴汤蹈火"。确实，民众得不到宪法的保护，就只能乞怜于地方长官。然而，如果这位长官是仁慈的，那么他的仁慈就要受到后人的热情赞赏，因为它是无偿给予的。有千万个这样的事例，民众围着一位刚刚离任的、坐在轿子中的长官，跪在地上，眼里浸满了感激的泪水。这就是中国人感恩戴德最好的证明，是中国官吏所施恩惠的最好例子。民众只知道这是恩惠，不知道这是中国官吏们应该做的事。

在这种气氛中产生的恩惠，来自当权者和需保护者之间的私人关系。然而，它可以取代法律，事实也往往如此。一个中国人被捕了，或许是错捕，他的亲戚本能的反应不是去寻求法律的保护，在法庭上见个高低，而是去找长官的熟人，去求他的"恩典"。由于中国人非常重视个人关系，重视"情面"，这个去求恩典的人如果"面子"足够"大"，他的说情往往能够成功。这样，事情总是很容易，比那耽延时日的官司，花钱要少得多。于是，在权势者、富人、有关系的人与那些不太幸运的、没有关系的穷人之间，产生了一种社会的不平等。

几年前，在安徽有两位大学教授，不小心说了几句"不当说"的话，其"罪过"本是微不足道的。然而，他们冒犯了当局，被抓去监禁了起来。亲戚没有什么好法子，只得到省会去向该省的最高军事长官乞求"恩典"。另一方面，同一省里的一些年轻人，因赌博被当场抓获，因为他们与省里某一有势力的团体有关系，他们不仅获释，而且还到省会去要求解雇那些抓他们的警察。两年前，扬子江畔某城市的警察搜查了某鸦片馆，并将其鸦片没收。然而，某地方要人的一个电话，警察局就不得不为自己的失礼而道歉,并且在警察的护送下将鸦片送回。一位牙医曾为一个很有权势的将军拔了一次牙;将军大悦,授了一个头衔给他,所以他的一生就可以享受一点将军的荣誉。有一次,某部的电话员请他接电话,直呼了他的姓名,而没有称呼他的头衔,他来到部里,找到了那位电话员,当着军事参谋部成员的面,扇了电话员的巴掌。一九三一年七月,武昌的一个妇女因为天热穿短裤睡在户外而被捕,监禁几天之后便死去了。但这个妇女原来是个官太太,那个警察于是被枪毙了。诸如此类,不一而足。报复是甜美的。然而,并非所有可能被捕的妇女都是长官的妻子。结果就不总是甜美的报复。儒家是赞成这样做的。早在《礼记》中,就有这样的说法:"礼不下庶人,刑不上大夫。"①

于是,恩惠就成了社会等级观念的重要组成部分。这在逻辑上必然导致儒家的"仁政",即由讲情面的仁人君子所管理的父母政府。老子说:"圣人不死,大盗不止。"② 他讲的难道不对吗?然而,孔子却天真地认为国家有足够的仁人去管理民众,他显然是想错了。在人类生活的田园式质朴阶段,这种理论或许可以行得通,然而在当今飞机和汽车的时代,这种理论注定要失败,而且已经悲惨地失败了。

如前所述,这种现象引起的唯一可称道的后果,是世袭贵族阶层的消失。这又将我们带到了命运这个题目上。使中国这种明显的社会不平等得以延续的原因是:没有谁会被永远踩在脚下。

---

① 大意是:"礼不用于普通人,刑不用于当官的。"
② 此语其实出自《庄子·胠箧》。老子《道德经》里说的是"绝圣弃智,民利百倍",意思差不多。

压迫者和被压迫者是经常调换位置的。我们中国人相信人总有出头之日,相信"天理循环"。如果一个人有能力,有韧性,有雄心,他就可能升迁,爬得很高。谁知道呢?一个豆腐摊主的女儿,很可能突然被一个有权势的官员和陆军上校看中;他的儿子,很可能由于一个偶然的机会当上了市长的看门人。一个屠夫的女婿,本来是一个乡村教师,到了中年突然通过科举考试中了举人,像我们在小说《儒林外史》中看到的那样①;于是就有一位绅士从城里跑来,请他去住在自己的府邸里;另一位来和他"换庚帖",结拜了兄弟;第三位是个富商,赠送了他好几匹丝绸、好几袋银子;甚至知府大人也送了他两个年轻女仆、一个厨子,这样他原本种地的妻子就不用种地,也不用做家务了。他那做屠夫的丈人也迁入市镇上的新宅,满心欢喜,完全忘记了当初他是如何欺侮他这个女婿的,还说自己一向坚信女婿会有飞黄腾达之日。现在他随时准备放下屠刀,靠女婿安度余生了。这些事情一发生,这位举人的出头之日也就到了。我们羡慕他,一点也不认为这是不公平的。我们称之为"命",或者"运气"。

宿命论不仅仅是中国人的思维习惯,也是儒家传统意识的组成部分。这种信仰与社会等级观念紧密相连,有以下说法为证:"安分守己,听天由命。""顺应天命。"孔子在谈到自己思想发展过程时说"五十而知天命",又说"六十而耳顺",这种宿命论观点是中国人个人力量与满足的来源,可以用来解释中国人为什么心灵是那样平静。既然没有人能够在所有的时候都幸运,而

---

① 即《儒林外史》中的"范进中举"。

且好运气不可能同时降到每个人身上,所以人们便乐于承认这种不平等的合法性。认为是很自然的事。有雄心、有能力的人,总有机会通过科举升迁。如果一个人由于自己的运气和能力由社会底层升至特权阶层,那么只能说是这次轮到他了。一旦进入特权阶层,他就会爱不释手。地位的升迁带来了心理的变化。他开始喜欢社会的不平等,喜欢他所有的特权;他爱上了这个地位。就像拉姆齐·麦克唐纳①爱上唐宁街一样。麦克唐纳走上唐宁街十号②的台阶,呼吸着那儿的空气,感到心旷神怡。事实上,每个现代中国成功的革命家都经历过这样一个转变;他用自己的铁蹄践踏出版自由,其卖力程度并不下于他在革命时期谴责过的军阀们。

他现在已经有了一个"很大的面子";他可以凌驾于一般法律和宪法之上,更不用说什么交通规则、博物馆规定之类。这个脸面是心理上的,而不是生理上的。中国人生理上的面孔固然很有意思,而心理上的面孔则更为迷人,值得研究。这个面孔不能洗也不能刮,但可以"得到",可以"丢掉",可以"争取",可以"作为礼物送给别人"。这里我们触及到了中国人社会心理最微妙奇异之点。它抽象,不可捉摸,但都是中国人调节社会交往的最细腻的标准。

然而,举出中国人面孔的例子很容易,给它下定义却很难。譬如,一个在大城市里做官的人,可开车以每小时六十英里的速度在街道上疾驰,而交通规则只允许每小时三十五英里。这位当

---

① 拉姆齐·麦克唐纳(Ramsay MacDonald 1866—1937),英国政治家。
② 唐宁街十号:英国首相府。

官的是有很大面子的。如果他的车撞了一个人，警察来到跟前，他就不声不响地从皮夹子里抽出一张名片，有礼貌地笑一笑，车子就扬长而去了。他的面子比前面那位还大。然而，如果这个警察不愿意给他这个面子，假装不认识他，那么这位官员即刻用"北平官话"问他，是否知道他父亲，并挥手让司机开车上路。这样，他的面子就更大了。如果这个固执的警官硬要将司机带到局里去，这时，官员就会向警察局长打电话，后者很快就将司机放走，并下令开除那个"不知道官员父亲是谁"的小警察。这时，官员的脸面就真真变得乐不可支了。

　　脸面这个东西无法翻译，无法为之下定义。它像荣誉，又不像荣誉。它不能用钱买，它能给男人或女人实质上的自豪感。它是空虚的，男人为它奋斗，许多女人为它而死。它是无形的，却又靠显示给大众才能存在。它在空气中生存，而人们却听不到它那倍受尊敬、坚实可靠的声音。它不服从道理，却服从习惯。它使官司延长、家庭破产，导致谋杀和自尽。它也能使一个不义之徒由于同乡人的斥责而改邪归正。它比任何其他世俗的财产都宝贵。它比命运和恩惠还有力量，比宪法更受人尊敬。它经常决定一次军事行动的胜负，它可以推翻政府的一个部。中国人正是靠这种虚荣的东西活着。

　　将中国人的"面子"与西方人的"荣誉"相混淆，无疑会铸成大错。中国以前的女子常为面子而死，那是因为她裸露的身体被男人看见了，正如西方一些妇女曾因为自己生了个私生子而愿意去溺水自杀。然而，在西方，一个男子被扇了耳光而不提出决斗是失掉了"荣誉"，而不是面子。在中国，一位"道台"老爷的丑公子去逛妓院而被拒绝，因此受辱，于是他回府之后带着一班警察去逮捕那个妓女，并关闭妓院，于是争回了自己的"面子"——我们一般不说他在捍卫自己的"荣誉"。

战斗的失败，帝国被葬送，皆因将军们在为自己应该得到什么样的尊称而争吵所致，皆因他们为接受失败的一些无关紧要的方法意见不同所致，而不是由于战略战术上的分歧。人们在激烈地争吵，法庭内的斗争也在继续，而聪敏的仲裁人知道，压根儿就没有什么实质的东西在阻止双方达成一致的意见。他们唯一需要的是一个"体面地"退出的办法，或者是承认错误的合适的措辞。一位将军使一个政党分裂，改变了一场革命事业的进程，只不过是因为他受到一个同僚的当众侮辱。男人们愿意辛苦劳作整个夏天，不过是为了使一次葬礼仪式能够与这个家庭的地位或面子相适应，而一些濒于破产的古老家庭，愿意使之破落下去，靠借债度日，也是由于同样的原因。

不给人面子是最大的无礼，就像一位西方人向对方提出挑战一样。许多官员一个晚上要参加三至四个宴会，宁冒消化不良的危险，也不使任何一个邀请他赴宴的主人丢掉"面子"。许多打了败仗的将军本应该砍头或终身监禁，然而他们却被派往欧洲去作什么"工业"或"教育"考察，作为他们投降的惩罚，这样就顾及了他们的"面子"。这也是中国内战周期性复发的原因。四五年前，政府内阁宣布撤销，原因是避免使用"撤职"这个字眼，以保全某一位部长的"面子"，他本来应该被明确地告知滚蛋，或者外加判刑收监（撤职会使部长丢面子，因为其他内阁成员并无变化）。讲人情，完全是讲人情，这就是我们的情面。然而，它可

中国传统社会与政治 | 237

以刺激人们的野心，克服中国人的拜金主义。它使一个中学教师感到非常不安，因为那个外国校长坚持要将他的工资由十八元提为十九元。他宁可拿十八元，或二十元。与其被称作"十九元先生"①，还不如去死的好。一位岳父拒绝留自己没一点出息的女婿吃饭，以免丢脸。岳父很可能是为了使自己的女婿将来有出息，让他在回家路上默默地、孤零零地走着。这很可能就是他变好的开端。

总的看来，与没有什么脸面的人同行，比与有太大的脸面的人同行要安全得多。在扬子江上的一条轮船上，两个士兵执意要船长给他们一个面子，允许他们进入一间严禁入内的、装有整箱硫黄的房间。他们进去了，并且不顾买办的劝告，坐在箱子上抽烟，而且乱扔烟蒂。结果轮船被炸。这两位士兵成功地保全了自己的面子，却未能保全自己的性命，得到的只是两具烧焦了的尸体。这些事情和知识与教养无关。五年以前，上海有位受过教育的中国将军，认为自己的面子大到可以带着超重的行李登上飞机，任凭机组人员抗议、规劝与请求，一概无用。不仅如此，他还要求再给点面子，命令飞行员驾机绕场一周，给那些前来为他送行的人一饱眼福。因为这位军人有权有势，这个面子他也得到了。然而，驾驶员的精神却多少有点紧张，飞机起飞后东倒西歪，撞在一棵树上。将军最终为自己的面子丢掉了一条腿。任何认为自己的面子大到可以带超重的行李上飞机的人都应该丢掉一

---

① "十九元先生"：旧时多用于南方，意指妻子与人通奸的丈夫，和"戴绿帽子丈夫"意思相同。"十九元"读作"十九块"（当时男人戴的瓜皮帽通常用十九块布缝制而成）。

条腿,并为之感激不尽。

　　看起来,尽管不可能为面子下定义,有一点却是肯定的,除非这个国家的每个人都丢掉自己的面子,否则中国不会成为一个真正的民主国家。不过,老百姓本来就没有什么面子,问题是当官的什么时候才愿意丢掉自己的面子呢?在警察局里,面子被丢掉时,我们的交通才会安全;在法庭上,面子被丢掉时,我们才有公正的判决;在中央各部,面子被丢掉,面子政府被法治政府取代时,我们才会有真正的共和国。

八、乡村制度

　　在缺乏社会头脑的情况下,慈善事业怎么可能在中国产生?为公众利益所创建的集体事业在中国采取了何种形式?答案要到乡村制度——家庭制度的更高一个阶段——中去寻找。田园背景使得筹办国家博物馆的私人制度得到发展,它也使人们发展了一种乡村意识,类似于一个纽约人或者芝加哥人的那种市民意识。从热爱自己的家庭,发展到热爱自己的宗族;从热爱自己的宗族,发展到热爱生我养我的土地。于是一种乡土之情油然而生。汉语中也叫"同乡观念"。这种观念把来自同一村镇、同一地区、同一省市的人联系在一起,促使他们建起了地区学校、公共粮仓、商会、孤儿院,以及其他公共事业。这些东西基本上来自家庭心理,不脱离家庭模式。这种观念是扩大了的家庭观念,使得人们有可能进行一定程度的合作。

　　在沿海或内地的每个大城市中,都有一些省市或地区的同乡会，譬如安徽同乡会、宁波同乡会等。什么地方有富商，什么地方的同乡会就会得到慷慨的资助。笔者家乡的漳泉同乡会，在上海拥有价值一百四十多万元的资产。同乡会办了一所学校，凡是同乡的孩子均可在此免费上学。同乡会还可以作为旅馆，类似西方的俱乐部旅馆，非常便宜，有时还有一种奇特的收费制度①。它还为来此地旅行的商人们提供各种地方性指导。在满族统治期间，学子们每年一次从全国各地云集北京参加会考，没有一省一地区在首都没有自己的会馆。你总可以找到你那个省的同乡会馆。学子们，即未来地方官的候选人，就住在这些会馆里。有时还有他们的眷属，就像在长期居住的旅馆里一样。有些省，如山西、安徽，有一个这样的会馆网，帮助自己的商人在全国各地经商。

　　在本乡，这种乡村精神使当地民众能够建立一种公共管理制度。这是中国真正的政府。只有讨厌的衙门收税员，以及大吵大闹地到农村出公差招募人员的士兵们，才知道还有个"中央政府"。在以前的帝国时代，政府很少向民众征税，正如村里人常说的"天高皇帝远"。征募士兵的事，也鲜为人知。天下承平之时，既无战争，也没土匪，只有地痞流氓才会想去当兵。如果国家不太平，就很难分清谁是政府士兵，谁是土匪；也没有必要作这种区分。这样的区分在逻辑上也站不住，至于法律和正义就更谈不上了。人们总是避开法庭，百分之九十五的乡村纠纷，是由那里的长者们来解决的。牵涉到一项诉讼中去，本身就不光彩。

---

① 即可以用实物抵价付费。

体面的人都以自己一生从未进过衙门或法庭而自豪；所以，中央政府的三项最重要的职能，即征收捐税、维持和平、维护正义，跟普通老百姓很少有什么关系。根据中国的政治哲学，无为的政府是最好的政府。事实也总是如此。中国真正的政府可以被描绘为乡村社会主义。适合一个乡村的东西，其基本精神也适合于城镇。

所谓的乡村地方政府是无形的，它没有市长或议员等人组成的可见的权威机构。这种政府是由年长者凭借自己的年岁从精神上予以领导，也由绅士们凭借自己对法律及历史的知识从精神上予以指导。从根本上讲，它是用没有文字记录的法律即习俗和惯例进行统治的。村民中出现不和时，年长者和族长，就被请来裁决是非曲直。裁决的依据，如前所述，并不仅仅是公理，而是"人性与公理"的结合。在没有律师的时候，总是很容易看出谁对谁错，特别是争论双方相互都很了解，生活在同一个社会传统中，律师的缺乏使得正义成为可能。只要有正义，人心就会趋向平和。乡绅作为一个阶级，比城市的绅士要纯洁，尽管从经济上讲，他们仍然具有寄生性质。有一些杰出正直的学者，他们并不以处理诉讼为生，他们以自己的人格和学问的声誉，与村里的长者一起，受到村民的尊敬。在这些长者和学者的领导下，老百姓日复一日地生活着。如果争端仍不能解决，比如涉及犯罪或分割财产等，争论双方为了面子准备决一雌雄，他们就只得把案子送往衙门。然而，这只是在双方都准备牺牲自己的时候，因为他们通常像躲避瘟疫一般躲避衙门。

中国民众能管理自己，他们也一直在管理着自己。如果"政府"这种东西能不干涉他们的事务,他们倒也很愿意让政府靠边稍息。让民众在十年中处在无政府状态,不让他们听到"政府"这个词,他们会在一起和平地生活,他们会繁荣昌盛,他们会开发沙漠,把它变为果园。他们会制作器皿并销往全国。他们将创办企业,开发地球上的宝藏。人们将不再种植鸦片,因为没有人强迫他们去种,鸦片就自动绝迹了。他们将会省下足够的钱以防旱涝饥荒等不测风云。取消那挂着"富国强民"招牌的税务局,国家将会更富,民众将会更强。

九、贤能政府

作为一个国家,我们在政治生活中一个最突出的特点就是缺乏一部宪法,缺乏民权思想。这个特点根源于一种不同的社会和政治哲学,它将道德和政治混为一谈,是一种道德和谐的哲学,不是一种力量的哲学。制定一部"宪法"的前提,是认为我们的统治者可能是一些无赖、骗子或窃贼。他们可能会滥用职权,侵犯我们的"权利"。于是我们可以依靠宪法来保护我们的权利。而中国人有关政府的观念,却恰恰与此相反。我们认为政府官员是"父母官",他们实行的是"仁政"。他们会像照看他们自己的孩子们的利益那样,照看民众的利益。我们放手让他们去处理一切事务,给予他们绝对的信任。我们把数以百万计的钱放在他们手中,但从不让他们汇报开支情况。我们给了他们以无限的权力,却从未想到过如何保护自己的权利。我们把他们看作是仁人君子,有教养的绅士。

对这种贤能政府的批评，最细致、最公正、最尖锐不过的，要算两千一百多年以前的韩非子了。他是"法家"的哲学家，生活在孔子之后约三百年的时候。他是法家中最后一个、也是最伟大的人物。他赞成法治的政府，而不是人治的政府。他对人治政府的弊端作了尖锐的分析。他所描述的当时中国的政治生活状况，与现代中国的状况是那么惊人地相似。如果他是在今天向我们讲话，那是绝不需要修改一个字的。

根据韩非子的观点，政治贤明的开始在于抛弃所有道德上的陈词滥调，避开所有道德改革的努力。笔者坚信，如果我们能够早一天停止谈论民众的道德改革，中国就有可能早一天出现一个廉洁的政府。这么些人坚持认为，道德改革是解决政治腐败的方法，这个事实本身就是他们幼稚的思维方式的标志，表明他们没有能力把政治问题作为政治问题来处理。他们应该看到，我们在过去的两千多年中一直在重复着那些道德上的陈词滥调，却没有能够改善国家的道德状况，以产生一个稍为廉洁、稍为美好的政府。他们应该看到，如果道德教化还有一点点用处，那么中国今天就应该是一个圣人与天使的乐园了。我怀疑，人们，特别是那些官员们，之所以津津乐道于什么道德改革，是因为他们知道这些谈论不会有害于任何人。其实，很可能所有道德卫士的良心都有问题。我发现像张宗昌将军这样一些试图恢复孔教以提高别人道德水准的人，通常都娶了五至十五个老婆。他们在勾引年轻女子方面也很有些手腕。我们讲"乐善好施是美德"，他们也随声附和："不错，仁慈是件好事。"谁都没有受害。另一方面，我却从未听到我们的官员讲法治政府，因为民众会回答说："好的，我们将控告你，把你送进监狱。"所以，如果我们能早一天停止谈论什么道德，早一天讨论如何实行严格的法治，我们就会早一天迫使这些官员正视这些问题，阻止他们装模作样地在外国租界内研读什么儒家的经典。

简而言之，我们可以说，在韩非子时代，以及我们当今的时代，有两种对立的政治观点：儒家的仁政，以及法家的法治，而不是人治。儒家思想假定每个统治者都是仁人君子，从而把他当作绅士对待；法家则假定每个统治者都是无赖、骗子或窃贼，所以在政治体系中采取种种措施，防止他将不正当的企图付诸实施。很明显，前者是中国人的传统观念，后者是西方人的观点，也是韩非子的观点。正如韩非子所云，我们不应该期望人们的行为端正，但是我们应该能够防止他们的行为出轨。这就是法家哲学的道德基础。换言之，我们不能期望我们的统治者是仁人君子，总是在正义的大道上穿行。我们应该假定他是罪犯，并想方设法阻止这些可能的罪犯鱼肉民众、出卖国家。人们可以清楚地看到，这后一种制度效果更为明显，它可以制止政治上的腐败。这样做，比等着这些仁人君子良心发现，要高明得多。

然而，在中国，我们所做的恰恰相反。我们并没有假定他们是可能的无赖、骗子或窃贼。尽管我们早就应该这么做了。相反，我们把他们当作了仁人君子。依照孔子的教导，我们希望他们是仁慈的统治者，爱民如子。我们期望他们诚实。我们对他们说："干吧，公家的钱你就随便用吧。我们不要你做公开的预算，不要你公布账目。"我们对军阀们说："干吧，我们相信你会热爱民众，我们愿意让你凭良心向我们收税。"我们对外交官们说："干吧，我们绝对信任你的爱国心，允许你缔结任何一个国际条约而不用事先经过我们同意。"我们对行政官员们说："如果你变成仁人君子，我们会给你立牌坊，永久瞻仰。如果你变成了无赖、骗子或窃贼，我们也绝不会把你关进监狱。"再也找不出任何一个别的国家，其民众是这样仁慈地对待他们的行政官员。韩非子说，一切都大错特错了。我们对官员们的道德天赋，期望太高了，不免有些冒险。如果韩非子活在今天，他会建议我们把这些官员假定为无赖、骗子或窃贼，并对他们说；"我们不会规劝你去走仁义之道。你变成了仁人君子，我们也不会为你立牌坊；但是，如果你变成了无赖、骗子或窃贼，我们就送你进监狱。"这倒是结束我们政治腐败的更理智、更迅速的办法。这里，我想引用韩非子的一段话，他说：

> 今贞信之士，不盈于十（这已是一个很乐观的估计——著者注），而境内之官以百数，必任贞信之士，则人不足官。人不足官，则治者寡而乱者众矣。故明主之道，一法而不求智，固术而不慕信。①

韩非子否认"父母政府"有任何好处，因为即使是父母也

---

① 引自《韩非子·五蠹》，大意是："现今的忠贞信义之士不满十个，而国家需要的官吏却数以百计；如果一定要任用忠贞信义之士，那么合格的人就会不敷需要；合格的人不敷需要，那么能够把政事治理好的官就少，而会把政事搞乱的官就多了。所以，明君的治国方法，在于专一实行法治，而不寻求有智的人；牢牢掌握使用官吏的权术，而不欣赏忠信的人。"

未必能够成功地管理自己的子女。期望统治者热爱民众，像热爱自己的子女一样，是不理智的。他冷静、幽默地问道：孔子以自己硕大的仁义聚拢来多少弟子呢？他在千千万万的民众中只聚集了七十个弟子，这不是清楚地证明道德的无用吗？期望所有的统治者都像孔子那样以道德行事，期望所有的子民都像七十个门徒那样喜欢道德，这难道不是很不理智的吗？他的这些话，流露出一种令人愉悦的挖苦、淡淡的幽默、健全的理智。

韩非子对他的国家那些弊端的描述，与当今中国的现状何其相似乃尔。那些地方官员及老百姓的性格特点，与现代人如此相仿。我们在谈他的著作时，很容易想到他所描述的好像就是现代的中国。他把当时官府的腐败和民众的漠然，归咎于法律保护的缺失和制度的不完善。他没有进行道德的教化，而是直截了当地认为政治体制有问题。民众缺乏必要的法律保障。他说，所有麻烦的产生都是由于缺乏"公开的和公平的法律"。他痛恨那些儒生，把他们称作一群喋喋不休的傻瓜。这个称呼也适合于今天我们那么多"穿长袍的爱国者"。他说那些官吏的腐败是受到鼓励的，因为没有刑罚。他说：

> 国地虽削，私家富矣。事成则以权长垂，事败则以富退处。①

---

① 引自《韩非子·五蠹》，大意是："国家土地削减了，而私家却变富了。事情如能成功，就会依仗权势长期受到重用；事情失败的话，就会凭借富有引退回家享福。"

这些话完全可以用来形容大部分在大连或上海租界里居住的那些有闲阶级的成员们。他说，正因为缺乏制度，人们的升迁要靠他与某党派的关系，于是，他们的精力要放在社会应酬之上，而不是放在如何履行法律规定的义务之上。这些话放在今天是否也是真理，只有当官的以及当官的候选人才最明白。

韩非子的著作中有一个非常重要的章节，其中有一个很有意义的名词"公民"。这个章节试图解释中国老百姓对国事普遍的淡漠。他说：

> 民之政计，皆就安利而避危穷。今为之攻战，进则死于敌，退则死于诛，则危矣。弃私家之事，而必汗马之劳，家困而上弗论，则穷矣。穷危之所在也，民安得勿避？故事私门而完解舍，解舍完而远战，远战则安。行货赂而袭当涂者则求得，求得则私安，私安则利之所在，安得勿就？是以公民少而私人众矣。①

我们今天仍然是有太少的公民，太多的私人，其原因在于缺

---

① 引自《韩非子·五蠹》，大意是："人们的习惯想法，都是追求安逸和私利而避开危险和穷苦。如果让他们去打仗，前进会被敌人杀死，后退要受军法处置，就处于危险之中了。放弃个人的家业，承受作战的劳苦，家里有困难而君主不予过问，就置于穷困之中了。穷困和危险交加，民众怎能不逃避呢？所以他们投靠私门贵族，求得免除兵役，兵役免除了就可以远离战争，远离战争也就可以得到安全了。用钱财贿赂当权者就可以达到个人欲望，欲望一旦达到也就得到了实际利益。平安有利的事情明摆在那里，民众怎能不去追求呢？这样一来，为公出力的人就少了，而依附私门的人就多了。"

乏足够的法律保障。这与道德无关，罪恶在制度。如果一个人有公共精神，他就会有危险。那么很自然，他就会对国家大事采取漠然置之的态度；如果对贪婪腐败的官吏没有惩罚，那么要求人们不贪婪、不腐败，是对人性提出了过高的要求。

所以，韩非子相信，应该建立任何人——无论是统治者还是被统治者——都不得违犯的法律制度。他认为法律是至高无上的，在法律面前人人平等。这种法律能取代一切个人偏爱和私人关系。这里，我们看到的不光是一个几乎属于西方的平等观念，而且看出了一种最不像中国人的思维方式。很奇怪，与儒家"礼不下庶人，刑不上大夫"的教义相反，我们看到了一位法家，他宣布：

> 法不阿贵，绳不挠曲。法之所加，智者弗能辞，勇者弗敢争；刑过不避大臣，赏善不遗匹夫。①

他所设想的法律是人不分贵贱、贤愚，一概都要遵守的。他推行一种由法律进行机械统治的理论，甚至认为不再需要什么聪明能干的统治者——这些机械观点完全不像中国人的观点。

所以，在他的思想体系中加入了道家的成分，"明君无为于上"。君主不应该有所作为，因为他看到以前的君王一般都无所作为，政绩平平。所以，应该有一部政府机器，它的运转是那么

---

① 引自《韩非子·有度》，大意是："法律不偏袒地位高的人，准绳不迁就弯的东西。适用法律时，有智慧的人不能辩解，有勇力的人不能抗争；惩罚罪过不避开大臣，奖赏好事，不遗漏普通民众。"

公平,那么完美,我们的统治者是否明达,则无关紧要了。于是,君主就成了一个挂名的国家元首,就像当代君主立宪的政府一样。英国有一个国王,为建筑物奠基,为轮船命名,为人们授勋;但是,这个国王对国家来说并不重要,他是好是坏,聪明与否,或者比较一般,都无关宏旨。制度自己在运转。这实质上就是君王无为的理论,它由韩非子予以阐释,并在英国获得了很大的成功。

把孔老夫子称作道德思想家,他的懦弱的道德说教被尊崇为"政治"理论,这实在是命运对他开的奇特的玩笑。让仁慈道德的人来管理政府,如此异想天开的观点,连大学二年级的学生都哄不过的。如果这种观点能行得通,我们满可以依靠汽车司机自发的谦恭有礼去调节纽约百老汇大街的交通秩序,而无需红绿灯了。任何一个有点头脑、有点历史常识的学生,都会看到依靠所谓道德的力量,用孔子的方式建立起来的政府,总是世界历史上最腐败的政府之一。原因之一并不是因为中国的官员比西方的官员更堕落,一个简单而无情的事实是:如果你把这些官员当作正人君子,正如中国人一直做的那样,结果只有十分之一的人会成为真正的君子,十分之九的人会成为无赖、骗子或窃贼;然而,如果你把他们当作无赖、骗子或窃贼,用监狱相威胁,正如西方人做的那样,只有不到十分之一的人变为无赖、骗子或窃贼,十分之九多的人成功地使老百姓相信他们是正人君子,结果你至少得到了一个表面上廉洁的政府。即使是这样一个表面上的东西,也是值得争取的。这是中国早就应该争取的。这是韩非子两千多年前的忠告,那也是在他被迫服毒之前的事①。

中国今天所需要的，并不是对政治家们进行道德教化，而是给他们多准备一些监狱。在那些贪官污吏可以大模大样定购去横滨或者西雅图的头等舱时，谈论建立什么廉洁政府，纯粹是白费力气。中国现在所需要的，既不是仁慈，也不是正直或荣誉，而是简单的法律处治，或者说是将那些既不仁慈、也不正直、也不荣誉的官员拉出去枪毙的勇气。唯一能使官员们保持廉洁的办法，是威胁说，一旦劣迹被揭露，就要处以死刑。那些认为我所讲的、将人性置于法制之下的观点伤了他们感情的官员，就应该多少想一想，他们现在是不是在一个按照孔子仁政观点管理的股份公司中投资？在那里，股东们不举行任何会议，不清理账目，别人也不查账，为债务问题潜逃的财务管理员或经理，也得不到惩罚。中国政府正是以这种绅士风度管理着国家。如果现在的政府有了什么改进，也是由于受了西方的影响。西方人敢于要求统治者清理账目，不害怕这样做会使自己失掉任何绅士的荣誉。然而，在中国政府得到彻底改造之前，它就永远会像一个混乱的股份公司。这里只有经理和职员在牟取暴利，而股东们却在失去信心，都感到沮丧——他们就是中国的黎民百姓。

---

① 韩非作为韩国使臣出使秦国，秦王知其有才，将其留在秦国。对此，宰相李斯（韩非的同学）对秦王说："韩非，韩之诸公子也。今王欲并诸侯，非终为韩不为秦，此人之情也。今王不用，久留而归之，此自遗患也，不如以过法诛之。"秦王认为有理，于是就把韩非投入监狱。李斯派人送去毒药，逼迫韩非服毒自杀（见《史记·韩非列传》）。

梁漱溟简介

梁漱溟（1893—1988），笔名，真名梁焕鼎，字寿铭，蒙古族，原籍广西桂林，生于北京，现代学者、国学大师、"新儒学"创始人之一。早年失学，自学成材。1914年二十一岁时，即发表《谈佛》一文。1916年二十三岁时，在《东方杂志》发表《究元决疑论》一文，同年受蔡元培之聘到北京大学任教。1924年，辞去北大教职，到山东创办乡村建设研究院，任院长。1928年，去广东省立第一中学任校长。1929年，赴河南辉县参与筹办村治学院。1931年，受国民政府教育部之聘，任民众教育委员会委员。1940年，到四川创办勉仁中学。1941年，中国民主政团同盟成立，任常务委员。1946年，移居重庆，参与国共和谈。1950年后，任全国政协常委、中国孔子研究会顾问、中国文化书院院务委员会主席等职，定居北京。1955年，遭政治批判，被免职。此后无业，直至1988年病逝，享年九十五岁。其重要著作有《东西文化及其哲学》《中国文化要义》和《人心与人生》等。2010年，山东人民出版社出版《梁漱溟全集》八卷。

中国文化的特征在哪里?[1]

梁漱溟

中国文化的特征在哪里？就是在人类理性的开发早。中国文化的长短与西洋、印度的不同全在此点。我曾指出，中国文化的特点有二：**一是中国很早就几乎无宗教，后来亦不发达，宗教在中国文化里实占不甚重要地位；二是中国在后二千余年中的社会构造没有什么变化，文化盘旋不进。**如果大家抓住这两个特点，就可以追求出中国文化的特征，明白我所说的"中国文化的特征在人类理性的开发早"这句话。

我们就人类文化比较而论，印度过去的文明及西洋近代的文明，对于人类文化皆有很高、很大的成就，同样的，中国过去的

---

[1] 本文选自《梁漱溟全集》第五卷，原载1935年5月1日《乡村建设》旬刊第4卷25期。本文旨在说明中国传统文化的特征，观点很独特，即认为"理性开发早"是中国文化的基本特征（需要说明的是，他使用的"理性"一词，和一般解释不一样，即源于理智，又优于理智）。他认为中国传统社会用礼俗教化来维持而不是靠阶级统治，就是这一特征的表现；同样，中国文化中没有宗教的困扰（道教还算不上宗教，和民间巫术差不多；佛教则是外来的，因而两者的影响都有限），他认为也是这一特征的表现。与中国文化相对，他认为西方文化发达的是"理智"，而非"理性"，因而到了一定时候会露出败象。这时，就需要中国文化中的"理性"来弥补——这就是中国文化的价值所在（提示：他被视为"新儒学"的早期代表，就是因为他认为，经过重新解释的儒学将有救世之功。后来的"新儒学"家，或多或少都秉承了这一观点）。

文明对于人类文化亦有很高、很大的成就——这里应当注意的，文明与文化略有不同；许多人往往混用。比较来说，创造已成之局而谓之文明，多少是具体些，而文化常指抽象的方式。不过，这三方的文明各有其特异的色彩：如印度文明的特点，是在其宗教畸形的发达——印度宗教的发达超过一切，很可以说印度过去是一宗教的民族；西洋近代文明的特点，就在其具有征服自然的优越力与其征服自然的伟大成功；而中国过去文明的特点，就是中国社会秩序很像是靠自力而不是靠他力维持。这是中国社会过去一种很大的成就，也就是最特别的地方。事实的确如此。中国社会秩序的维持，在过去多靠社会自力而不靠上面力量或外面力量。这在中国人自己不觉得有什么特别，而在西洋人倒觉得很为奇怪。更明白的说，中国社会秩序维持靠自力而不靠他力，就是指中国社会秩序的维持是靠社会礼俗，而不靠宗教教会与国家法律。中国社会里边，宗教教会与国家法律都无多大势力，而最有力量的实是社会礼俗。其所以如此者，就在中国社会组织构造的特殊。从其特殊的构造，才有社会自力维持秩序的事情。我们看人类社会，直到现在都是一种阶级统治，社会秩序的维持，都是一种机械性的维持法；质言之，即是靠阶级的武力。要想在人类社会找出离开武力统治而能维持社会秩序的，实在难乎其难。靠武力维持的社会秩序乃是机械的构造，此机械性的构造是不知不觉盲目地演成的。社会秩序不靠阶级统治而能有秩序，本要在人类未来的社会才能有的，而中国过去仿佛近之，此是最使人惊异的地方（注意"仿佛近之"四个字；一说仿佛近之，即不是真有也）。不过，中国过去做到不要阶级统治之社会秩序，乃以消极得之。中国过去社会秩序的维持,认真说来,还不是到未来人类社会才有的社会秩序。

中国社会秩序靠礼俗教化维持,是表面的现象,理性开发早,才是深刻的所在。礼俗教化(教化并非宗教,亦非教育,却很近于社会教育)的内容,就是理性;所谓自力,其内容亦即是理性。然何谓理性?何谓开发早?一句有一句的意思,不可不加以说明解释。理性就是平静通达而有情,与理智不同。理智是人类生活的工具,有区划、抽象、打量、推理的作用。理智不蕴含情感。理性则是人类生命的本体。生物进化中,脊椎动物自鱼类、鸟类、哺乳类、猿猴类以迄人类,渐次进于理智,渐次远于本能。脊椎动物靠理智作生活,原是一种生活方法的进步,这是指所谓理知或后天创造学习说。可是,因为生活方法的进步,让人类生命的本质变质。人类之所以超过其他动物者,就在理智的优越,复从理智开发出理性来。换言之,生物进化到人类,就开出理性来。理性是人类所独有,其异于禽兽者就在此。故理性是包括理智的。人类特别具有抽象的认识力,动物则只有从具体的认识发生行动。此种具体的认识,人类固然有,而其特别处,实在于他赋有一种抽象认识力,能于行动发生之前,徘徊考虑。人类此种抽象认识力,对于宇宙的道理能有认识,此亦即所谓理性也。宇宙间的道理可分为两个范畴:一是事物之理,简言之为物理;一是人情之理,简言之为情理。人类对于此两种道理,都有认识的能力。不过,人类走的路未免各有所偏。大家如看中外书籍,则可以发觉,西洋书籍所讲的关于物理者独多,中国典籍所论的则情理特多。中国过去常说,"读书明理",其理乃指情理而说,非指物理而言也。理智与理性不同，认识物理的能力为理智，而认识情理的则为理性。理智是研究自然科学、社会科学的能力。人当理智强盛明锐时，感情就被屈压，如普通所说的"头脑冷静"，即是理智作用强而感情不起的现象。反之，如感情激剧浓烈时，理智也被摈弃；如我们发怒、愤恨、悲哀或欢笑等一切感情激动时，就不能再计算数学、分析原质或解剖形体了。可见，理智并不含蕴感情，而理性则以感情为主要成分，所以能认识情理，而理智则只能发现物理。我们人类本来理智优越，可是我们不要单注意它，更要注意的是人类的理性，此实是人类最可宝贵的东西而是动物所没有的。我们从理性可以见出人类生命的特殊来。理性发达，是能把愚蔽与暴戾之气消除的。如果人类社会进到了理性的地步，人类的许多惨祸都可免除。所以，我们不能不更重视人类的理性。

现在大家也许要问，中国为什么无宗教？这事孔子最有力量。孔子以前或孔子以后的人，大家都努力启发人类理性，使宗教在中国社会无法成功。理性使人往开明通达中去，叫人有自己的判断，宗教则总是使人有所信仰于外，信仰于他。宗教常常要建立一个大家共同信仰的目标，如神、上帝乃至其他种种，而孔子这一派，总是让人"反省""问自己""求诸己"，让人自反于理性，自己把自己的理性拿出来。更明白的说，孔子这一派人，让人自信而非信他，把判断标准放在自己理性上，这实是与宗教顶不同的地方。我们知道，每一时代或每一社会，对于众人的行为，都有不可少的是非好歹之价值判断的标准而无一例外。在其他国度，社会这个标准往往从宗教来，以宗教教条或教主的独断意旨来判断人的行为善恶,标准总是放在外边。中国的孔子则不如此,他很早就让中国人对于是非好歹有其自己的价值判断。中国过去宗教法律都不占重要的位置,亦可说拿人类比较而论,道德开发的早而发达,应当说是中国人。我们看中国古代典籍内所说的,就很少迷信与神话。世界各国的古代典籍,恐怕没有比中国那么开明通达的了。中国社会内普遍传诵的四书,其中的话就非常开明通达,其他古代典籍都不能比的。四书里面的话,通通是发达人的理性的,无论什么事情,差不多都是说:"你想想看如何?"如《论语》宰我问"三年丧"①:

> 子曰:"食夫稻,衣夫锦,于汝安乎?"曰:"安。""汝安,则为之!夫君子之居丧,食旨不甘,闻乐不乐,居处不安,故不为也;今汝安,则为之。"②

---

① 宰我,孔子学生。"三年丧":父母亡,服丧三年(这在孔子时已是旧俗)。
② 引自《论语·阳货》,完整段落是:"宰我曰:'三年之丧,期已久矣。君子三年不为礼,礼必坏;三年不为乐,乐必崩。旧谷既没,新谷既升,钻燧改火,期可已矣。'子曰:'食夫稻,衣夫锦,于汝安乎?'曰:'安。''汝安,则为之。夫君子之居丧,食旨不甘,闻乐不乐,居处不安,故不为也。今汝安,则为之!'宰我出,子曰:'予之不仁也!子生三年,然后免于父母之怀,夫三年之丧,天下之通丧也。予也有三年之爱于其父母乎?'"大意是:"宰我问:'服丧三年,时间太长了。君子如果三年不讲究礼仪,礼仪必然败坏;三年如果不演奏音乐,音乐就会荒废。旧谷吃完,新谷登场,钻燧取火的木头轮过了一遍,有一年的时间就可以了。'孔子说:'这么短的时间,你就吃开了大米饭,穿起了锦缎衣,你觉得心安吗?'宰我说:'我心安。'孔子说:'你心安,你就那样去做吧!君子守丧,吃美味不觉得香甜,听音乐不觉得快乐,住在家里不觉得舒服,所以不会食米衣锦。如今你既觉得心安,你就那样去做吧!'宰我出去后,孔子说:'宰予真是不仁啊!小孩生下来,到三岁时才能离开父母的怀抱。服丧三年,这是天下通行的丧礼。难道宰予没有得到父母的三年之爱吗?'"

"三年丧"在中国古代社会是一件大事，问题很不小，而孔子仍然将此问题放在各人自己的理性判断上，并不寄于迷信。继孔子而能发挥孔子道理的是孟子。孟子说：

是非之心，人皆有之。……理义之悦我心，犹刍豢之悦我口。①

这统统是发挥人类理性的话。儒家的路子，就是发挥人类理性的路子。继孟子而发挥孟子道理的是陆象山、王阳明②，他们俱是特别要人返于理性，这是很显然可见的。

中国人的确在很早的时候，其理性就有相当的开发。中国宗教的不成功、社会的散漫，皆由于理性开发早的缘故。孔子很早就启发中国人的理性，这样就伏下一支散漫的根。他将是非好歹全让各人自己判断，自律而不靠他律，宗教因以不盛。西洋古代，宗教特别占势力，以宗教的信仰为众人心理的系属，以教会为社会的中心，这样从宗教而有社会团体生活。中国宗教不盛，所以就让中国散了。中国社会之没有团体生活，即从中国没有宗教来。我刚才说，任何社会都有其价值判断，如果拿西洋、中国过去社会比较而说，西洋社会的价值判断从宗教来，中国社会则从道德来。道德是自律的，宗教是他律的；道德的根本在理性。

---

① 引自《孟子·告子上》，大意是："是非之心，人人都有。……理义愉悦我们的内心，就如猪肉、牛肉愉悦我们的口味一样。"
② 陆象山，即陆九渊，字子静，号象山，南宋理学家，创"心即理"说，为"心学"开山祖。王阳明，即王守仁，字伯安，号阳明，明代理学家，集"心学"大成者。

孔子既然很早地就启发中国人的理性，所以中国特别富于道德而宗教自然不成功，社会也就散漫了。西洋道德与宗教不分，中国人宗教与道德、罪福与是非，分得最为清楚；中国人的是非观念非常发达，行为准绳以义理为依归，西洋人则以罪福观念决定行为。在中国人对于宗教的怀疑，却并不引起道德的怀疑；宋、明儒多半是无神论者，而宋、明儒以最讲道德者著闻于世。如罗素所说：

> 在中国，宗教上的怀疑并不引起其相当的"道德上的怀疑"，有如欧洲所习见者。

于此可知，西洋人对于宗教的怀疑，就可引起道德的怀疑的。但必有人说，中国岂无宗教？如回教、佛教，及后来的耶稣教，乃至其他种种迷信，难道通不算宗教吗？这里我要答复他：拜神、拜物的低等迷信行为，任何社会都有，中国也不能独免。然而，整个系统的宗教信仰，一大规模的宗教行为，国家制度、团体组织的宗教活动，中国有吗？在中国社会里，最有势力的并不是宗教，而是道理。中国人最喜说"宗教虽多，道理则一"的话，这诚然模糊笼统得好笑。不过，从这句话可以见出，中国人是直接地信"理"，间接地信"教"。从中国人看，一切宗教都自一个"理"来。有一位日本学者伍来欣造①，他曾在欧洲多年，对于儒家有相当认识。他说，我们在中国儒家看到理性的胜

---

① 伍来欣造，20世纪初日本学者，著有《儒家政治哲学》等。

利；中国儒家不崇拜神，不崇拜上帝，不崇拜天，不看重君主、国家权力或多数人民，而只把理性看得最高。当儒家将上帝、君主或多数（民意）看为最高的时候，那么他一定是理性的代表。儒家主张，人应当绝对服从理性，是非好歹、对与不对，均靠自己判断。在儒家什么也大不过"理性"；理性就是"对"。所以，他看儒家是理性最高主义者。这个意思，我觉得很是对的。

西洋在中世纪时，是宗教时代，理性很不发达，只是充满了迷信与固执，文化甚低，粗暴之气甚厉。西洋近代文明虽可说创造到了高的境界，但所发达的仍是理智而非理性；西洋近代科学昌明，征服自然有伟大的成功，皆是理智发达的结果，至于理性，却没有随着理智的发达而有相当相应的增展。理智发达，脱开宗教的固蔽；然理性终未怎样发达，西洋近世纪的文化情势，大抵如此。时至今日，西洋的文明已到了很成问题的时代！它的文明里充满矛盾与冲突，阶级与阶级间的对立厉害，国家与国家间的森严壁垒，造成了严重惨酷的阶级斗争与民族斗争。现在世界，充满了惨祸①！这些惨祸是从哪里来的呢？这就因为西洋人理智特别发达而理性却没有跟着有相伴相应的启发进展。利用自然的科学发达了，而人与人之间的关系的学术赶不上，因此由自然科学所产的好东西不能造福于人类，反而遗祸于人类。今日人类相杀戮的惨烈与战争的凶残，即由于理性的发达不足，不能统御、善用理智科学的结果之故也。上面这些话，即现代西洋许多学者也都承认了的。

---

① 本文发表于1935年，应指"一战"后动荡不安的世界局势。

人类祸害的由来，除天灾外，就是愚蔽与粗暴了。中国古人创造礼乐、施行教化，就是要让人类的愚蔽与粗暴减除；礼乐教化的内容即是理性，所以人类得救一定要靠理性。西洋人征服自然，现在不能不算有很大的成功，对人类文化的贡献不小，这些为中国过去的人及印度古人所干不出来的，不得不令人赞叹。但西洋的科学技术发明不能怎样给人类造幸福，而却增大了人类的斗争，此由于理性发达之不足。从理性的发达，才能让人生命都得到安适，才能使此一社会与彼一社会相安，才能使人与人相安，而自己亦安。可惜，西洋人于过去于现在，都是理性发达不够；如其够的话，也不至于有这样很悲惨、乱糟糟的世界局面了。

　　中国文化特别的地方，皆从人类理性开发早而来——任何一点，皆从此出。我们可分两点来说：一点是中国历史长、幅员广、人口多，屡被征服，屡能复兴；二点是中国社会秩序的维持多靠礼俗，社会组织构造历久不变，文化盘旋不进。现在先说第一点。我们看，世界有独立自创的文化之民族，差不多都完了，即存着的亦多不能独立。自古有独立自创的文化而国家尚能独立存在的，世界上只有我们中国一国。我们中国文化绵延这么久，国家寿命如此之长，而且不仅如此，文化向外拓展范围亦很广大。其所以能这样的缘故，就是中国文化的根本在人类理性；即是说，中国文化的根本在人类生命深处有其根据。它的文化有很丰富的理性，有很深厚的根据，故能大、能久，此所谓"源远故流长，根深叶自茂"也。在历史上，中国民族有时被异族武力征服，政治一时虽失掉自主，但以文化的优越力，却终能复兴过来。我们中国以其独立自创而富于同化力的文化，维持其民族生命，从时间上说，未能打断它的历史；再在空间上说，中国的疆土日开、人口日众，非由于武功，而亦是由于文化。靠武功虽能开疆拓土，但不能久，因以力服人，人家受不了，不久就反动起来。中国之所以能广土众民，乃以其文化的拓展而范围愈来愈大，所谓"以德服人"也。中国能以文化同化别族，能使被征服者不觉是被征服。别族同中国接触日久，觉得中国文化路子不错，心神契慕，不知不觉就跟着中国走，跟着中国文化走，而却并不起反感，觉得失掉了自己而中国化了。这就是因为中国人先抓住人类生命深处的文化根据，故旁人不能不跟他走，盖旁人亦同为人类也。中国幅员之所以广大，人口之所以众多，非由于强大的武力征服，而是由于优越的文化，由于人类的理性也。再说第二点：在中国历史上，我们只看见"一治一乱"的循环而无社会组织根本变革的革命出现，这是由于中国社会组织构造形诸礼俗、中国社会秩序建立于礼俗之上的缘故。人类历史到现在，所有国家都是阶级统治；阶级统治的社会，统治者与被统治者有一种相对之势，都以镇压或打倒对方为其出路，所用者皆为强力——武力与暴力，所以阶级社会的变革非用暴力革命不成，非从根推翻与再建社会秩序不成。有些人说，革命就是阶级斗争，并不怎样错；欧洲的革命就是这么一套。中国历史上何以没有这种革命呢？就是因为中国社会组织构造特殊，中国社会组织构造、伦理本位与职业分立，在社会的伦理关系中，大家以情义相连锁，彼此顾恤求相安，何来革命？在职业分立的社会经济结构中，人人机会均等，各有前途可求，眼前找不着障碍他的对方，何用革命？而况中国的社会组织构造是形之于礼俗的（每一社会组织构造形之于外而成其一种法制、礼俗，此即其社会秩序），所以中国就用礼俗教化维持社会秩序，而不靠强力。找不着革命的对象，就很难革命。中国社会秩序靠一种公认的礼俗而不靠法律，这也不好革命。法律是从外面力量加于众人的，其入人者浅；礼俗则是从社会渐渐演成下去为大众所共认共习，其入人者深。中国社会秩序很少寄于法律，而多寄于礼俗，即是它少靠从外来加于人身上的东西，而多靠与他习而为一的东西。因礼俗入于人者深，故极难动摇变革，而社会秩序就这样自有秩序了。中国因社会秩序之多寄于礼俗，社会组织构造之形之于礼俗，故中国历史上无革命；没有革命，即社会组织没有根本的推翻与改建，故中国社会组织构造历久不变。可是，中国历史上虽无革命，而今天的中国社会则正在革命中。中国历久不变的社会组织现在已经崩溃解体得差不多了，今后必须重新创造它的新社会组织。革命原是改变一个新的社会组织，故我说中国今日正在革命中。不过，中国革命很难完成，这就是因为中国社会秩序过去多寄于礼俗、少寄于法律的缘故。刚才曾说过，礼俗从社会中渐渐自然演成，入人者深；而法律由外面力量加入，入人者浅。法律可以一转移间大改旧观，而礼俗的改革、创造，则非一蹴可就。今后中国新社会组织构造也不会从礼俗转到法律，而要仍旧建筑于礼俗之上。不过，所不同者，此乃一新的礼俗而已。这是从中国历史背景规定下来的必然性，实是没有办法不得不如此的事。至于中国文化盘旋不进，仍由于中国理性开发早而来，此点留在后面再讲。

理性开发早，是中国文化特长的原因，而其表征出来的有两

点。这两点即是从人类理性发出的:

（一）伦理　中国旧日社会，非个人本位，亦非社会本位，而是伦理本位。中国是集家而成国，看一个人是某家里的人，而不是如西洋社会以前将人看成是教会的人，以后又把人看成是国家的人。中国人的社会关系，是一种伦理关系，人与人都在相关系中有其情谊、义务而互以对方为重。中国人天伦、骨肉之情最笃切，人人亲其亲、长其长、幼其幼，人与人期于相依而不期于相离，与西洋社会风气比较，很不相同。中国人身上，极占重要位置的是家庭与宗族，亲戚、乡党亦看得很重，其他如师徒、同伙、朋辈，皆推准以家庭骨肉之谊，比之为兄弟父子的关系。所以，中国社会人与人的情义益以重。在西洋，社会习俗、国家法律恒出之以人与人相对之势。在中国，则莫不寓于人与人相与之情，故中国人之人生趣味很丰厚。此中国文化从理性开发出来、在人生上的优特点之一。将来人类惨祸减免，人生平安幸福的享受与最进步的社会组织，一定要建筑在互以对方为重的人生情谊关系上；苟不如此，恐无办法。

（二）人生向上　印度人否认现世——宗教是否认现世的，看人生是不对的，看人生是罪恶的。近世西洋人肯定现世，承认欲望，追求现实幸福。中国人恰好在印度与西洋之间。中国人是肯定人生的，但他不承认将人生放在欲望上面。中国人非禁欲主义者，不富于宗教禁欲的倾向；然而同时对近代西洋人欲望的人生也是不承认而觉得骇怕的。从中国人看，这两边恰好都不是人生，都不是人生的意义价值所在。中国人人生之所求者，为"对"、为"理"。如所谓"德之不修，学之不讲，见义不能徙，不善不能改，是吾忧也"①、"食无求饱，居无求安，敏于事而慎于言，就有道而正焉。"②——这就是他的心事，这就是他的努力之所在。中国古人严③义利之辨、理欲之争，就在反对欲望的满足，求人生之合理。中国古人对人类有所认识，其所求在发挥人类向上精神，继续不断地向前扩展人类的可能性，往深处去追求他的理。这种人生向上精神，是中国古人及后人所特别努力发挥的，他方似不如此。

伦理与人生向上都从理性来，而理性的内容，亦是伦理与人生向上的精神。人类自己有更高的更大的要求，其对象与欲望是不相同的东西。中国人的特长，就在他的民族精神，而民族精神，就是以上所说的两点，此外再没有了。

我上面说了这么多的话，仿佛都只是说了中国文化优长的所在。这个我是原无此意的。我只是很客观地将中国文化加以剖析说明，却并无好恶、爱憎于其间。可是，容易让人有些误会。其实，我并不否认中国文化的短处。现在且让我们说一下中国文化的短处。天下事，长短每每相为伏倚。中国文化的短处，即从其长处来。我常说，中国文化是人类文化的早熟，可说这一句话，道尽了中国文化的长短。原来人类有两个大问题：一个是人类对自然的问题；一个是人与人的问题。循自然之常理，人类必先完

---

① 引自《论语·述而》，大意是："品德不加以修养，学问不精勤讲习，听到义不能迁而从之，知道不善不能勇于改正，是我的忧惧啊。"
② 引自《论语·学而》，大意是："吃不求饱足，住不求舒适，对工作勤劳敏捷，说话谨慎，到有道德的人那里去匡正自己，这样，就可以说是好学的人了。"
③ 严：（动词）重视。

成第一期的文化,即人类对物的问题得有所解决,才开始第二期的文化。中国是人对物的问题尚解决得不够,就向第二期文化——人对人的问题——迈进了。这就是因为中国文化理性开发早了点(此所谓理性开发早,是指人类对自然征服或理性开发不相当而言);盖理性之在人类,是渐次开发出来的,无论从个体生命说、社会生命说,都是如此;就个体生命说,必须生理发育到一定阶段,理性才能开发出来;就社会生命说,必须生产技术有相当进展,社会经济有相当进步,理性才能开发出来。中国则是社会开发理性的条件尚不够,在一个不应当开发的时候,理性竟然开发出来。换言之,即是无相应的物质基础,而理性早开发出来了。好比一个人的心理发育本当与其身体发育相应,而中国则仿佛一个聪明的孩子,身体发育未健全而智慧早开了,即由其智慧之早开,转而抑阻其身体的发育;复由其身体之发育不健全,而智慧遂亦不得发育圆满良好,故名之为"早熟"。而前面所说中国文化到秦以后几陷于一种盘旋不进的状态,其道理也就是这个。

中国文化的短处,在社会的散漫与文化的消极无力。这也是由于理性开发早而来。理性开发而对于自然问题的解决不够,无相符的物质基础,就见得早了。中国的散漫、消极,都从中国对自然创造的不够而来。此外,还有一短处,就是中国文化已衰老、僵硬化。中国文化的短处,在这一点是更大的。理性开发早的中国文化,原本很少机械性,但因其文化历久不变,传之愈久,就愈往机械僵硬化里、衰老里去,失掉了原有的精神,所以就很不容易让人发见它里边所蕴藏富于生命意义的理性、最有精彩情趣的地方而加以欣赏。中国文化的硬化,就是被一种天然的选择，把一种本身有意义的事情变成一种手段而用它。兹举孝为例。人子对亲之孝，是很可爱的事，很容易使人欣赏，这当然不是手段，其意义即在其本身。但因社会有自然的选择，社会感觉孝之好，社会要使一切人子都老实，使家庭不生问题，于是孝就被社会选择为手段；于是，人人提倡孝，多方奖励孝，排斥不孝，到了硬化、机械化的时候，那谁也不敢不孝，孝遂成为维持社会的有效工具，孝之本身的意义价值精神统统失去了，孝之理性的生命源泉就涸竭了。"五四"以后，颇有人把孝看为是吃人的礼教，其实当初中国文化里无所谓礼教这东西，弄到后来，礼教有些地方相当于宗教，有些地方相当于法律，并较之更有力量与权威，乃是文化僵固、硬化的结果。孝即其一显例。本来，孝在人类生命里有其根据，换句话说，即在理性上有其根据；因后来被用为手段，故此离开人类生命的本原。本来，中国文化最少机械性，因传之太久，始如此。待到机械化了，原意遂失，成为非那样不可的机械习惯，就必然的惹人反感。近几十年，中国的青年因受到外面新的刺激、新的启发，苏醒了一点中国新的生命，而对中国老文化嫌厌，由讨嫌、厌弃的心理，进而破坏它，这也难怪。中国如此之大，长处很不易为人所认识，而文化又到了僵固、机械化的境地，仿佛看不出有可爱的地方。故中国近几十年的新觉醒者，乃欲脱出本国固有文化的圈而另起炉灶。现代中国的革命，也就是这么一种对中国老文化起了反感而来的运动。在我看，当初不反感，恐怕也是不行的。

从近百年的事变看来，中国文化已是失败了，而所以失败的原因，就在于我们中国社会的散漫、消极与文化的衰老无力，对于包围他的新环境缺乏适应的能力。今日中国社会，日趋崩溃、向下沉沦，即由于它的文化病而来。中国社会的这个崩溃的趋势，不到最后是不止的。待到中国文化机械僵硬化了的东西（即中国文化里有形的东西）崩溃、解体、彻底粉碎之后，那中国文化颠扑不破、不可抹煞的真精神——理性，才能自然被人发现。现在，中国文化是必须改造。中国必须建设一新的文化，而此所谓建设中国新文化，也只有重新发挥中国固有文化的精神——理性，来改造中国的社会，绝不能离开了理性而别有所创造。

据我的观测，人类前途在最近一定过分发达其理智。理智过分发达，而理性无相辅并驾的发达，人类将陷于其自造之惨祸里而莫能拔。从不好处看去，人类或将要灭绝；但我是从好面看，我想不会那样，人类终归要得救。以我的测度，是中国人先得救，由中国做人类理性的前驱，使人类得救。中国今后仍须发挥人类理性来建造自己的新社会，当我们中国人努力于这个伟大工作的进程中，将以理性领导人类，使人类得救。此层意思，人将不相信，以为是太夸大、太妄想，其实不然。中国人之所以最先得救而救人类，其理由颇简单：一是中国人类理性开发早；二是中国文化自身破绽暴露早。

中国文化的失败，先于西洋人的失败。中国文化自成一套，自成一家，而其破绽则最先暴露——谁最先暴露，谁就最先想办法。中国是理性开发早，而人类的得救还须靠人类的理性。中国实是人类理性的先导者，中国焉不早得救而救人类？如我刚才所说，今后中国人仍须发挥人类的理性，建造其文化。在此工作中，可以使世界一同得救。

说到此地，也许有人问，中国文化果真那样优美完满吗？毫无缺漏吗？不错，中国文化是有缺漏的，如：一、团体组织之缺乏；二、科学技术之不足。

中国文化里所缺漏的这两件东西——团体组织、科学技术，而恰是西洋人近代对人类文化所创造所贡献的东西。我们现在就是要吸收西洋文化之长处优点，补充中国文化之短处缺点。我们要发挥中国文化的固有精神，将团体组织与科学技术建立在人类理性上，形成人类正常形态的文明。

中国文化是要在方法上、理智上补充，洋文化则要在人类生命的本体上求进步，理性上加补充。人类终须从理性方能得救，此毫无疑问，然许多人看不到此，因此看不出中国文化的价值。

中国文化五大病象[①]

梁漱溟

中国文化原只有一早熟之病,旧著曾设为譬喻云:

> 好比一个人的心理发育,本当与其身体发育相应,或即谓心理当随身体的发育而发育,亦无不可。但中国则仿佛一个聪明的孩子,身体发育未全,而智慧早开了。即由其智慧之早开,转而抑阻其身体的发育,复由其身体发育之不健全,而智慧遂亦不得发育圆满良好。(《中国民族自救之最后觉悟》第96页)

本病虽只有一个,而表现之病象则有五:

(一)**幼稚**——中国文化实是一成熟了的文化,然而形态间又时或显露幼稚。举例言之,人与人之间的隶属关系,为封建社会之象征者,在中国社会中即未能免除。子女若为其尊亲所属有,

---

[①] 本文节选自《中国文化要义》(1949),题目系编者所加。这里说到中国文化五大病象,其病因都可归之于文化"早熟"(也就是前面一文中所说的"理性开发早")。也就是说,他认为这种"早熟",这种"理性开发早",既是坏事,也是好事——现在肯定是坏事,将来或许是好事。关键就在于,我们要重新认识我们的传统文化。

妇人若为其丈夫所属有。乃至主奴之分，许多地方亦且有之。中国虽已经不是宗法社会，不是封建社会，而总被人指目为宗法社会、封建社会者，盖亦由此等处而来。其实它乃以走伦理情谊之路，既鲜西洋中古对于个人过分之压制干涉，遂亦无西洋近世个人自由之确然奠立。不唯自由不曾确立而已，如我在上章所论，个人且将永不被发见。这样就让宗法的、封建的形迹有些遗留下来，没有剥除。再有不少幼稚可笑的迷信流行在民间，似亦为文化幼稚之征。其实中国古人远在二三千年前，头脑思想之开明有非任何民族所及，神话与迷信比任何地方都少。但为它不走科学一条路，对于大自然界缺乏考验，没有确实知识之产生，就让这许多幼稚迷信遗留下来，未及剥除。其他事例尚多，不备举。总起来说，骨子里文化并不幼稚的中国，却有其幼稚之处，特别在外形上为然。流俗认病不真，即执此以为中国是幼稚落后。其实中国若单纯是一尚未进步的社会，那问题不早简单容易解决，没有今天这么麻烦了吗？

（二）**老衰**——中国文化本来极富生趣，比任何社会有过之无不及，但无奈历史太久，传到后来，生趣渐薄，此即所谓老衰了。譬如骑脚踏车，初学亟须用心费力左右照顾。习惯成熟，便抽出其中自觉心，而动作机械化。必要这样机械化，才腾出心力来向最高阶段用去，如骑在车上玩许多巧妙花样把戏等。社会亦复如是。常将许多合于需用之事，保留传习，成为习俗制度。自一面谈，这于社会生活极有方便，是很好。但另一面，又因其变得机械僵固，积重难返而不好。中国文化一无锢蔽之宗教，二无刚硬之法律，而极尽人情，蔚成礼俗，其社会的组织及秩序，原是极松软灵活的，然以日久慢慢机械化之故，其锢蔽不通竟不亚于宗教，其钢硬冷酷或有过于法律。民国七八年间新思潮起来，诅咒为"吃人的礼教"，正为此。举例言之，如一个为人要孝，一个为妇要贞，从原初亲切自发的行为而言，实为人类极高精神，谁亦不能非议，但后来社会上因其很合需要，就为人所奖励而传播发展，变为一种维持社会秩序手段了。原初精神意义尽失，而于机械化、形式化，枯无趣味。同时复变得顽固强硬，在社会上几乎不许商量，不许怀疑，不许稍微触犯。触犯了，社会就予以严厉之压迫制裁，此时一遇西洋新风气的启发，自非遭到厌弃反抗不可。厌弃就是因为领会不到它的意味，反抗就是不甘服这种强性压迫。假使在当初中国文化方兴，礼俗初成，意趣犹新，自觉未失，则断不会有此。所以，其病完全在老衰这点上。

（三）**不落实**——西洋文化从身体出发，很合于现实。中国文化有些从心发出来，便不免理想多过事实，有不落实之病。何谓现实？何谓理想？现实不外两个字：一是利益之利，又一是力量之力。力量所以求得利益，利益所以培养力量。二者循环发展，可通为一。从身体出发者，所务正在此，是故西洋文化为现实之路。反之，若一发乎理性要求，而不照顾到此，那就是理想了。从心发出的中国文化——中国之社会人生——就恒不免这样[1]。

---

[1] 张东荪先生近著《民主主义与社会主义》一书第17页，有下面一段话："欧人自由主义开始于反抗不自由。例如英国1215年所谓'大宪章'亦仅立若干琐事，都是当时的实在情形。又1789年之'人权法典'，亦只是历举若干件君主侵犯议会的事情，以禁其再犯。我写到此，忽感觉中国的情形恰与西方相反。西方是从实际上把一件一件侵犯自由的事实打消了，顶回去了，然后乃实现抽象的自由之全义。中国自辛亥以来即是由在上者先自己宣布一抽象的自由宪法，而实际上却依然一件一件来破坏人民的自由。"张先生指点在西洋抽象之理念为后出，而中国恰与之相反，自然很对。其仅举辛亥以来为例，盖犹未悟西洋文化是从身体出发，而中国却从心发出来，一则从事到理，理念在后，一则从理到事，理念在先。彼此原来不同也。——作者原注

慈孝仁义，最初皆不外一种理性要求，形著而为礼俗，仍不过示人以理想之所尚。然中国人竟尔以此为其社会组织秩序之所寄，缺乏明确之客观标准，此即其不落实之本。例如政治制度，在它即为其礼之一部。说它是专制与说它是民主，同样不恰当。它固不曾以民主为礼，又何曾以专制为礼？事实上亦许不免于专制，然而那非它本意。从其本意表现得很好之时，便具有高度之理性，不过不甚多见。前曾说中国社会秩序恒自尔维持，若无假乎强制之力，那确有其事，有非西洋社会所能梦见。但治世少而乱世多，像西欧国家可以近二百年无内乱者，又非我们所能梦见了。谈中国文化总不能以其乱世作代表，而要举其治道治世来说。但这样说，又嫌理想有余，事实不足。又我常说：中国之民主存于理（理念），西洋之民主存于势（形势）。存于理者，其理虽见，其势未成，纵然高明，不能落实。存于势者，其势既成，其理斯显，虽或了无深义，却较稳实。这就为西洋是从现实（利与力）中发展出理性来的，而中国人却讳言力、耻言利，利与力均不得其发展。离现实而逞理想。卒之，理想自理想，现实自现实，终古为一不落实的文化。

（四）落于消极亦再没有前途——与其不落实之病相连者，尚有一病，就是落于消极。政治为"力"之事，然而不独为"力"之事，没有一点理性是不行的。经济为"利"之事，然而不独为"利"之事，亦恒必有理性在其间。总之，凡是人的事，缺不了理性，只是理性多少问题。人类文化渐高，原是利、力、理三者循环并进，然人的理性日启，则利与力的地位随以递降，这是一面。又一面，利发达了，人之所需无不给，则利亦不足重；力发达了，人人有力，则亦难以力服人。末后经济上完成社会主义，政治上完成民主主义，那便是利、力、理三者同增并富，而理性居于最高，以决定一切。西洋循现实之路以进，自能渐次达此一境，其文化都是积极的。中国理性早启，以普其利于伦理而经济不发达——经济消极，失其应有之发展进步；以隐其力于伦理而政治不发达——政治消极，失其应有之发展进步。它似乎是积极于理，而不积极于利与力，然理固不能舍利与力而有什么表现。卒之，理亦同一无从而积极，只有敷衍现状，一切远大理想均不能不放弃。中国文化多见有消极气味者，以此。同时，它亦再没有什么前途。

（五）暧昧而不明爽——以中国文化与其他文化——类如西洋文化——相对照，令人特有"看不清楚"、"疑莫能明"之感。例如在宗教问题上，西洋有宗教，是很明白的，中国却像有，又像缺乏，又像很多。又如在自由问题上，西洋人古时没有自由就是没有自由，近世以来有自由就是有自由，明朗而确实。中国人于此，既像有，又像没有，又像自由太多。其他如：是国家，非国家？有阶级，无阶级？是封建，非封建？是宗法，非宗法？民主，不民主？……一切一切在西洋皆易得辨认，而在中国则任何一问题可累数十百万言而讨论不完。这一面是其内容至高与至低混杂而并存，一面是其历史时进又时退往复而不定。盖暧昧不明之病与其一成不变之局，原为一事而不可分。

熊十力简介

熊十力（1885—1968），笔名，真名熊继智，字子真，湖北黄冈人，现代学者、国学大师、"新儒学"创始人之一（与其三弟子牟宗三、唐君毅、徐复观，以及张君劢、梁漱溟、冯友兰、方东美，合称"新儒学八大家"）。出身贫寒，早年辍学，主要靠自学，逐渐掌握国学要领。1919年，经人介绍，受聘于天津南开学校，讲授国文。1920年，由梁漱溟推荐，入南京支那内学院，学习佛学。1922年，受梁漱溟等人举荐，受蔡元培之聘，任北京大学特约讲师，后升为教授。1938年，抗战爆发，离开北京大学，转到四川教书。1943年，受北京大学校长蒋梦麟之聘，回北京大学任文学院教授。1954年，辞去教职，移居上海，专心著述。1966年，"文革"爆发，被定为"反动学术权威"遭批斗。1968年，因心力衰竭病逝，享年八十三岁。其重要著述有《新唯识论》《原儒》《体用论》《明心篇》《佛教名相通释》《乾坤衍》等。2001年，湖北教育出版社出版《熊十力全集》二十七卷。

中国哲学之特色[①]

熊十力

吾闻欧人言及中国哲学，辄[②]与宗教并为一谈，各国大学于哲学科目中并不列入中国哲学，或则于神学中附及之。此则与中国学问隔阂太甚，而为中西文化融通之一大障碍，私怀[③]所常引为遗憾者也。中国民族之特性即为无宗教思想，此可于中国远古之《诗经》而征之。《诗经》以"二南"冠首（首篇曰《周南》，次篇曰《召南》，名为"二南"[④]）。其所咏歌，皆人生日用之常与男女

---

① 本文节选自《熊十力学术文化随笔》。全文原见于《十力语要》卷二（1947），题为"答马格里尼"，系作者写给意大利汉学家马格里尼的一封信。此题目系《熊十力学术文化随笔》编者所加。本文说到中国哲学的特色，最关键的一个词就是——"体认"。这个词的意思相当于我们现在说的"感悟"。也就是说，他认为中国古代哲学家（大概就是指古代圣贤吧，因为"哲学"一词是20世纪初的外来语，何来"古代哲学家"?）和西方哲学家不同：西方哲学家（从柏拉图、亚里士多德开始就是）用"思辨"（文中称为"析物"）来解释世界，中国古代哲学则是"体认"（也就是"感悟"）世上的万事万物；所以，既无严密的逻辑，也无完整的系统；但"莫不博大精深"，所展示的"内心修养"，其意义"极深广微奥，而难为不知者言"。确实如此。但对事物的"感悟"，是不是严格意义上的"哲学"？——这倒可以探讨一番。

② 辄：就。

③ 私怀：我心里。

④ "二南"：《周南》是《诗经·风》的第一部分，包括《关雎》《葛覃》《卷耳》等；《召南》是《诗经·风》的第二部分，包括《鹊巢》《采蘩》《草虫》等。周南、召南都是地域名称。

室家、农桑劳作之事，处处表现其高尚、和乐、恬淡、闲适、肃穆、勤勉、宽大、坦荡之情怀，不绝物以专求之内心，故无枯槁之患，亦不逐物以溺其心，故无追求无餍之累。日常生活皆顺其天则①，畅其至性，则自一饮一食以及所接之一花一木，乃至日星大地，无在②非真理之显现，故不必呵斥人间世而别求天国。难言哉，《诗经》之旨也。孔子《论语》中谈《诗》者最多，其语伯鱼曰："汝为《周南》《召南》矣乎？人而不为《周南》《召南》，其犹正墙面而立也欤。"③朱子《集注》："正墙面而立者，谓一物无所见、一步不能行。"人而不治"二南"之诗，便不能生活，犹如面墙。孔子之尊"二南"如此，非以其表现人生最极合理之生活而不迕④于神道故耶（孔子之哲学思想，实本于《诗》。故儒家学说在中国常为中心思想而莫有能摇夺者，以其根据于中华民族性，有至大至深至远之基础，而于吾人真理之要求，确能使自得之而无所诞妄⑤。此孔子所以为大也）。《诗经》所载，多属古代民间之作品。古者太史⑥陈诗⑦以观民风，是其征⑧也。《诗经》中绝无神道思想（虽"二南"以外，亦间有天帝等名词，然所云天者，即谓自然之理，所云帝者，谓大化流行⑨若有主宰而已，非谓其超越万有之外而为有意志、有人格之神也。故《诗

---

① 天则：天然。
② 无在：没有。
③ 大意是："你读过《周南》《召南》吗？一个人如果不读《周南》《召南》，就好像面对着墙站着。"
④ 迕：远。
⑤ 诞妄：荒诞虚妄。
⑥ 太史：史官。
⑦ 陈诗：呈诗（于君主）。
⑧ 征：证明。
⑨ 大化流行：天地运行。

经》中之天与帝，不能与景教①经典中之天帝等词同一解释）。即此可见中华民族之特性。至其无宗教思想之为长为短，自是别一问题，此不欲论。唯中国人一向无宗教思想，纵云②下等社会不能说为绝无，要③可谓其宗教观念极薄弱，此为显著之事实。欧美人士传教中土④者，凡所交接，多⑤无知之官僚绅士与入教之徒、来自下等社会者（中国人入教者，多来自下等社会），故罕能了解中国文化之内蕴，而或以宗教观念解释吾国哲学思想之书，此其附会乱真，至为可惧。力愿⑥欧人留心中国哲学者，当于此注意。

中国哲学有一特别精神，即其为学也，根本注重体认的方法。体认者，能觉人所觉，浑然一体而不可分，所谓内外、物我、一异，种种差别相，都不可得⑦。唯其如此，故在中国哲学中，无有像西洋形而上学，以宇宙实体当作外界存在的物事而推穷之⑧者。西洋哲学之方法，犹是析物的方法，如所谓一元、二元、多元等论，则是数量的分析；唯心、唯物与非心、非物等论，则是性质的分析，此外析求其关系则有若机械论等等。要之，都把真理（此处真理，即谓宇宙实体，后皆同此）当作外界存在的物事，凭着自己的知识去推穷它，所以把真理看作有数量、性

---

① 景教：基督教在中国的旧称。
② 纵云：纵然说。
③ 要：要点。
④ 中土：中国。
⑤ 多：大多是。
⑥ 力愿：我希望（自称"力"）。
⑦ 不可得：没有。
⑧ 推穷之：推论到极致。

质、关系等等可析。实则，真理本不是有方所①、有形体的物事，如何可以数量等等去猜度？须知，真理非他，即是吾人所以生之理，亦即是宇宙所以形成之理。故就真理言，吾人生命与大自然即宇宙，是互相融入而不能分开，同为此真理之显现故。但真理虽显现为万象，而不可执定万象，以为真理即如其所显现之物事（此中意义难言）……真理虽非超越万象之外而别有物，但真理自身并不即是万象。真理毕竟无方所、无形体，所以不能用知识去推度，不能将真理当作外在的物事看待。哲学家如欲实证真理，只有返诸自家固有的明觉（亦名为"智"）。即此明觉之自明自了②、浑然内外一如而无能所可分时，方是真理实现在前，方名实证。前所谓体认者，即是此意。

由体认而得到真理，所以没有析别③数量、性质等等戏论④。由此而中国哲人即于万象而一一皆见为真理显现。易言之⑤，即于万象而见为浑全⑥，所以有天地万物一体的境界，而无以物累心⑦之患，无向外追求之苦。但亦有所短者，即此等哲学，其理境极广远幽深，而以不重析物的方法故，即不易发展科学。若老庄派之哲学，即有反科学之倾向。唯儒家哲学，则自孔子以六艺教学者，皆有关实用的知识。六艺者，一曰"礼"，凡修己治国

---

① 方所：范围。
② 自明自了：亦作自明自澈、自明自辨。
③ 析别：分析、区别。
④ 戏论：无谓之论。
⑤ 易言之：换言之。
⑥ 浑全：浑然一体。
⑦ 以物累心：因关注外物而扰乱内心。

与纲维社会之大经大法皆具焉。二曰"乐",制乐器、正音律、谱诗歌,于是而乐备,人心得其和乐,礼乐相辅而行。推礼乐之意,则通乎造化之奥妙,究乎万有之本原,而使人畅其天性。其绪论犹略可考于《礼记》之书。三曰"射",修弓矢①而教人习射,所以讲武事而御外争也。四曰"御",车乘之用,平时则利交通,战时则为军备。五曰"书",即语言文字之学。六曰"数",即算学。孔门七十子后学②,于社会政治的思想尤多创发。下逮③宋明儒④,注重格物穷理与实用及实测之学者,若程朱⑤诸子,迄⑥船山、习齐、亭林⑦诸儒,代有其人。设令⑧即无欧化东来,即科学萌芽或将发于中土儒家之徒,亦未可知也。然儒者在其形而上学方面,仍是用体认功夫。孔子所谓"默识",即体认之谓(默者,冥然不起析别、不作推想也。识者,灼然自明自了之谓。此言真理唯是自明的,不待析别与推求,而反之本心,恒⑨自明自了)。孟子所谓"思诚",所谓"反身而诚",所谓深造自得,亦皆体认也(思诚者,诚谓绝对的真理,思者体认之谓,非通途所云⑩思想之思。思诚,谓真理唯可体认而得也。反身而诚者,谓真理不远于人,若以知解推求,必不能实现真理,唯反躬体认,即灼然自识。深造自得者,所谓真理,必由实践之功,而后实有诸

---

① 矢:箭。
② 后学:后来的学者。
③ 逮:至。
④ 宋明儒:宋代和明代的儒学家。
⑤ 程朱:程颢、程颐兄弟和朱熹,均为宋代儒学家。
⑥ 迄:至。
⑦ 王夫之(因其在衡阳县石船山下著书立说,故称"船山先生")、颜习齐、顾炎武(号亭林),均为明末清初儒学家。
⑧ 设令:假设。
⑨ 恒:总是。
⑩ 通途所云:通常所说。

己)。由儒家之见地,则真理唯可以由体认而实证,非可用知识推求,但吾人在日常生活的宇宙中,不能不假定一切事物为实有,从而加以析别,故又不可排斥知识。宇宙间的道理,本是多方面的,本是无穷无尽的,若执一端之见、一偏之论,必贼①道而违理。儒家于形而上学主②体认,于经验界仍注重知识。有体认之功,以主乎知识,则知识不限于琐碎,而有以洞彻事物之本真;有知识以辅体认之功,则体认不蹈于空虚,而有以遍观真理之散著③(万事万物皆真理之所显,故真理者,从其为事物之本真而言,即说为绝对,从其显现为万事万物而言,即绝对便涵④相对。由此而说,事物之理即真理之散著,故知识不可排斥,为其遍观事物,而真理之散著可征也)。然则⑤,儒家其至矣⑥乎!

中国哲学以重⑦体认之故,不事逻辑,其见之著述者,亦无系统。虽各哲学家之思想莫不博大精深,自成体系,然不肯以其胸中之所蕴,发而为文字,即偶有笔札流传,亦皆不务组织,但⑧随机应物而托之文言,绝非有意为著述事也。《论语》书中,记孔之词曰:"天何言哉!四时行焉,百物生焉,天何言哉?"于此可窥孔子之胸抱。老子亦曰:"道可道,非常道。"又曰:"俗人昭昭(昭昭,驰辩智也),我独昏昏(自得于冥默也),欲人察察

---

① 贼:戕贼、伤害。
② 主:(动词)主张。
③ 散著:分散显现。
④ 涵:包含。
⑤ 然则:既然这样。
⑥ 至矣:至矣尽矣,即到了极点,无以复加。
⑦ 重:注重。
⑧ 但:只是。

（察察，务别析也），我独闷闷（欲无言也）。"庄子曰："大辩不言。"自来中国哲人，皆务心得而轻著述，盖以为哲学者，所以穷万化而究其原，通众理而会其极，然必实体之①身心践履之间，密验之②幽独隐微之地。此理昭著，近则炯然一念③，远则弥纶六合④，唯在己有收摄保聚之功故也（不使心力驰散而不坠，名"收摄保聚"）。如其役心⑤于述作之事，则恐辩说腾⑥而大道丧，文彩多而实德寡。须知，哲学所究者为真理，而真理必须躬行实践而始显，非可⑦以真理为心外之物，而恃⑧吾人之知解以知之也。质言之，吾人必须有内心的修养，直至明觉澄然，即是真理呈显。如此，方见得明觉与真理非二。中国哲学之所昭示者，唯此。然此等学术之传授，恒在精神观感之际，而文字记述，盖其末⑨也。夫科学所研究者，为客观的事理，易言之，即为事物互相关系间之法则，故科学是知识的学问。此意容当别论。而哲学所穷究者，则为一切事物之根本原理；易言之，即吾人所以生之理与宇宙所以形成之理。夫吾人所以生之理与宇宙所以形成之理，本非有二。故此理非客观的、非外在的。如欲穷究此理之实际，自非有内心的涵养功夫不可。唯内心的涵养功夫深纯之候⑩，方得

---

① 实体之：实际体会于。
② 密验之：细密察验于。
③ 炯然一念：忽有所悟。
④ 弥纶六合：综览天地。
⑤ 役心：役使心力。
⑥ 腾：兴旺（相对于丧）。
⑦ 非可：不可。
⑧ 恃：依仗。
⑨ 盖其末：概为其末端。
⑩ 之候：之时。

此理透露，而达于自明、自了、自证之境地。前所谓体认者，即此。故哲学不是知识的学问，而是自明自觉的一种学问。但此种意义，极深广微奥，而难为不知者言。须知，哲学与科学，其所穷究之对象不同、领域不同，即其为学之精神与方法等等，亦不能不异。但自西洋科学思想输入中国以后，中国人皆倾向科学，一切信赖客观的方法，只知向外求理，而不知吾生与天地万物所本具之理，原来无外。中国哲学究极的意思，今日之中国人已完全忽视而不求了解。如前所说，在吾国今日欧化之学者闻之，殆①无不诮②为虚玄与糊涂。想③先生④与欧洲之学者，得吾此信，亦将视为糊涂之说也。然真理所在，吾宁受诮责⑤，而终不能不一言，是在⑥先生谅之而已。

---

① 殆：或许。
② 诮：讥诮。
③ 想：想来。
④ 先生：即意大利汉学家马里奥·阿塔尔多·马格里尼。本文节选自作者写给马格里尼的一封信（全文收录于《十力语要》卷二，题为"答马格里尼"）。
⑤ 诮责：讥诮与指责。
⑥ 是在：实在（希望）。

略谈中西文化①

熊十力

文化的根柢在思想。思想原本②性情。性情之熏陶,不能不受影响于环境。中西学术思想之异,如宗教思想发达与否、哲学路向③同否、科学思想发达与否,即此三大端,中西显然不同。此其不同之点,吾以为就知的方面说,西人勇于向外追求,而中人特重④反求自得;就情的方面言,西人大概富于高度的坚执⑤之情,而中人则务以调节情感,以归于中和(不独儒者如此,道家更务⑥克治其情,以归恬淡)。西人由于知的勇追与情之坚执,其在宗教上追求全知全能的大神之超越感,特别强盛。稍易其向,便由自

---

① 本文选自《熊十力学术文化随笔》,原载 1947 年 8 月《学原》第一卷第四期。本文分析中西文化之异,基本观点是:西方文化是外向的,中国文化是内向的,无论宗教也好,哲学也好,还是科学也好,无不如此;中国文化由于是内向的,因而有种种毛病,这不可否认;但西方文化没有毛病吗?也有,而且是大毛病;所以总有一天,西方文化要借助于中国文化来反省自己,因为他们的外向文化总会走到头的。这和前面梁漱溟的观点很相似。但不是巧合,因为本文作者和梁漱溟是志同道合的好友,也被视为"新儒学"的早期代表。
② 原本:(动词)源于。
③ 路向:路径与方向。
④ 特重:特别偏重。
⑤ 坚执:执著[zhuó]。
⑥ 更务:更加务求。

我之发现而放弃神的观念,即可以坚持自己知识即权力,而有征服自然、建立天国于人间之企图。西人宗教与科学,形式虽异,而其根本精神未尝不一也。中国人非无宗教思想,庶民有五祀①与祖先,即多神教;上层人物亦有天地之观念,即一神教。但因其智力不甚喜向外追逐,而情感又戒②其坚执,故天帝之观念,渐以无形转化而成为内在的自本自根之本体或主宰,无复有客观的大神。即在下层社会,祭五祀与祖先,亦渐变为行其心之所安的报恩主义,而不必真有多神存在。故"祭如在"③之说,实中国上下一致之心理也。中国人唯反求诸己,而透悟自家生命与宇宙原来不二。孔子赞《易》,首明④乾元统天。乾元,仁也。仁者,本心也,即吾人与万物同具之生生不息的本体。无量诸天⑤,皆此仁体之显现⑥,故曰统天。夫⑦天且为其所统,而况物之细者乎?是乃体物而不遗也。孟子本之以言⑧"万物皆备于我",庄生⑨本之以言"独与天地精神往来",灼然⑩物我同体之实。此所以不成宗教。而哲学上"会物归己"(用僧肇⑪语。陆子

---

① 五祀:祭俗中所祭五种神祇,即户神、灶神、土神、门神、行神。
② 戒:避免。
③ 见《论语·八佾》第十二章:"祭如在,祭神如神在。子曰:'吾不与祭,如不祭。'"意思是:"祭祀祖先就如同祖先真在那里,祭祀神就如同神真在那里。孔子说:'我如果不亲自参加祭祀,那就如同不祭祀一样。'"
④ 首明:首先明确。
⑤ 无量诸天:无穷万物。
⑥ 体之显现:体现。
⑦ 夫:文言发声词,无义。
⑧ 本之以言:从其根本上说。
⑨ 庄生:即庄子。
⑩ 灼然:显明。
⑪ 僧肇,东晋高僧。

静①言"宇宙不外吾心",亦深透),于己自识,即大本立(此中"己"字,非小己之谓。识得真己即是大本,岂待外求宇宙之原哉?),此已超越知识境界,而臻②实证,远离一切戏论,是梵方③与远西④言宗教及哲学者所不容忽视也。中国哲学,归极证会⑤。证会则知不外驰(外驰,即妄计有客观独存的物事,何能自证?),情无僻执(僻执,即起倒见。支离滋甚,无由反己)。要⑥须涵养积渐而至。此与西人用力不必同,而所成就亦各异。

科学思想,中国人非贫乏也。天算、音律与药物诸学,皆远在五帝之世。指南针自周公,必⑦物理知识已有相当基础,而后有此重大发明,未可视为偶然也。工程学在六国时已有秦之李冰⑧,其神巧所臻,今人犹莫能及也。非斯学讲之有素,岂可一蹴而就乎?张衡⑨地震仪,在东汉初,可知古代算学已精,汉人犹未失坠。余以为周世⑩诸子百家之书,必多富于科学思想,秦以后渐失其传。即以儒家六籍⑪论,所存几何?孔门三千七十⑫,《论语》所记,亦无多语。况百家之言,经秦人摧毁与六国衰亡之散佚,又秦以后大一统之局,人民习守固陋,其亡失殆尽,无

---

① 陆九渊,字子静,号象山,南宋理学家。
② 臻:达到。
③ 梵方:印度。
④ 远西:西欧。
⑤ 证会:实证与体会。
⑥ 要:关键。
⑦ 必:必然。
⑧ 李冰,战国时秦国治水专家,建都江堰水利工程。
⑨ 张衡,东汉天文学家。
⑩ 周世:周代,即春秋战国时代。
⑪ 儒家六籍:即六经,《诗》《书》《礼》《易》《乐》《春秋》。
⑫ 孔门三千七十:孔子弟子三千(其中)七十贤人。

足怪者。余不承认中国古代无科学思想，但以之与希腊比较，则中国古代科学知识，或仅为少数天才之事，而非一般人所共尚。此虽出于臆测，而由儒道诸籍尚有仅存、百家之言绝无授受，两相对照，则知古代科学知识非普遍流行。故其亡绝，易于①儒道诸子。此可谓近乎事实之猜度，不必果为②无稽之谈也。中国古代，一般人嗜好科学知识，必不如希腊人之烈。古代儒家反己之学，自孔子集二帝三王之大成以来，素为中国学术思想界之正统派。道家思想，复与儒学并行。由此以观，正可见中国人知不外驰，情无僻执，乃是中国文化从晚周发原便与希腊异趣之故。希腊人爱好知识，向外追求，其勇往无前的气概与活泼泼地生趣，固为科学思想所由发展之根本条件，而其情感上之坚执不舍，复是其用力追求之所以欲罢不能者。此知与情之两种特点，如何养成？吾以为环境之关系最大。希腊人海洋生活，其智力以习于活动而自易活跃，其情感则饱历波涛汹涌而无所震慑，故养成坚执不移之操。中国乃大陆之国，神州浩博，绿野青天，浑沦无间。生息其间者，上不与天地同流，神渺万物，无知而无不知（渺万物者，谓其智周③万物而实不滞于物也。不琐碎以逐物求知，故曰无知。洞彻万物之原，故曰无不知）。彼且超越知识境界，而何事匆遽④外求、侈⑤小知以自丧其浑全⑥哉？儒者不反⑦知，

---

① 易于：比……容易。
② 不必果为：不一定是。
③ 智周：统识。
④ 匆遽：急促。
⑤ 侈：过度（讲求）。
⑥ 浑全：完整、完全。
⑦ 反：反对。

而毕竟超①知。道家直反②知，亦有以③也。夫④与天地同流者，情冥⑤至真而无情，即荡然亡执矣。执者，情存乎封畛⑥也。会⑦真则知亡（有知，则知与真为二，非会真也），而情亦丧（妄情不起，曰丧），故无执也。知亡情丧，超知之境，至人之诣也。儒道上哲，均极乎此。其次，虽未能至，而向往者是也。就文学言，希腊多悲剧。悲剧者，出于情之坚执。坚执，则不能已⑧于悲也。中国文学以《三百篇》⑨与《骚经》⑩为宗。《三百篇》首"二南"⑪。"二南"皆于人生日用中见和乐⑫之趣，无所执，无所悲也。《骚经》怀亡国昏主，托于美人芳草，是已移其哀愤之情，聊作消遣。昔人美⑬《离骚》不怨君，其实亡国之怨，如执而不舍，乃人间之悲剧，即天地之劲气也。后世小说写悲境，必以喜剧结，亦由⑭情无所执耳。使⑮其有坚执之情，则于缺憾处必永为不可弥缝之长恨，将引起人对命运或神道与自然及社会各方面提出问题，而有奋斗与改造之愿望。若于缺憾而虚构团圆，正见其情感易消逝

---

① 超：超越。
② 直反：直接反对。
③ 有以：有道理。
④ 夫：文言发声词，无义。
⑤ 冥：隐没于。
⑥ 封畛［zhěn］：原意为封地的边界，引申为局限。
⑦ 会：领会。
⑧ 已：止。
⑨ 《三百篇》：即《诗经》。
⑩ 《骚经》：即《离骚》。
⑪ "二南"：《诗经》第一部分《周南》，第二部分《召南》，合称"二南"。周南、召南都是地域名称。
⑫ 和乐：和睦、欢乐。
⑬ 美：赞美。
⑭ 由：由于。
⑮ 使：假使。

而无所固执，在己无力量，于人无感发。后之小说家承屈子①之流而益下②，未足尚③也。要之，中国人鲜④坚执之情，此可于多方面征述，兹不暇详。

就哲学上超知之诣言，非⑤知不外驰、情无僻执，无由⑥臻此甚深微妙境界。然在一般人，并不能达哲学上最高之境，而不肯努力向外追求以扩其知。又无坚执之情，则其社会未有不趋于萎靡，而其文化终不无病菌之存在。中国人诚宜⑦融摄⑧西洋以自广，但吾先哲长处，毕竟不可舍失。

或问：西方文化无病菌乎？答曰：西洋人如终不由中哲返己一路⑨，即终不得实证天地万物一体之真，终不识自性，外驰而不反（只向外求知，而不务反求诸己。知识愈多，而于人生本性日益茫然）。长⑩沦于"有取"，以丧其真（"有取"一词，借用佛典。取者，追求义）。如知识方面之追求，则以理为外在而努力向外穷索，如猎者之疲于奔逐，而其神明恒无超脱之一境，卒不得默识本原，是"有取"之害也。欲望方面之追求，则凡名利、权力种种，皆其所贪得无厌而盲目以追逐之者，甚至为一己之野心与偏见，及为一国家一民族之私利而追求不已，构成滔天大祸，卒以毁人者自毁，

---

① 屈子：即屈原。
② 益下：不及。
③ 未足尚：不足以推崇。
④ 鲜：少有。
⑤ 非：除非。
⑥ 无由：不可能。
⑦ 诚宜：诚然可以。
⑧ 融摄：融合、摄取。
⑨ 由中哲反己一路：经由中国哲学反省自身之路。
⑩ 长：长久。

此又"有取"之巨害也。是焉得无病菌乎？中西文化，宜互相融和。以返己之学立本，则努力求知，乃依自性而起大用，无逐末之患也。并心外驰，知见纷杂而不见本原，无有归宿，则其害有不可胜言者矣。中西学术，合之两美，离则两伤。

冯友兰简介

冯友兰（1895—1990），字芝生，河南唐河人，现代学者、国学大师。1915年二十岁时，考入北京大学中国哲学系。毕业后，赴美留学。六年后，即1924年，获哥伦比亚大学博士学位。同年回国，历任中州大学、广东大学、燕京大学教授，清华大学文学院院长兼哲学系主任。抗战期间，任西南联大哲学系教授兼文学院院长。1948年，当选为南京中央研究院院士。1949年，中研院迁往台湾，未同行，自动放弃院士席位；同年，当选为新成立的中国科学院哲学社会科学部常务委员，兼任清华大学教授兼校务会议主席。1952年，调往北京大学任哲学系教授，住北京大学燕南园五十七号，自名"三松堂"。"文革"期间，先遭批判和迫害，后被委为"梁效"写作班子"顾问"。"文革"后，重写"文革"时出版的《中国哲学史新编》。1990年，病逝于北京，享年九十五岁。其重要著作有出版于1931年至1934年的《中国哲学史》上下卷，以及出版于1937年至1946年的"贞元六书"，即《新理学》《新世训》《新事论》《新原人》《新原道》和《新知言》。2012年，河南人民出版社出版《三松堂全集》十五卷。

论"比较中西"[1]

冯友兰

近二三年来,中西文化的主力军,似乎渐渐的接触。从前所谓兵战、商战,由今视之,不过如两边先锋队、斥候[2]队之小冲突而已。不过,因中国文化之先锋队等之节节大败,所以现在西方文化直攻进来,而最后的决战,竟要以中国为战场了。所以,近几年来,中国人无不觉得这种战云之弥漫,于是"中西比较"之问题,乃成一种"真问题"——不是从前做文章所出之"题"。大概现在中国人无论谈及何事,口头几乎都离不了"中国人怎样……外国人怎样……"之字眼。至于各报纸杂志上各色各样论"中国文化"、"中国民族性"等文字,亦不过此种倾向之系统的表现而已。

---

[1] 本文选自《三松堂全集》第十四卷,原载1922年《学艺》第3卷第10号。本文要义是:比较中西文化之优劣,眼下的两派:一派说西方文化优,中国文化劣;一派说西方文化劣,中国文化优——叫说是"公说公有理,婆说婆有理"。但问题是,现在讨论的不是纯学术问题,而是与当下我们该怎么做有关,所以我们的"意志"和"信念"很重要:如若你相信中国文化至少与西方文化平等,你就会胆大气壮(这是得胜的重要条件);如若你相信中国文化劣于西方文化,你就会胆小心虚(这是失败的重要条件)。再说,西方文化也好,中国文化也好,都还在"进行时",现在怎么能盖棺论定呢?

[2] 斥候:侦察。

所谓"文化"、"民族性",都是空的、抽象的字眼,不能离具体的东西而独立。中国文化,就是中国之历史、艺术、哲学……之总合体;除此之外,并没有别的东西可以单叫做"中国文化"。所谓"文化",实际上并没有那个东西;犹之乎①北京就是大栅栏、前门、南池子……之总合体,除此之外,更没有另外一种东西,可以单叫做"北京"。民族性也是如此,它就是中国从古及今一切圣、凡、贤、愚之行为性格之总和体,除此之外,别无中国民族性。由此而言,则要谈中国文化及中国民族性,非先把中国的一切东西及外国的一切东西,都极深研究不可。换一句话说,就是非把现在人类所有的知识都极深研究不可。这种大业,就是孔子、亚里士多德复出,恐怕也要敬谢不敏②。这须得很多专家,经很长时间、许多"史",才能济事。以现在情形而论,这些人物及"史"之实现,至少要在数十年、百年以后,到那时候,中西孰优孰劣,自然而见,但我恐怕那时人对于中西文化之比较,也就无大兴趣。人若永远有兴趣于文化比较,为什么西洋很少著比较文化,如希腊、罗马文化之比较等等的书呢?

我说,中国人现在有兴趣于比较文化之原因,不在理论方面,而在行为方面,其目的不在追究既往,而在预期将来。因为中国民族,从出世以来,轰轰烈烈,从未遇见敌手。现在他忽逢劲敌,对于他自己的前途,很无把握,所以急于把他自己既往的成绩,与他的敌人的既往的成绩比较一下。比较的目的,是看自

---

① 犹之乎:就譬如。
② 敬谢不敏:婉言推辞。

己的能力究竟毅①不毅。这一仗是不是能保必胜，好像秀才候榜，对于中不中毫无把握，只管把自己的文章反复细看，与人家的文章反复比较。若是他中不中的命运已经确定，那他就只顾享那中后的荣华，或尝那不中后的悲哀，再也不把自己的文章与人家的文章反复比较了。

中国人所以急于要知道中西文化及民族性的优劣之缘故，即是如此。知道中西文化及民族性之优劣以后的行为上的结果，也可想而知。假使他知道中国文化好，他就相信自己的能力，他就敢放胆前进；他若知道中国文化坏，他就不相信自己的能力，他就要因失望而丧其勇气。所以，我说这个问题是"真问题"。因为它与目前的行为有莫大关系，我们的态度要视它之如何解决为转移，所以中国人于此要想立时得个圆满的答案，于是不能等上文我所说之迟延办法，而立时就有人出来发表意见。

切实研究既一时不能有效，所以具体的事实都没有清理出来而发表意见的人，都是从他们各人的主观的直觉去下些判断。此一是非，彼一是非，是非无穷，永远不能解决。因为文化与民族性，如我上文所说，是个包罗一切的总名，其中是龙蛇混杂，什么都有。这个人说中国有某某坏人、某某坏事，就抓住他们以为中国之代表，而把中国大骂一顿；那个人说中国有某某好人、某某好事，也抓着他们以为中国之代表，而把中国大恭维一顿。其实，中国好坏人、好坏事都有，而一件事实又差不多都可从好坏两方面看，所以这些辩论，也不能说它对，也不能说它不对。这

---

① 毅：强。

就是中国官场的套话，所谓"事出有因，查无实据"。就是康德《纯粹理论评判》① 中所谓之 Antinomy②，就是俗话中所谓"公说公有理，婆说婆有理"。我现在再假设几个辩论以为说明：

说中国民族性好的人说：（一）中国人酷爱和平，是莫大的美德。驳：这正是中国人懦怯的表现。（二）中国人注重智慧，以士为社会领袖，因此可以使社会往善美一路走。驳：中国人多空言而少实际，多虚想而轻实验，弊正在于只重读书人。（三）中国人重视道德，有才无德之人，不为社会所重，由此则坏人不易逞其才以为恶。驳：中国人头脑不清，混道德与才艺为一谈，因此使许多天才不能充分发达。

说中国民族性不好的人说：（一）中国人缺少同情心。驳：中国主张爱有差等，施由亲始，此最合中庸之道。（二）中国人无主义，好调和。驳：中国历史上忠义之多，为世界所罕见，"宁为断头将军，不为降将军"，非无主义，调和正是从容中道，不可谓非。（三）中国人不重个性。驳：中国人教人视社会为重，自己为轻，重利他，不重利自，正是好处，不得为非。

以上所列，不过随便写下几条，其实如此之类，多不胜出，徒空言不能解决此大问题，我想也不必再加证明了。不过，这个问题既系目前之真问题，与行为攸关，我们不能置之不问，亦不能留以有待。空言既不能解决，我们究竟怎么样呢？我说我们所以对于这个问题有兴趣的原因，既在行为方面，那么我们现在也可在行为方面给它找个解决。若行为方面找解决，那就正用着詹姆斯

---

① 《纯粹理论评判》：通译《纯粹理性批判》，康德的"三大批判"之一。
② Antinomy：二律背反（康德哲学中的重要概念）。

(William James)所说的"意志信仰"(The will to believe)[①]了。"意志信仰",就是于两个辩论之中,挑一个与我的意志所希望相合的而信仰之。有许多人误会詹姆斯的意思,以为我们如凡问题皆不明白解决,只随意信仰,那不是自欺欺人吗?那么 Will to believe 岂不就等于 Will to deceive[②] 吗?不知詹姆斯所谓用意志去信仰之适用,是有限制的。大概需要而且可以适用"意志信仰"的问题,须要具备下列条件:

(一)此问题所论及之事须与人为有关。(二)此问题须与目前刻不容缓之行为有直接关系。(三)此问题之答案之为正、为负,于此行为之结果有莫大影响。(四)此答案正负两方面之理论上的根据均极充足,理论上不能证明孰是孰非。

譬如,我们算一算学问题,其解决与目前行为并无关系,那么今天不解决,明天再算不迟。上列条件无一具备,我们当然要纯用智力去解决它,不能亦不可用意志去信仰。若是我们在深山之中,前有深渊,后有猛虎,我若跳过深渊,就可逃出性命。此深渊之宽,我似能跳过,而又前无经验,不敢必有把握;但是我若自信我能跳过,我就立时胆大气壮,而只此胆大气壮,就能使我跳过,就能使我所信是真。我若自信我跳不过,我就立时胆怯腿颤,而只此胆怯腿颤,就能使我跳不过,也就能使我所信是真。在这些情形之下,问题之解决即刻不容缓,而我之所信就能使它自己实现而是真。那么,为什么不"用意志去信仰呢"?现

[①] 詹姆斯(William James),威廉·詹姆斯,20世纪初美国哲学家、心理学家。"意志信仰"(The will to believe),通译为"信仰意愿"或"信仰欲"。

[②] Will to deceive:欺骗意愿、欺骗欲。

在，我们中西文化比较的问题，还不是恰如此例吗？现在说中国文化不比西洋为劣者，及说中国文化比西洋为劣者，两方皆有理由。如上所说，理论上现在不能证实孰是孰非，那么我们为什么不"用意志去信仰呢"？我们若信中国文化至少与西洋平等，那就证实我们的才能至少亦与西洋人平等，我们就胆大气壮，而只此胆大气壮，就是我们得胜之重要条件，因之就能使我们之所信为真。我们若信中国文化较西洋为劣，那就证实我们才能不及西洋人，我们就胆小心虚，而只此胆小心虚，就是我们失败之重要条件，因之也就能使我们之所信为真。所以，我们之所信就能自己证明它自己。我们为什么妄自菲薄，不敢相信自己的成绩、自己的能力呢？况且，我们这种信仰并不须与我们的智力之所见大相冲突，我们也不必一定把说中国不好的人之辩论一律驳倒，或一律置之不问不闻。从前中国司法官想把犯人定重罪的时候，就说此人"虽属情有可原，究竟咎有应得"；若想定轻罪的时候，就说此人"虽属咎有应得，究竟情有可原"。我们现在也不妨照办，只需把那说中国不好的人之命题"中国除……外皆坏"，改作"中国除……外皆好"。只此一转语气，便能给我们安慰、勇气及光明的前途。

再说，我们论人，总说"盖棺论定"。现在，中国文化及民族果到盖棺的程度没有呢？没有。中国人一日不死尽，则中国文化及中国民族性即一日在制造之中。它们并不是已造的东西（Something made），乃是正在制造的东西（Something in the making）。我们就是制造它们的工程师和工人，它们的好坏，就是我们的责任。有位哲学家说，哲学家描写宇宙往往忘记他自己也在宇宙之内，他所描写的是整个的宇宙减去他自己，这是很不对的。譬如，我们现在要画个纽约图——画图，不是地图，那么要想完全，于此图中总得画一哥伦比亚大学图书馆，其中有个我，正在画纽约图。以中国人而谈中国文化及民族性，也是如此。我们说中国人怯懦，但是我若勇敢了，只此一举就教"凡中国人皆怯"之全称肯定命题不能成立。所以，我说空口谈论文化及民族性之优劣，是没有用的。它们的优劣，全靠我们的信仰，我们的此时此地（Here and Now）！

中西文化之争与古今文化之异[①]

冯友兰

　　一个国家或民族所有的文化，是特殊的文化，是很复杂的，可以同时属于许多类，有许多性。所谓西洋文化，亦属于许多类，亦有许多性。若从一种文化类之观点，以看所谓西洋文化，则于其许多性中，何者是主要的性质，何者是偶然的性质，我们可以说，可以指出。但若从一特殊的文化之观点，以看西洋文化，则所谓西洋文化，亦是一个五光十色的"全牛"，于此五光十色中，我们不能说，不能指出，何者是西洋文化之主要的性质，何者是其偶然的性质。自民初以来，有些人说科学及民主政治，所谓"赛先生"及"德先生"[②]者，是西洋文化；有些人说，基督教或天主教是西洋文化。崇拜德、赛二先生者，固然不

---

　　① 本文节选自《三松堂全集》第四卷《新事论》(1940)第一篇"别共殊"，此题目系编者所加。本文的要义是：中西文化之争，实质是古今文化之异——中国文化是一种传统文化（代表"古"），西方文化虽然也有传统的东西，但近代以来它发生了巨大变化，其中出现了许多现代的东西（代表"今"）；因而，中西文化只是类型上的不同。中国传统文化接受西方文化中现代的东西，是中国传统文化的"转型"（或者说"现代化"），并不意味着会失去"中国本位"。因为这些东西是公共的，任何国家或民族都可有，而仍不失其为某国家或某民族。

　　② "赛先生"及"德先生"：即 Science（科学）与 Democracy（民主）。

一定崇拜上帝,或且反对有上帝之说,但他们既是说"西洋"文化,他们不能说基督教或天主教不是西洋文化。

因为有人以西洋文化为一特殊的文化而说之,所以于其提倡西洋化、西化时,即引起许多纠纷。近数年来,有主张所谓全盘西化论者,有主张所谓部分西化论者,有主张所谓中国本位文化论者。无论其主张如何,但如其所谓文化是指一特殊的文化,则其主张俱是说不通,亦行不通的。

如所谓西洋文化是指一特殊的文化,则所谓全盘西化者,必须将中国文化之一特殊的文化,完全变为西洋文化之一特殊的文化。如果如此,则必须中国人俱说洋话、俱穿洋服、俱信天主教或基督教等等,此是说不通,亦行不通的。主张全盘西化论者,实亦不主张此。但若其不主张此,则他所主张即与部分西化论者无异。

但如所谓西洋文化是指一特殊的文化,则主张部分西化论者,亦是说不通,行不通的。因为如以西洋文化为一特殊的文化而观之,则西洋文化是一五光十色的"全牛",在此五光十色中,我们不能说出、指出,何为主要的性质,何为偶然的性质。如此不能说出、指出,则所谓部分西化论者,将取西洋文化中之何部分以"化"中国?科学家说,西洋之科学,是中国所应取来者;传教士说,西洋之宗教,是中国所应取来者。无论如何说,如果以所谓西洋文化为一特殊的文化而观之,其说总是武断的。

所谓西化论者之主张,虽说不通,行不通,而其主张却已引起一部分人之大惧。此即主张中国本位文化论者。照他们的看法，中国是张三，西洋是李四，如张三变成李四，则失其所以为张三，即不是张三了。照他们的说法，中国文化有当存者，有当去者，我们应存其所当存，去其所当去。他们亦不完全反对西化，西洋文化中有可取而为中国所当取者，他们亦主张取之。但如果以西洋文化为一特殊的文化而观之，则其五光十色中，何者是可取而当取者？即就中国文化说，如果以中国文化为一特殊的文化而观之，则所谓中国文化亦是一五光十色的"全牛"，于此五光十色中，我们不能分出，何者是其主要的性质，何者是其偶然的性质。如此我们亦不能说，其中何者是当存，何者是当去。有人说，中国的文言文，是当存者；有人说，中国的旧道德，是当存者。但无论如何说，如果以所谓中国文化为一特殊的文化而观之，其说总是武断的。

有一比较清楚的说法，持此说法者说，一般人所谓西洋文化者，实是指近代或现代文化。所谓西洋文化之所以是优越的，并不是因为它是西洋的，而是因为它是近代或现代的。这一种说法，自然是比笼统地说所谓西洋文化者通得多。有人说，西洋文化是汽车文化，中国文化是洋车①文化。但汽车亦并不是西洋本有的，有汽车与无汽车，乃古今之分，非中西之异也。一般人心目所有之中西之分，大部分都是古今之异。所以，以近代文化或现代文化指一般人所谓西洋文化，是通得多。所以，近来"近代文化"或"现代文化"一名已渐取西洋文化之名而代之。从前人常说，我们要西洋化，现在人常说我们要近代化或现代化。这

---

① 洋车：一种载客的人力车，也称"黄包车"。

并不是专是名词上改变，这表示近来人的一种见解上的改变。这表示，一般人已渐觉得以前所谓西洋文化之所以是优越的，并不是因为它是西洋的，而是因为它是近代的或现代的。我们近百年来之所以到处吃亏，并不是因为我们的文化是中国的，而是因为我们的文化是中古的。这一个觉悟是很大的。即专就名词说，近代化或现代化之名，比西洋化之名，实亦较不含混。基督教化或天主教化，确不是近代化或现代化，但不能不说是西洋化，虽大部分主张西洋化者不主张基督教化或天主教化，或且积极反对这种"化"，但他所用的名词却亦指这种"化"。

不过，我们说近代文化或现代文化，还是从特殊的观点以观事物。我们所谓近代或现代者，不是指古人的近代或现代，不是指任何近代或现代，而是指我们的"这个"近代与现代。我们的"这个"近代或现代，就是"这个"近代或现代，而不是别的近代或现代。它亦是个特殊，不是个类型。因为所谓近代文化或现代文化者，亦是一个特殊的文化；它亦是一个五光十色的"全牛"。在这些五光十色中，我们亦不能指出何者是其主要的性质，何者是其偶然的性质。飞机、大炮与狐步跳舞，是否都是近代文化或现代文化所必须有者？专从近代文化或现代文化说，这个问题是不能问，亦不能答的。因为一特殊的事物所有之性质，就此特殊的事物说，是无所谓主要的或偶然的，说一特殊的事物所有之性质有些是主要的，有些是偶然的，都是从类的观点，以看特殊的事物。

若从类的观点，以看西洋文化，则我们可知，所谓西洋文化之所以是优越的，并不是因为它是西洋的，而是因为它是某种文化的。于此我们所要注意者，并不是一特殊的西洋文化，而是一种文化的类型。从此类型的观点，以看西洋文化，则在其五光十色的诸性质中，我们可以说、可以指出，其中何者对于此类是主要的，何者对于此类是偶然的。其主要的，是我们所必取者；其偶然的，是我们所不必取者。若从类的观点，以看中国文化，则我们亦可知，我们近百年来所以到处吃亏者，并不是因为我们的文化是中国的，而是因为它是某种文化的。于此我们所要注意者，亦并不是一特殊的中国文化，而是某一种文化之类型。从此类型的观点，以看中国文化，我们亦可以说、可以指出，于此五光十色的诸性质中，何者对于此类是主要的，何者对于此类是偶然的。其主要的，是我们所当去者；其偶然的，是我们所当存者，至少，是所不必去者。

照此方向以改变我们的文化，则此改变是全盘的。因为照此方向以改变我们的文化，即是将我们的文化自一类转入另一类。就此一类说，此改变是完全的、彻底的，所以亦是全盘的。

此改变又是部分的。因为照此方向以改变我们的文化，我们只是将我们的文化自一类转入另一类，并不是将我们的一个特殊的文化，改变为另一个特殊的文化。我们的文化之与此类有关之诸性，当改变，必改变；但其与此类无关之诸性，则不当改变，或不必改变。所以，自中国文化之特殊的文化说，此改变是部分的。

此改变又是中国本位的。因为照此方向以改变我们的文化，我们只是将我们的文化，自一类转入另一类，并不是将我们的一个特殊的文化，改变为另一个特殊的文化。

各类文化本是公共的，任何国家或民族俱可有之，而仍不失其为某国家或某民族。如张三是科学家，李四亦是科学家，科学家之类是公共的。张三是科学家，不失其为张三；李四是科学家，亦不失其为李四。张三可在李四是科学家之方面学李四，但他所学者是李四之是科学家，而不是其是李四。张三、李四，除同是科学家外，在别的方面，张三自有其是张三者，李四自有其是李四者。所以，如照上所说之方向以改变中国文化，则所谓中国本位文化之问题，自亦不成问题。

中西文化之分与城乡文化之别[①]

冯友兰

我们常听见许多关于城里人与乡下人的笑话。照这些笑话所说,不但城里的人比乡下的人知识高、才能高、享受好,即城里的狗,亦比乡下的狗知识高、才能高、享受好。这些虽是笑话,而却不见得不合事实。我们甚至可以说,不但城里的狗比乡下的狗知识高、才能高、享受好,而且城里的狗,在有些方面,比乡下的人亦是知识高、才能高、享受好。

城里的狗,看见一辆汽车,行所无事,坦然地躲在一边。而乡下的人,看见一辆汽车,不是惊奇地聚观,即是慌张地乱跑。城里的狗见汽车而行所无事,此即其知识高;见汽车而不慌不忙地躲,此即其才能高。至于有些城里的狗之享受,比乡下人好得

---

① 本文节选自《三松堂全集》第四卷《新事论》(1940)第三篇"辨城乡",此题目系编者所加。本文的要义是:中西文化的区别,实质是工业文明(以城市为代表)与农业文明(以乡村为代表)的差异。西方工业国家以"城里人"自居,视东方农业国家的人为"乡下人"。中国人过去在周围民族中间也一直以"城里人"自居,视周围民族为"乡下人"。不料到了清末,一下子在西方人面前变成了"乡下人"。这是一个空前的挫折。在这种情况下,如果硬说乡下比城里好,那是自欺欺人。要想摆脱"乡下人"的屈辱感,唯一的办法是把自己变成"城里人";也就是,使自己的经济工业化,使自己的文化现代化。

多，这更是容易看出者。在中国，一百个乡下人中，至少有九十个一生没有吃过如城里的富室的狗所吃的饭食。有一个做乡村工作的机关，在乡下养洋猪给乡下人看。他们养的洋猪确实肥大，但乡下人说：他们的猪，比我们的人吃得还好，焉能不肥大？

城里人比乡下人享受好，当然是因为他们比乡下人有钱。他们比乡下人知识高、才能高，是因为他们比乡下人受教育的机会多，而他们所以能有较多的受教育的机会，亦因为他们比乡下人有钱。他们比乡下人有钱，所以吃得比乡下人好。"人是他所吃的。"城里人吃得好，所以他们的身体自然较能充分地发育。他们比乡下人有钱，所以他们穿得比乡下人好。"人是衣裳马是鞍。"城里的人穿得好，所以看着亦比较乡下人顺眼。他们比乡下人有钱，所以受教育的机会比较多。"读过《唐诗三百首》，不会做诗也会溜。"城里人多少念过两天书，所以他们的谈吐，自然亦比乡下人入耳。所以，城里人到乡下，常觉得什么都是不合适的，什么都看着不顺眼，听着不入耳，而乡下人到城里，则常觉得什么都是合适的，什么都看着顺眼，听着入耳。

城里人所有之较多的钱，又是从哪里来的？是从乡下人身上盘剥来的。旧日所谓盘剥，即今日所谓剥削，其名词稍有不同，但其为"剥"，一也。我在广西的时候，看见渔人用鱼鹰捕鱼。他们用一环子，戴在鱼鹰的脖子上。鱼鹰入水一次，吃了许多鱼，但为环子挡住，只存入脖子里。鱼鹰上来的时候，渔人用手将鱼从鱼鹰脖子里挤出，然后再以少量的鱼让鱼鹰吃。比如从鱼鹰脖子里挤出十两鱼，渔人喂鱼鹰二两，那多余的八两鱼，就渔人说，是他的利润；就鱼鹰说，是渔人对于它的盘剥。城里人盘剥乡下人，正如渔人之盘剥鱼鹰。城里人对于乡下人盘剥方式不一，如以工商的经营得利润、如以放债收利息、如以田地收地租等。这些利润、利息、地租等，均是渔人从鱼鹰脖子里挤出来的那多余的八两鱼。他们多得了那八两鱼，他们就可以吃好的、穿好的，念书识字，以至心广体胖、"红光满面"。然后对乡下人说：我们在人种上本来就是高你们一等的。乡下人亦有因其自己之身体矮小、面黄肌瘦，以及知识简陋，而自惭形秽，叹城里人之"得天独厚"者，不知其自己之所以如此，乃因其物质上及精神上的营养不足，并非由于其"得天独薄"也。

乡下可以说是城里的殖民地。殖民地有普通的与特定的之分。例如，城里有一财主，他住在城里，而乡下有许多"庄子"。每一个"庄子"有他的一个管事的，管住"庄子"上的佃户。佃户种此财主的地，每年向他送纳地租。这些"庄子"，是特别属于城里之某财主者，即是此城里的特定的殖民地。此外，乡下还有些自耕农以及小土财主，虽不属于城里的任何人，但在经济上仍须靠城里，仍受城里人的盘剥。此等普泛的乡下，亦是城里的殖民地，不过因其并不属于城里的某个人，所以可称为普通的殖民地。

中国自周秦①以来，对于四围别的民族，向来是处于城里人的地位。自周秦以来，中国向来是城里，四围别的地方向来是乡下。虽然有几次乡下人冲进城里来，占据了衙门，抓住了政权，

---

① 周秦：东周和秦朝。

但是这些乡下人，终究是乡下人。他们不能把城里人降为乡下人，他们至多能把他们自己亦升为城里人。他们所见的城里人，即是中国人，所以他们于变成城里人之时，不知不觉地在许多别的方面亦变为与中国人相同。此即所谓"同化"。有许多人说，中国人对于异族之同化力特别强，凡异族入中国者，无论其为统治者或被统治者，历时稍久，即不知不觉地为中国人所同化。此是事实。不过，中国人之所以能同化异族，并不是因为中国人是中国人，而是因为对于所同化之异族，中国人是城里人。所谓"夷夏之别"，有殊与共的两个方面。就殊的方面说，夷夏之别，即是中国人与别的民族之别。就共的方面说，夷夏之别，即是城里人与乡下人之别。在清末以前之历史中，我们所见之城里人即是中国人。所以，在我们的心目中，中国人是唯一的城里人，城里人即是中国人，所以所谓"用夏变夷"，是用城里人变乡下人，亦即是用中国人变别的民族。照此方面说，用夏变夷是应当的，而且亦是可能的；用夷变夏是不应当的，而且亦是不可能的。人若能坐在重楼叠阁的建筑里，有地炉暖得满室生春，他万不愿意再去坐在旷地里的蒙古包里，烤马粪火。

中国人的城里人的资格，保持了一两千年。不意①到了清末，中国人遇见了一个空前的变局。中国人本来是城里人，到此时忽然成为乡下人了。这是一个空前的变局。这是中国人所遇到的一个空前的挫折，一个空前的耻辱。

在现在的世界中，英美及西欧等处是城里。这些地方的人是

---

① 不意：没想到。

城里人，其余别的地方大部分是乡下，别的地方的人大部分是乡下人。这些乡下地方，有些已成为某人的"庄子"，如印度成为英国人的"庄子"，安南①成为法国人的"庄子"。在每一个"庄子"里，他们都派一个管事的，即所谓总督也者，住在那里，征收上文所说之"八两鱼"。此即上文所说之特定的殖民地。乡下之其余的地方，虽不特别为某人所管，但在经济上是附属于——至少是靠——英美及西欧等城里。此即上文所说之普通的殖民地。中国的地位，好像上文所说之土财主。此土财主亦是一"财主"，虽亦可说是一大财主，但既是一个"土"财主，所以亦于无形中受城里人的支配。不过，尚不特别为某人所管，所以是普通的殖民地，亦即所谓半殖民地。

有许多人去逛纽约、伦敦、巴黎，好像刘姥姥进了大观园，觉得没有一样事物不新奇，没有一样事物不合适。反观他们的故园，他们只有赠以"愚""贫""弱"几个大字。这固然是不错的，不过他们仿佛不觉得，英美及西欧等国人之所以是"智""富""强"者，并不是因为他们是英美等国人，而是因为他们是城里人；中国人之所以是"愚""贫""弱"者，并不是因为中国人是中国人，而是因为中国人是乡下人。不弄清楚这点，那即真是一个刘姥姥了。照刘姥姥的看法，贾母、凤姐等都本来是聪明能干的，天生应该享福的，而她自己及板儿都本来是愚鲁拙笨的，天生应该受罪的；贾府的鸡蛋，天然地比刘家的鸡蛋精致小巧。这看法完全是错误的。

---

① 安南：越南旧称。

英美及西欧等国所以取得现在世界中城里人的地位，是因为在经济上它们先有了一个大改革。这个大改革即所谓"产业革命"①。这个革命使它们舍弃了以家为本位的生产方法，脱离了以家为本位的经济制度。经过这个革命以后，它们用了以社会为本位的生产方法，行了以社会为本位的经济制度。这个革命引起了政治革命，及社会革命。有一位名公②说了一句最精譬的话，他说：工业革命的结果使乡下靠城里，使东方靠西方③。乡下本来靠城里，不过在工业革命后，乡下尤靠城里。在工业革命后，西方成了城里，东方成了乡下。乡下既靠城里，所以东方亦靠西方。

在工业革命前，一个乡下的自耕农或土财主，在他们的生活必需品方面，一部分可以只靠他自己家里的出产。他们自己的田地里有自己种的粮食，自己种的菜，自己种的棉花。他们自己能把自己的麦稻弄成米面，把自己的棉花弄成线布，所谓"凿井而饮，耕田而食。不识天功，安知帝力"。所谓"帝力"，可以说是社会之力。这些自耕农在一切生活必需品方面，一部分是他们自己的田地出产。在这一方面说，他们似乎可以"遗世独立"，不靠别人，除家之外，不知有社会，或虽知其有，而不知其必须有。此即所谓"不知帝力"。在此方面说，乡下可以不靠城里。

不过，在以家为本位的经济制度里，乡下人至少有一部分生

---

① 产业革命：The Industrial Revolution，通译"工业革命"。
② 名公：著名人物，此处指马克思。
③ 原话见《共产党宣言》："资产阶级使乡村屈服于城市的统治。……正像它使乡村从属于城市一样，它……使东方从属于西方。"

活必需品不必靠城里，但在以社会为本位的经济制度里，乡下即完全要靠城里了。在经过产业革命的地方，农人有麦，但他还要上城里买面粉，因为城里已经有专制面粉的工厂，所制的面粉，又好又便宜。在此情形之下，即没有人在自己家里，用自家的磨，磨面粉了。农人有棉花，但他还要上城里买布，因为城里已经有专制布的工厂，所织的布，又好又便宜。在此情形之下，即没有人在自己家里，用自家的机子，织布了。在现在整个的世界上，西方成了城里，东方成了乡下。所以，我们中国虽有的是原料，而制成品却须往外国买。我们有麦子，而所谓洋面渐渐压倒本地面；我们有棉花，而所谓洋布渐渐压倒土布。所谓洋面、洋布，以及一切所谓洋货者，正确地说，实即是城里的面、城里的布、城里的货而已。所谓中国人用西洋人的制成品者，实即是乡下人进城里办货而已。所谓中国人往西洋留学者，实即是乡下人进城里学乖而已。所谓中国人往西洋游历者，实即是乡下人往城里看热闹而已。

在这种情形下，如专提倡所谓"东方的精神文明"，以抵制西方势力的侵入，那是绝对不能成功的。如印度的甘地，打算以印度的"精神"抵制英国。他叫印度人都不用英国布，都用旧式机子，自己织布。这好像一个乡下人，吃了城里人的亏，生了气，立下了一个决心，发了宏誓大愿，要与城里人断绝来往。但经济的铁律，要叫他的这种宏誓大愿只能于五分钟内有效。中国以前亦有屡次的抵制日货运动，以为靠人的决心，即可抵制住日货。但其成效，若不是没有，亦是微乎其微的。于是人皆说，中国人只有五分钟的热心。其实，任何国的人，于此都只有五分钟的热心。这种情形，不是由于人的热心的力量小，而是由于经济的力量大。甘地以一种宗教的力量所领导的运动，十年前虽亦轰动一时，而现在亦无闻了。这亦不是因为宗教的力量小，而是因为经济的力量大。甘地亦是于没办法中想办法。但从没办法中想出的办法，还是不是办法。其志可哀，但其办法则不可。

乡下人如果想不吃亏，惟一的办法，即是把自己亦变为城里人。我们于上文说，英美及西欧等国，所以取得现在世界中城里人的地位，是因为在经济上他们先有了一个大改革。这个大改革即所谓"产业革命"。因为有了这个改革，所以才使"乡下靠城里，东方靠西方"。东方的乡下，如果想不靠西方的城里，如果想不受西方的城里的盘剥，如果想得到解放，惟一的办法，即是亦有这种的产业革命。这种产业革命的要素，即是以机器生产代替人工生产。这种事情，初看似乎不过只是经济方面的事情，但是影响却是异常重大……

或又可问：在第一篇"别共殊"中，我们说，一般人所谓中西之分，大部分是古今之异。在此篇中，我们说及城里与乡下，似以为所谓中西之分，又是城里与乡下之异。比二说，岂非不合？我们于第一篇说：文化有许多类，本篇又说及城里、乡下，岂以中国所有之文化为乡下文化，或现在有一部分人所谓"乡村文化"，西洋所有之文化为城里文化，或现在有一部分人所谓"都市文化"乎？

现在有一部分人所谓乡村或都市文化者，似乎是以乡村或都市为中心的文化。这种分别，我们不以为然，因为照我们的看法，文化都是以我们所谓城市为中心。不过，城里、乡下是相对的。对于此为城里者,对于彼或为乡下。一个县城,对于其四乡为城里,但对于省城说,则此整个的县,连带其县城在内,都是乡下。对于中国说,上海、南京是城里,但对于英美等国说,整个的中国,连带上海、南京在内,都是乡下。整个的英美等国,连带其中的村落,都是城里。所以,我们讲城里、乡下,乃就为城里或为乡下者之相对的地位说,并不是就其所有之某类文化说。英美等国之所以能于现在世界中取得城里之地位者,乃因其先近代化或现代化,乃因其先有某种文化;中国之所以于现在世界中流为乡下的地位者,乃因中国未近代化或现代化,乃因中国未有某种文化。

钱穆简介

钱穆（1895—1990），字宾四，江苏无锡人，现代学者、国学大师。出身诗书之家，幼年就读于私塾，后入常州中学堂。四年后，即 1910 年，转入南京私立钟英中学。翌年，逢武昌起义，全国大乱，学校停办，遂辍学。同年回无锡，去小学任教。1927 年，转任教于苏州中学。1930 年，因发表《刘向歆父子年谱》一文成名，受顾颉刚推荐，受聘为燕京大学国文讲师。此后居住北京八年，授课于燕京大学和北京大学，并在清华大学和北京师范大学兼课。1937 年，北平沦陷，辗转任教于西南联大、齐鲁大学、武汉大学、华西大学和四川大学。1946 年，赴昆明任教于五华学院和云南大学。1948 年，回故乡无锡任江南大学文学院院长。1949 年 4 月，南下广州，任教于华侨大学；同年 10 月，随华侨大学迁往香港，同时出任香港亚洲文商学院院长。1953 年，在香港创立新亚研究所（后改名为新亚书院），任所长。1960 年，应邀讲学于美国耶鲁大学，翌年回香港。1965 年，辞去新亚书院院长职务，应聘去马来西亚吉隆坡马来亚大学任教。1967 年，以"归国学人"身份移居台北。1968 年，当选为"中央研究院"院士。1969 年，受邀任台北"中国文化大学"史学教授，同时兼任台北"故宫博物院"特聘研究员。此后二十年，以此身份讲学和著述。1990 年，病逝于台北，享年九十五岁。其重要著作有《先秦诸子系年》《中国近三百年学术史》《国史大纲》《中国文化史导论》《文化学大义》《中国历史精神》《中国思想史》《中国学术通义》等。2011 年，九州出版社出版《钱穆先生全集》五十四卷。

中国传统文化与宗教信仰[①]

钱 穆

中国传统文化中虽无自己特创的一种宗教，但不能说中国人没有他们所特有的一种信仰。中国人相信在宇宙一切万物及人类之外，别有一个最高存在，即"天"。此一最高存在之"天"，乃为宇宙一切万物及人类之最后主宰。但若求中国人对此一最高存在之"天"，作一具体而肯定之特殊描述，则中国人必以"不知"二字答之。盖[②]中国人认为此一最高存在之"天"，乃超越于人类知识范围之外，并应归属于人类所不可知之部分者。

惟中国人又认为宇宙一切万物乃及人类，皆由于此最高存在之"天"而有；因此，宇宙一切万物及人类，其相互间应有一"原始和谐"乃及"终极和谐"之一境界。至于过去、现在及将来，宇宙一切万物及人类相互间，种种纷乱和冲突，此等现象只该从一切万物及人类本身求解答，决不能谓出于天心和天意。若求解消此宇宙间一切万物及人类相互间之种种纷乱和冲突，就人

[①] 本文选自《钱宾四先生全集》第四十四卷《中国文化丛谈》，原载1958年香港《景风》杂志创刊号。本文阐述中国传统文化中对"天"的信仰，以及这种信仰与个人道德修养之间的关系。

[②] 盖：因为。

类自身立场言，应从人类之自求和谐开始，乃能企及于一切万物之终极和谐。同样道理，就人类中各个人之立场言，欲求人类和谐，应从人类中各个人之自求和谐始。人类中各个人之自求和谐，应该从各个人之自求其内心和谐始。

中国人认为人类之各自有其心灵，亦由于此最高存在之"天"而来。因此个人之内心，乃及于全人类之心与心之间，亦必有其原始和谐乃及终极和谐之一境。中国人认为，必由各个人先求内心和谐，然后乃可企及于人类相互间之和谐。必由人类自身和谐，乃可企及于宇宙一切万物之大和谐。此在中国人理想中，谓之"天人合一"。"天"为人所不可知，而各人之内心，则各人可以自知。若自心和谐，则觉安。若自心不和谐，则觉不安。因此，中国人认为，只要我心安，便是有合于"天"了，此之谓"心安理得"。中国人认为，一切理，也是出于此最高存在之"天"，而作为宇宙间一切万物与人类之最后主宰者。因此，不合理便不能安。心安了，便知理得了。因此，中国人认为"天与理一"，而欲求知"天"，则不是纯粹信仰的问题。欲求知理，亦非纯粹理智与思辨的问题。欲求知天与知理，重要乃是人的"修行"问题。重要须从各自"内心之和与安"处求，重要须从人与人"相交之和与安"处求。求得各自内心之和与安，求得人与人相处之和与安，进而企及于人与物相处之和与安，乃始当于理而合于"天"。这是一个"心性修养"的问题，这是一个"道德行为"的问题。因此，中国人极看重道德行为。道德的主要标准，乃在各自内心之和与安。各自内心之和与安与否，即为是否合于道德的一种最亲切而最简易的考验。

中国人认为，世界各民族、各派宗教，只要在期求各自内心之获得和与安，期求人与人相处之获得和与安之上有贡献，则正不妨可以并存。因此，中国人也有信佛教的，也有信回教的，也有信耶稣教的，甚至也有信儒、释、道三教同源的。因此，只有在中国，世界各派宗教，可以和安相处，可以融凝合一。但在中国文化传统之基本信仰上讲，中国人是信仰"性善"的。惟其宇宙一切万物乃及人类，全从此最高存在之"天"而来，既然宇宙是一个原始和谐，而又必是终极和谐的，因此宇宙整体便是一个"善"。善是原始的，恶是后起的。善是终极的，恶是暂发的。善恶之辨，主要在人心上。各人的心，自知有不和与不安，又自知从不和中求和，不安中求安，那即是善端发露。人心永远如此，永远向"和"与"安"而前进，因此说"人性善"。人心此项永远向"和"与向"安"之性之善，亦自此最高存在之"天"而来，故中国人信仰，认为善源于"天"。至于种种不和与不安之起始，只是起始于宇宙万物乃至人类相互间事象之变动与关系之复杂，这正赖人类理智为之作种种之安排与调和。若此种安排与调和失其所，遂使人心感到不和与不安，而于是有所谓恶。即如人之求食，根本并非恶，但因求食而起之种种不当的安排而始引生了所谓恶。人之求偶，根本亦非恶，但因求偶而起之种种不当的安排而始引生了所谓恶。因此说：善是原始的，恶是后起的。善是终极的，恶是暂发的。从中国传统文化的立场来说，也可说善是天道，恶是人事。但只可说人事中引生有恶，却不该说人性本是恶。人性由天道中来，因此说人性善。

若说人性本是恶，则必毁灭了人性来回复到天道，那与中国人信仰的"天人原始合一、终极合一"之理想不相容。天人原始合一，这是一信仰；天人终极合一，这又是一信仰。这两个信仰，远在宇宙原始与宇宙终极之两极端。至于在人类的智识范围以内，则只见有人，不见有天。无论过去、现在与将来，好像永远有善恶冲突，永远有不和不安，这是尽人可知的。但人又是永远在不和不安中求和求安的，这便是永远在背恶向善的，这又是尽人可知的。中国人的传统文化，则是永远把握着此两极端，而只在其中间阶段，就其尽人可知可能处，来教导人为善去恶，这即是中国人所谓的"中庸之道"。因此，如近代西方科学上种种智识之新发现，只要其对于人类安排万物，使之向和与安而前进之这一期求上有贡献，中国人意见，认为科学与宗教，科学与道德，正好相得益彰，根本上不应有内在之冲突存在的。

以上所说，只说中国传统文化之内涵意义有如此，至于目前的中国种种现实情况，并不能十足代表中国传统文化之内涵意义，这正如世界上一切人事不能十足代表天道一般。那是不足为奇的。

中国传统文化中之道德修养①

钱 穆

中国文化可一言蔽之,乃是一种"最重视道德精神之文化"。"道"本指行由之路言。韩愈说:"由是而之焉,之谓道。"② 如我们此室,出入必由户。此即是道。跳窗爬墙皆非道。一切事,皆犹如出入此门般,皆有道。故孔子说:"谁能出不由户,何莫由斯道也。"③ 人无道,则自会无出路。"德"字犹如"得"字。一是赋于天而得于己,一是由己行之而得于己。韩愈说:"足乎己,无待于外之谓德。"人生一切道,皆由人之德性中自发,不待外求,故曰"足乎己,无待于外"。人之德行,对他人固可使之各有得,但在自己同时亦有得。如己行孝,在父母固有得,在自己亦有得。所得系何?即使自己成为一孝子。此之

---

① 本文选自《钱宾四先生全集》第四十四卷《中国文化丛谈》,原载1958年香港《景风》杂志创刊号。本文阐述中国传统道德(即忠、孝、善、德)的由来和要义,以及传统文化中个人修养(即知、仁、勇)的重要性。
② 引自韩愈《原道》,全句是:"博爱之谓仁,行而宜之,之谓义。由是而之焉,之谓道,足乎己无待于外,之谓德。"大意是:"博爱叫作'仁',恰当地去实现'仁',就是'义'。沿着'仁义'之路前进,便为'道',使自己具备完美的修养,而不去依靠外界的力量,就是'德'。"
③ 引自《论语·雍也》,大意是:"谁能出去不经由房门,为什么没有人经由这必经之路呢?"

谓品德。人有了一种好品德，自会感到内心一切满足，无求于外。所以韩愈那句话，应该从人己、内外双方去解释。故中国人之"道德"二字，应作如下之说明：

一、人性赋于天，由此而行之谓道，故人道亦即是天道。若违逆于人性，则决然不是道。二、人之行为，应本于己之内心以为最直接之出发点，亦应归宿到己之内心而有其最直接之收获。若不由己出发，又于己无得者，皆非德。

人类之生，本是赤裸裸地一丝不挂，除却一身体外，没有带什么到此世来。人类之死，除却那一身体外，一切身外之物，也全都带不走。而此身体，又必腐坏，不能保留。然则①从整个人生言，岂不是到头一场空？抑且不仅无所得，反而有所失。试问人生意义何在？价值又何在？但照中国人说法，则实不如此。人之生，除却此身体外，还带有他自己一个天性。人之死，什么也没有了，但他自己那个天性，却还存在，可以长留人世，长留天地间。人之在世，行忠则为忠臣，行孝则为孝子，行善则为善人，行一切德则为一有德之人。为忠臣、为孝子、为善人、为有德人，此之谓"成己"。不仅他之一己完成了，同时亦可完成他人，与一切外物。

自有人生，直到今天，一切完成，则皆由诸忠、孝、善、德来。若其人不忠不孝、不善无德，此人在世，绝对不能有所完成，而且必然会有破坏。破坏了他自己，也破坏了他自己以外之别人。若使人类全都是不忠不孝、不善无德，则不会有今天的人类。而且天壤间，亦不会有人类之存在。只有忠孝善德，可以长

---

① 然则：因此。

留在人世间。只要此人世间存在，此诸忠孝善德，必然会存在。而且正惟此诸忠孝善德之存在，故使此人世间获得永久存在。中国古人说："孝子不匮，永锡尔类。"人世间必然会有孝子不断产生。孝子与孝子为同类，后一孝子产生，正如前一孝子复活。前一孝子，锡与后一孝子以感召，后一孝子锡与前一孝子以呼应。中国文化中之道德精神，正要使此项道德精神长期永生与不断复活。文化绵延，实乃此项道德精神之绵延。文化光昌，实乃此项道德精神之光昌。每一人在实践此项道德精神而获得完成者，彼将在此人世间长期永生，与不断复活。

以上是指出了中国人所用"道德"二字之含义及其用意所在。以下再略讲"修养"二字。如在此桌上一盆花，须不断加以培养与修剪。虽有天然生机，仍须人工培养。纵得生机畅遂，仍须人工修剪。人之德性，亦复如是。

人世间自有文化演进，愈来愈复杂。人性亦有多方面。以多方面之人性，处此复杂环境中，遭遇随人不同，随时随地随事而不同，故人生道德修养，亦无一条死法，可以教人人都如此。但从大会通处来讲，总可找出其会通点。《中庸》上说：

> 天下之达道五，所以行之者三。曰：君臣也、父子也、夫妇也、昆弟也、朋友之交也五者，天下之达道也。知、仁、勇三者，天下之达德也。所以行之者，一也。[①]

[①] 引自《礼记·中庸》，大意是："天下所共同遵守的大道有五种，当其力行实践时则分为三种。我们说：君臣、父子、夫妇、兄弟姊妹、朋友之间的关系，这五种就是天下人所共同遵守的伦常大道。而智能、仁爱、勇气这三种是人人所需具备的德行，当他实行时就是一个'诚'字。"

人与人相交则不外五条大路，此五达道，中国人又称之曰"五伦"。即在无政府时代，仍有君臣一伦。如一工厂，有工程师必有工匠；如一医院，有医师，必有助手与护士；如一银行，有总经理，必有簿记、会计、出纳诸职员，此皆属君臣一伦。如昆弟，乃指长幼言。在家纵是一独子，出门必有长幼之分。其余三伦可不必言。故知人世间人群相交，必有此五伦。此乃是人生中五项共通大道。在此五项共通大道中，每一项必有无穷不同之情节。但人要履行此五达道，实践此五伦之理，则必具三达德。所谓三达德者，乃谓此三德为人人共通所必备。

"知"，更要①是指智慧言，不指知识言。知识必从外取得，而且取之无穷，取之不尽。尤其是某项知识，则只供某项特殊应用。智慧在己，应属天赋，不待外求。有了智慧，自可应付一切。一切忠孝善德，皆必以智慧来履行，来实践。愚忠、愚孝、愚善、愚德，皆是要不得。

"仁"，是人伦大道。中国古人说："仁者相人偶。"人与人做搭档，必先具备一片仁心，必先奉行一番仁道。人而不仁，谁也不能和他做搭档，他也不能和谁做搭档。

有了仁和知，还须具备"勇"。有勇气，才能敢作敢为。世人遇道德关头，非是无知，亦非不仁，只是拿不出勇气。种种推诿，藏头掩尾，白落得内心苦痛。所以勇也成为三达德之一。

---

① 更要：更重要。

其实，此三达德，皆由天赋，我所固有，不待向外面求取。然则何以说"所以行之者一也"。因一切忠孝善德，虽说情节万不同，总只是每一人自己称德而行，率性而行，遵天而行。五达道则只是一道，三达德亦只是一德。人则必要赤裸裸地做个人，身外一切分别如富贵贫贱皆可不计。不能说富贵了才能做人，贫贱的便不能做人。智愚也然，此智愚是指知识言。不能说进过大学、受过高等教育的才能做人，不是高级知识分子便不能做人。陆象山说："使我不识一字，也将堂堂地做个人。"人类祖先，都由不识字来。若我们祖先都不能做人，哪里还有人类遗传到今天。可知中国人讲道德，只是讲的"做人道理"，而此种做人道理，却是最自由、最平等、最博爱的，亦是最合自然的。自然生人，是一个赤裸裸的；人生道德，亦是一个赤裸裸的，绝无外面一切条件可言。惟有赤裸裸的人生，始是真人生；亦惟有赤裸裸的道德，乃始是真道德。但人生与道德，却有同样一条件，即人生必在人与人之中，道德也在人与人之中。离开了人，便没有我，没有人生，没有道德。此是中国文化精义所在，也是中国人所讲道德之精义所在。

但话又说回来，人类有了道德，才有文化演进。自有文化演进，而人生日趋于复杂。人生日趋于复杂，而道德情节亦遂千差万别。若非有道德修养，道德实践乃成为非人人所可能。即如上述"知、仁、勇"三达德，试问人类中能有几人具备此三达德而成为一完人。于是在人类中乃不能不有一番道德修养方法之讲求。

《中庸》上又说：

好学近乎知，力行近乎仁，知耻近乎勇。①

此乃中国古圣人又为知、仁、勇三达德提示了三种修养方法。那三种修养方法，却又是无条件的为人人之可能。好学并非如上述进大学、出国留学等，可诿为无此条件，无此可能。每一人不能自诿②，说我不好学。如诸位在银行服务，尽可随时随地随事而学。此一种学，须出于自己心中之好。好学本身已是一道德。若强迫而学，学而不好，那是苦痛，非道德。好学不即是知，但可以破愚。愚者自是而不求。如诸位从事一项职务，只知在此一项职务上，做一天和尚撞一天钟，马虎过去，自谓尽职，其实只是一种愚。人之智慧，虽出天赋，但亦须日有浚发，始得成熟，人不好学，则天赋智慧日就窒塞，势必成为愚人之归。故好学虽不即是智，但已是近乎知。

中国古人说"仁者以天地万物为一体"③，那岂是件易事。如诸位在银行服务，岂能把银行当作自己家庭看，把银行业务当作自己家事看。但诸位只要能力行，当会计的尽力当会计，当簿记的尽力当簿记，虽不即是仁者之心，但亦已近乎仁者之行。我们为私家事，不是便尽力而为吗？为公家事亦能尽力而为，则力行虽非即是仁，而足以忘私，则即已近乎仁。我们试各自问，我

---

① 引自《礼记·中庸》，大意是："好学的人，离智者也就不远了；无论何事都竭尽所能去做的人，离仁者也就不远了；时时刻刻把'荣辱'二字记在心上的人，离勇者也就不远了。"
② 自诿：自我推诿。
③ 此语出自北宋理学家程颢，大意是："有仁爱之心的人认为人与万物是平等和谐的。"

们可以自诿为不能力行吗？力行亦是无条件而人人能之的。

知道了好学力行，仍须勇。若无勇，则不坚强，易退转，易畏难而不前，易因小挫折而失去。勇由何处来，虽亦是天赋，但须人能自较此勇气。中国古人教我们应"知耻"。人纵可自诿，说我无勇气，但不会自诿，说我不知耻。知耻虽非即是勇，但知耻可以却懦。懦人甘为人下而不辞，知耻则自能站起堂堂地做人，不期勇而勇自生。

上述好学、力行、知耻三项，都是无条件的，反己即得，所谓"足乎己而无待于外"的。我们纵要自诿，说我不能知、不能仁、不能勇，但却不能自诿，说我不好学、不力行、不知耻。如是，则将不得齿人数①。此真是人人能知能行的一条易简大道。我们各人所有大知、大仁、大勇之入德之门即在此，我们要复兴中华文化之当下至德要道亦在此。幸诸位莫以我此番讲演只是一番老生常谈而忽之。

---

① 不得齿人数："不足齿数"的通俗讲法（齿数：谈论），意即不值一谈。

中国文化与传统政治思想[①]

钱 穆

何谓文化？简言之，即是生活，全体人类的生活。中国人因为生活在这一个文化的实体中，所以并不觉得有文化的存在，必定要与其他文化相接触与比较，才会有所认识。这样才能使我们的文化有新的发展。中国文化在西方人的眼光中，以为到中国来，看到中国人有一条长辫，便认为是代表中国乃至于中国人的生活和文化；也有的人看见中国妇女的裹小脚，坐在独轮车的一隅，另一边驮了一口猪，用照相机照下来，以为这就是代表中国人、中国人的生活和文化。这样来衡量中国文化是不对的，这只不过是中国文化特殊形态之一种特色而已。要了解与认识中国文化，就必须要将中西文化加以讨论与比较。

[①] 本文选自《钱宾四先生全集》第四十四卷《中国文化丛谈》，原为1959年2月在台北政法年会上的演讲。在此演讲中，他说一般人认为中国传统政治是封建专制政治，这和历史不符。实际上，传统政治既不是封建的，也不是专制的。封建政治的本义，是指欧洲中世纪世袭贵族政府，而中国传统政府是"士人政府"，士是经由科举选拔出来的，并非世袭。专制也谈不上，因为中国人历来讲"职"（君有"君职"，官有"官职"，民有"民职"），不讲"专权"，只讲"尽职"。不讲专权，也就不用重视民主；讲究责任，也就不用强调自由。总之，在他看来，中国传统政治是一种很独特的政治，很难用西方的概念来加以定性。既然如此，也就不应该将其一棍子打死。

在中国的学术界中，讨论中国文化，梁启超先生的《中西哲学史》，只是在哲学思想方面来比较讨论中国的文化。单是讲某一家，某一派的学术，并不足以代表整个的文化。那么根据什么来讨论呢？最足以代表中国文化的是"历史"。因为历史是包括了一切，是客观的、实际的。历史是不断的在变，尤其是近百年来更甚。但是，如果单以近百年来的历史来代表中国的文化，还是不够的。因此，必须要以长时间的历史来衡量、讨论、比较，才能对中国文化有所认识。

近百年来，一般人可以说没有注意到历史，只不过是注意到事实而已。因此，有些人认为中国两千年来的政治是专制制度。也有的人说中国的封建社会思想太深，必须加以改革。也有人说中国的传统政治，是一种专制而封建的政治。这是与历史不符的。我们必须要以整个的历史来看，学术思想对国家、社会固然是有影响，认识旧时代当然也影响新的时代。因为文化是整个的，不能以片断的来衡量，否则即会发生误解。

讲到政治思想，东方与西方不同。西方的思想家并未参加实际政治，知识分子与政治不相干，而中国学者是直接参与政治，与政治有密切的关系。但是，中国并无一部代表政治思想的著述，所以没有把政治思想表现在文字上。这是因为中国人注重实际而不注重理论的结果。当然，这一结果对研究政治学增加了不少的困难。清末有些学者，认为中国诸子百家的争鸣，与希腊的自由思想是一致的。但是这未必正确。我们之所以推崇孔子、老子、孟子，是因为他们都已实际的参与了中国的政治。

中国统一政府并非始于秦，而是始于周。封建政治与封建社会不同，秦的政治是郡县政治，秦以前是封建政治。秦汉以后的政府，并不能说它是贵族政府，或是军人政府，或是资本主义的政府，或是共产主义的政府，我们由于中西的比较，可以称其为"士人政府"。因为凡是参与政府的，都必须是士人。中国的社会，也同称之为"四民社会"，因为这个社会是包括士、农、工、商等四种身份的人民。这是中国社会的特点，西方国家中并无"士"。士是要经过考试和选举而来的。中国很早便有考试或选举制度。王室与政府在中国的旧时代中就有区别。以秦朝为例，政府中的宰相与大将，无一是王室的人，所以士人政府的思想，一定是要经过教育、服务、选举、考试，才能参加政府，形成了士人政府的制度。这一套思想，也就是要选贤与能，把政府交给贤者与能者，所谓"贤者在位，能者在职"的政治理论。除此以外，尚有一种更高的理论在其背后。因为社会需要有一个政府的存在，所以孟子曰：

民为贵，社稷次之，君为轻。①

这种理论与西方一比，就可以看出他们的不同。西方人讲政治，首先就提到"权"。西方关于权的演变，是由神权而王权至民权，在中国并无所谓"权"。我们不能说哪一种好，哪一种坏。中国人是讲"职"而不讲"权"，政府的好坏是看从政的人是否能尽职，所以中国历史上称之为"职官"。

---

① 引自《孟子·尽心下》。

君职、民职，是中国人对政治的观念。人民的纳税、守法、当兵，就是人民安于职的政治观念。尽职的内容就是尽责任，是一种政治理想。孔子在论语中所云"政者，正也"，是一种模范的、理想的、标准的思想，所谓正直、正德、正人等。这种理想有一种道德性的存在。孔子曰：

子率以正，孰敢不正？①

以"正"来表示尽职和责任。假如统率不正，就会引起人民的反对。所以古语有云："君不君，民不民。"国君既然不能尽其国君的职责，而人民当然也可以不尽其应尽的职责，来反对国君。所以，中国人讲尽职是基于道德性，以道德来感化人民，可使其性善。人之不善，乃是受环境的影响，所以政府的好坏，影响非常大。这种极端的责任论，我们称之为"德化政治"。善治必须要顾及全局，更动任何一部分，都会对全部有所影响。中国的传统政治，乃是靠这一套理论演变而来的。选贤与能，就是要有一个强而有力的政府。

"治"不是以上压下。"治"的一边是水，水必须要使其平，然后才能谈到治。中国的最高政治理想是太平，因此中国人讲求"太平"与"大同"。而这种思想是由性善而来的。人的性有正性和正道，大家均同意这种正性和正道。家庭中间有"孝友"，是中国人的道德观念，自秦汉以后，完全是根据这种政治理想而

---

① 引自《论语·颜渊》。

不断的去追求。中国人是不讲"专权"而只讲"尽职"的,假如不能尽职,就必须要禅让或革命。中国人是讲人与人的关系,而无国界的限制,土地更无界线,当然也无所谓主权。中国人既然不讲专权,当然也不重视民主。"法"在中国称为水平[①],主要的目的是在"求平"。中国人是讲究责任而不强调自由的。"法"既然为水平,"治"乃是要达到这一水平。"平"的最后根据是"性",再推到最后是公天下。所以批评中国的传统政治,是要根据实际的政治来着眼,不能单凭片断的观念来推断。政治是没有百年不变的,到了某一时期终会改变的,因为政治有它最高的理想,任何一个国家或朝代都无法达到这个理想,只是在不断的追求这个理想而已,假如这个理想达到了,就不能说是理想。我国以前的"九品中正"可以说在当时是很完善的,但是到了唐朝,又改成了考试制度。因此,一个制度的变化,并非是由于权利的冲突而来的。

西方的民主制度是否与中国的传统政治配合得上,是值得我们研究的。所以孙中山先生接受了西方民主政治思想而加入了考试与监察制度,使政治配合中国的社会。大多数的人不了解,认为中国两千年来的文化是专制制度和封建社会。这种想法是不正确的,犹如"满洲国"不能代表东三省一样。因为它是政治单位,而非地理单位。世界文化贡献的新观念,就是东方文化与西

[①] "法"字古金文为"灋[fǎ]"。根据《说文解字·廌[zhì]部》的解释:"灋,刑也;平之如水,从水;廌所以触不直者去之,从去。法,今文省。"意思就是,"灋"表示"平之如水",其中"廌"是"去"的意思,所以后来就写作"法"。

方文化的交流,使其"相悦而解"。研究中国传统政治思想,最重要的是"制度"和"奏议"。前者文人当政,必把政治理想并入政治制度中;后者文人在野,必把其对政治的理想著成奏章,贡献给当政的人。即使文人在政治上失败了,他也会把个人的见解理想著成史书,留给后人参考。所以,要了解认识中国的传统政治思想,必须要与其他思想相配合、相联系,才能发现它的异点。这是我们研究中国文化与传统政治思想最应注意的一点。

图书在版编目（CIP）数据

　　十位国学大师说传统文化／梁启超等著；刘文荣选注.—上海：文汇出版社，2018.6
　　ISBN 978-7-5496-2527-7

　　Ⅰ.①十… Ⅱ.①梁…②刘… Ⅲ.①中华文化 Ⅳ.①K203

　　中国版本图书馆CIP数据核字（2018）第067299号

十位国学大师说传统文化

著　　者／梁启超　章太炎　鲁迅　胡适　等
选　　注／刘文荣

责任编辑／陈今夫
封面装帧／陆震伟

出版发行／文汇出版社
　　　　　上海市威海路755号
　　　　　（邮政编码 200041）
经　　销／全国新华书店
排　　版／南京展望文化发展有限公司
印刷装订／启东市人民印刷有限公司
版　　次／2018年6月第1版
印　　次／2018年6月第1次印刷
开　　本／890×1240　1/32
字　　数／230千字
印　　张／10.75

ISBN 978-7-5496-2527-7
定　　价／38.00元

《中外经典作家论中国人》 刘文荣选编
定价：48元

本书所集27位中外经典作家的40余篇论中国人的文章，分"外国篇"和"中国篇"两个部分。"外国篇"收有康德、黑格尔、托尔斯泰等16位外国经典作家的18篇文章；"中国篇"收有梁启超、胡适、鲁迅等11位24篇文章。这些文章，较全面地反映了三百年来西方人的中国观，以及近百年来中国人的自我认识。

《中外经典作家说教育》 王意如选编
定价：68元

本书收集49位中外经典作家的70篇论教育的文章，分"外国篇"和"中国篇"两个部分。"外国篇"收有柏拉图、蒙田、卢梭、笛福、康德、叔本华、尼采、狄更斯、斯宾塞、杜威、罗素、怀德海、爱因斯坦等30位外国经典作家的36篇文章；"中国篇"收有梁启超、严复、王国维、章炳麟、胡适、鲁迅、周作人、徐志摩、林语堂、沈从文等19位中国经典作家的34篇文章。从这些文章中，可直观地看到2500年来西方教育和中国近现代教育的历史演进。

《从阿波罗到"阿波罗"——西方文化三千年》
刘文荣著
定价：58元

西方文化经历了五个时期，即：古希腊罗马时期、中世纪基督教时期、文艺复兴时期、17至19世纪的近代期和20世纪的现代期，本书以此为经线，以宗教、哲学、艺术和科学四大文化领域为纬线，以最简洁的方式概述西方文化的来龙去脉。

《毛姆读书随想录》 ［英］W．S．毛姆著 刘文荣译
定价：29.80元

　　读书是求知，还是消遣？小说家该不该讲故事？畅销书一定是好书，还是一定是坏书？狄更斯为何会写出《大卫·科波菲尔》这样感人的书？巴尔扎克是怎样一个人？这和他写《高老头》有关系吗？为什么说托尔斯泰的《战争与和平》是最伟大的小说？读哲学书、宗教书有意义吗？能让我们懂得生活吗？……如果你对这些问题感兴趣，那就听听大作家毛姆怎么说——或许，你会深受启发。

《伍尔夫读书随想录》 ［英］弗吉尼亚·伍尔夫著 刘文荣译
定价：26元

　　怎样读小说？怎样读诗歌？读书有何价值？书里有两种女人？有没有女性莎士比亚？女性写作生来有局限。托尔斯泰的小说好在哪里？《简·爱》和《呼啸山庄》有何缺陷？……如果你对这些问题感兴趣，那就听听弗吉尼亚·伍尔夫——"20世纪最佳女作家"——如何说。

《书与你》 ［英］W．S 毛姆著 刘文荣译
定价：19元

　　本书由毛姆为杂志所写三篇文章结集而成。这三篇文章都旨在向读者推荐好书，故取名为《书与你》。在本书中，毛姆不仅推荐了英国文学名著，还推荐了法国文学、德国文学、俄国文学和美国文学名著，同时对推荐的书予以评论，虽然简略，颇有卓见。